Bettina Hellwig (Hrsg.)
Schwabens Schwarze Seele

Wellhöfer Verlag
Ulrich Wellhöfer
Weinbergstraße 26
68259 Mannheim
Tel. 0621/7188167
info@wellhoefer-verlag.de
www.wellhoefer-verlag.de

Titelgestaltung: Uwe Schnieders, Fa. Pixelhall, Mühlhausen
Satz: FFW Verlagsdienstleistungen, Mannheim
    www.ffw-verlagsdienstleistungen.de

Die Erzählungen sind frei erfunden. Ähnlichkeiten mit wirklichen Personen oder tatsächlichen Ereignissen sind nicht beabsichtigt und somit rein zufällig.

Das vorliegende Buch einschließlich aller seiner Teile ist urheberrechtlich geschützt. Jede Verwertung ist ohne schriftliche Zustimmung des Verlages unzulässig.

© 2015 Wellhöfer Verlag, Mannheim

ISBN 978-3-95428-175-6

Bettina Hellwig (Hrsg.)

SCHWABENS SCHWARZE SEELE

Inhalt

Anita Konstandin
Der Einbrecher — 7

Peter Wark
Im Tal so finster — 18

Christian Sußner
Hauptgang mit Leiche — 30

Dorothea Böhme
Die Köchin, ihre Apfelküchle und der Tod — 50

Bettina Hellwig
Friedhofsgärtner — 62

Petra Naundorf
Der letzte Auftrag — 78

Ursula Schmid-Spreer
Helferengel — 93

Heidi Doll
Die blaue Rose — 103

Toni Feller und Sabrina Hellmann
Hengste morden nicht — 115

Jutta Schönberg
Gute Nachbarschaft — 135

Friederike Stein
Blutstreiflinge — 145

Michael Wanner
Kalt gestellt — 159

Anita Konstandin
Käsespätzle, und sonst nichts — 168

Bernd Storz
Dumm gelaufen — 180

Heidemarie Köhler
Abschied von Stefan 196

Tanja Roth
Totgefressen 207

Ingrid Werner
Käferglück 220

Mareike Fröhlich
Elfriede und die Herrgottsb'scheißerle 231

Ulrike Wanner
Kräuterkäs und Seelenheil 248

Gudrun Weitbrecht
Das Kartoffelfeuer 265

Regina Schleheck
Die gute Seele 278

Gitta Edelmann
Gemobbt 288

Petra Samani
Schretzheim sucht den Sahnestar 295

Susanne Kraft
Wie das Leben 308

Barbara Saladin
Schwabenkopf 324

Autoren 329

Anita Konstandin

Der Einbrecher

Stuttgart

Sie hatte wie jeden Freitag einen Pfitzauf auf dem Küchentisch stehen gehabt, aber als sie von ihrem Graphologiekurs heimkam, war der Tisch leer – bis auf einen Zettel. Die große Bechertasse, in der sie sich immer ihre Portion herausbackte, um sie nach dem Abendkurs zu verzehren, stand in der Spüle. Ausgespült war sie nicht; aber das wäre vielleicht auch zu viel verlangt von einem Einbrecher.

Polyxenia Abele bemerkte sogleich, wie er hereingekommen war. Das kleine Fenster im Bad war nur angelehnt, er hatte es noch nicht einmal aufhebeln müssen. Somit war sie die Schuldige, denn nach dem Duschen hatte sie gelüftet und dann vergessen, die Luke wieder ordentlich zu schließen. Er brauchte nur hineinzuklettern, in einer Erdgeschosswohnung war das ja kein Problem.

Sie hielt den Zettel gegen das Licht. Er stammte von ihrem eigenen reinweißen Zettelblock, der immer mit einem Bleistift auf der Eckbank-Konsole lag, neben dem Seidenblumengesteck und ihren Augentropfen. Sicher waren seine Fingerabdrücke daran. Und jetzt auch ihre. Das Blatt war ordentlich abgerissen, ohne Hast. Beweis: Der Zettelblock war unverrückt und das Deckchen darunter keinen Millimeter verzogen.

Polyxenia lehnte sich an die Küchentheke, grübelnd. Wie mochte ein Mann sich fühlen, wenn er diese Küche betrat? Sie kniff die Augen zusammen und spähte durch die Schlitze: ein weiß lasierter Kiefernholztisch, einwandfrei. Eine stabile, dick gepolsterte Eckbank, einladend mit den vielen kleinen Kissen und dem karierten Plaid für frühe, kühle Morgen. Polyxenias Augen gingen wieder auf. Kühlschrank, Herd, Edelstahlspüle – alles relativ sauber. Jedermann konnte sich in einer solch vertrauenswürdigen Küche wohlfühlen. Sie nahm den Lappen von der Spüle und polierte noch rasch die weiß-türkisen Knöpfe an den Schranktüren. Sie sahen aus wie die Augäpfel ihrer Barbiepuppen von früher.

Der Einbrecher hatte das Wort nicht einfach hingeschmiert, sondern *schön* geschrieben. Mit Respekt. Es war nicht übermäßig literarisch, was er zu Papier gebracht hatte, aber in seiner Natürlichkeit einfach unwiderstehlich – ein ehrliches, unverbildetes Urteil für eine kleine Pfitzauf-Portion. »Saugut« hatte er auf den Zettel geschrieben. Nur ein Wort, und nicht einmal ein schönes, aber es gab Polyxenia endlich die Antwort darauf, wieso sie seit einem Jahr in den Graphologiekurs von Professor Sichter rannte. Titel: »Von der individuellen Schrift auf die individuelle Persönlichkeit eines Menschen schließen.«

Wo doch heute keiner mehr mit der Hand schrieb!

Ausgenommen ihr Einbrecher.

Nun würde der Sichter-Kurs sie in die Lage versetzen, die vor ihr liegende Schrift zu analysieren. Erstens: Der Schrifturheber war ein Rechtsschrägschreiber, das war an sich schon positiv. Rechtsschrägschreiber galten als warmherzig und kontaktfreudig. Gottlob neigte sich sein Wörtchen nicht *zu sehr* nach rechts, sonst müsste Polyxenia auf mangelnde Selbstdisziplin schließen oder – auch nicht besser – einen Hang zu Übertreibungen. Zufrieden betrachtete sie seine Buchstaben. Leider waren es nur sechs. Ein »s«, ein »a«, ein »u«, ein »g«, nochmal ein »u«, abschließend ein »t«. Es war die Aura, die von seiner unverstellten Handschrift ausging, die sie gefangen nahm. Vor allem das »t« imponierte ihr; das »g« versuchte sie vorläufig freundlich zu ignorieren.

In der Nacht ließ sie das kleine Fenster im Bad offen stehen.

Am nächsten Morgen lag der Zettel neben Polyxenias Frühstücksei. Sie war noch im Nachthemd und schaute schon prüfend auf die Schrift und verglich sie mit den Abbildungen in ihrem Graphologiebuch, das aufgeschlagen neben ihr auf der Bank lag. Zu ihrem Leidwesen genügte das eine Wort, das der Einbrecher ihr hinterlassen hatte, bei Weitem nicht, um alle seine Wesenszüge zu enthüllen.

Wie sollte sie die schriftpsychologisch relevanten Stoffgebiete wie den Zeilenverlauf (steigend oder fallend) oder die Wortabstände (große oder kleine Lücken) deuten, wenn es gar keine Zeilen gab und keine weiteren Wörter, die der Schreiber wie auch immer voneinander trennte? So war das alles doch nur Stückwerk. Sie trank einen Schluck von ihrem Kaffee. Bestimmt war er ein Optimist und schrieb in heiter ansteigenden Zeilen. Wäre er ein Pessimist, würden seine Zeilen zum Ende hin herabhängen wie die Mundwinkel frustrierter Subjekte. Sofort zwang Polyxenia sich zu einem breiten Lächeln. Wer hundertmal am Tag lächelt, wird automatisch glücklicher.

Sie konzentrierte sich wieder auf die Schriftprobe. Hätte er doch nur mehrere Worte hintereinander zu Papier gebracht. Dann wüsste sie jetzt, wie es mit *Abstand* und *Nähe* bei ihm aussah, sprich: wie beziehungsfähig der Einbrecher war. Falls er nämlich die Wörter dicht aneinander zwängte, so war er laut Professor Sichter ein absoluter Chaot, dem außerdem jede Distanz fehlte. Machte er normal große Abstände, hielt er so viel Distanz zu anderen, wie es gut für ihn war. Ließe er große Lücken zwischen den Wörtern klaffen, so erschreckte ihn, wenn ihm einer auf die Pelle rückte; es war auch gut möglich, dass so ein Mensch *einsam* war. Polyxenia spürte, dass sie ins Schwarze getroffen hatte.

Sie nahm sich nun seine Mittelzone vor, also die Kleinbuchstaben ohne Ober- und Unterlängen – hier »s«, »a«, »u«. Sie wirkten harmonisch, was bedeutete, dass das Selbstwertgefühl des Einbrechers völlig in Ordnung war. Außerdem zeichnete er sich durch kleine, aber nicht winzige Buchstaben aus, und das sprach von großer Bescheidenheit. Polyxenia klopfte beschwingt ihr Ei auf und streute Salz hinein. Wären seine Kleinbuchstaben ausladender, müsste sie von einem übersteigerten Ego ausgehen, aber das war nicht der Fall.

Was ihr noch auffiel: Der Schreibdruck, den er auf das Zettelchen ausgeübt hatte, war nicht von schlechten Eltern. Der Mann hatte fest aufs Papier gedrückt, und das verhieß: Entschlossenheit und Willensstärke.

Sie aß nun ihr Ei und ein gebuttertes Toastbrot. Eines war klar: Während sie sich in der Wohnung aufhielt, würde er nicht wiederkommen. Er war ein Einbrecher. Am liebsten würde sie ihm auf der Stelle einen neuen Pfitzauf backen, aber heute war Samstag und vielleicht brach er nur freitags in Wohnungen ein. Polyxenia kannte sich mit den Gepflogenheiten von Einbrechern nicht aus. Sie trank den letzten Schluck von ihrem Kaffee; sie hatte also noch sechs Tage Zeit.

Ein wenig hatte sie das Gefühl, mit dem Feuer zu spielen.

Die kommenden Tage nutzte Polyxenia Abele, um ihr Zuhause gemütlich herzurichten. Wie ein Pfeil schoss sie durch die Zweizimmerwohnung an der Heslacher Wand, ganz hinten, wo sich dunkel der Wald erhob. Sie stellte hier eine Blumenvase auf, verrückte dort einen Beistelltisch. Sie betrachtete alles mit *seinen* Augen. Sie widerstand dem starken Impuls, das alte Sofa aus dem Fenster zu kippen. Stattdessen zog sie die Zebradecke aus dem Schrank und breitete sie über der Couch aus. Dann ließ sie sich hineinfallen, und alles war gut. Sie konnte aber nicht länger als einen Lidschlag sitzen bleiben und schnellte mit neu erwachter Energie hoch. Sie knipste alle Lampen an. Wohnungen im Parterre mit schwarzgrünen Eiben vor den Fenstern brauchten eine Menge Licht. Mit den Fingern staubte sie die Rosenmuster-Stehlampe ab. Sie flitzte dann aber doch in die Küche und holte das Staubtuch. Sie staubte das ganze Wohnzimmer ab. Sie stieg sogar auf einen Stuhl und putzte die mohnroten Schirmchen der Deckenbeleuchtung.

Polyxenia sah sich um. War dies eine Wohnung zum Wohlfühlen? Ihr Blick fiel auf die Matroschka-Puppe auf dem Fensterbrett neben der Topfpflanze. In ihren aufgemalten Augen lag ein starker Vorwurf. Polyxenia drehte sie sofort um. Sollte sie in die Büsche hinausglotzen, aber nicht in Richtung Wohnzimmertür, durch die vielleicht er hereinstromern würde.

Das Bücherregal war ihr ein Ärgernis. Nichts als Sachbücher – Graphologie, Handlesen, Seidenmalerei. Eine gemütliche Wohnung brauchte Romane! Also kaufte Polyxenia in der Buchhandlung, was man derzeit gelesen haben sollte, und stellte alles ins Regal.

Sie würde tot umfallen, wenn er jetzt hereinkäme.

Am nächsten Freitag, sehr früh am Morgen, um halb fünf, um genau zu sein, band sie sich ihre Lieblingsschürze um. Mit dem deutlichen Gefühl, etwas Gutes zu tun, holte sie Butter und Milch aus dem Kühlschrank. Sie maß die Zutaten für einen ganzen Pfitzauf exakt ab und butterte die sechs tiefen Mulden der alten Keramikform. Während der Ofen aufheizte, rührte sie den Teig aus Milch, Mehl und zerlassener Butter an. Vier ganze Freilandeier rührte sie hingebungsvoll unter, wobei das Rührgerät so satt in ihrer Hand saß, als wäre es mit ihr verwachsen. Schließlich goss sie den Teig in die Mulden und stellte die Form in den Ofen.

Wenn der Einbrecher jetzt auftauchte und mal eben nachsehen wollte, was sie Tolles im Ofen hatte, sie würde ja durchdrehen, wenn er sich dem Türle auch nur näherte. Trara! »Das darf man nicht öffnen, ha-ha, sonst schnurrt uns der ganze Sechser-Pfitzauf zusammen. Willst du das, mein Lieber?«

Sie spürte seine Gegenwart so bewusst, als ob er unmittelbar neben ihr stände. Er räusperte sich. Sie hörte es ja. Und jetzt spielte er mit dem lockeren türkisen Knopf am linken Oberschränkchen.

»Der ist ja locker«, sagte er mit rauer Stimme, fast schon knurrend, sodass sie eine Gänsehaut bekam. »Wo ist der Akkuschrauber?«

Sie glitt an die Schublade mit dem Werkzeug. »Hier, Darling.«

Darling war blöd. Sie brauchte einen Namen für den Herrn. Sie blickte nachdenklich durchs Backofenfenster, wo sich noch nicht viel tat. Der Schrift nach könnte er ein Volker oder Jochen sein. Jochen wie Rochen. Vielleicht hieß er ja Robert, dann könnte sie ihn *Roy* nennen.

Als der Pfitzauf fertig war, öffnete sie das Küchenfenster und ließ die Stuttgarter Halbhöhenluft durch das Eibengestrüpp herein. Sie sollte in Zukunft öfter spazierengehen, beschloss sie. Wer täglich auch nur eine halbe Stunde spazierengeht, bleibt fit. Sie kippte die schwere Keramikform schräg und die sechs kleinen Souffles purzelten auf die Arbeitsplatte. Falls Roy eines Tages wissen wollte, wieso das Gebäck *Pfitzauf* hieß, überlegte sie sich schon mal eine prägnante Antwort: »Weil man zusehen kann, wie der Teig nach zwanzig Minuten über die Formenränder steigt und dann »pfitzt« er regelrecht hoch, weißt du?«

Polyxenia legte die Teilchen auf einen Kuchenteller. Es war ein unglaublich gutes Gefühl, für Roy gebacken zu haben.

Sie zog die Schürze aus und machte sich fürs Büro zurecht. Heute würde sie sich mit einer langen Zahlenliste herumschlagen müssen, da brauchte sie einen klaren Kopf. Polyxenia wählte passend dazu den Bleistiftrock mit dem Nadelstreifenmuster und die stahlgraue Bluse. Sie schwang sich die geflochtene Tasche über die Schulter und zog im Hinausgehen sorgfältig die Tür hinter sich zu.

Neuneinhalb Stunden später saß sie in ihrem Graphologiekurs bei Professor Sichter. In ihrer Tasche lag Roys Zettel, denn ursprünglich wollte sie ihn fragen, ob er das mit dem kleinem »t« und vor allem dem »g« genauso sah wie sie. Aber heute Abend sprach er über den Psychodiagnostiker Arno Müller und seine historischen Schriftstudien berühmter *Frauen* (»von Maria Stuart bis Mutter Teresa«), was sollte sie da mit einer maskulinen Schriftprobe daherkommen? Sie hievte ihre Tasche auf den Schoß und beäugte heimlich die Schrift. Sein präzises Strichle im »t« drückte Eigenschaften aus, die auch sie besaß: Sorgfalt und Detailgenauigkeit. Seine Oberlänge ragte allerdings ein bisschen weit hoch, offenbar strebte er nach Höherem. Was das bei einem Einbrecher bedeutete, war ihr nicht ganz klar. Aber sicher etwas Gutes. Was Polyxenia zu denken gab, war die Unterlängen-Dynamik im kleinen »g«. Professor Sichter schloss normalerweise daraus auf die Triebe: War die Schleife klein, spielte der Sex eine untergeordnete Rolle. War sie mager, konnte der Schreiber darauf verzichten. War die Schleife breit (wie bei *ihm*), sprach der Professor von absoluter Sexbesessenheit. Trara! Noch etwas stieß Polyxenia an Roys »g« auf: Das Schleifle neigte sich deutlich nach links. In ihrem Graphologiebuch hatte sie die Stelle unterstrichen: »Der/die AutorIn hat einen Hang zum Narzissmus.«

Wer mochte schon Narzissten?

Polyxenia schickte ihm aus dem Klassenzimmer heraus eine telepathische Botschaft: *Du bist nicht allein. Auch ich habe schwer nach links geschrieben – man kann sich alles abgewöhnen. Deine Polyxenia Abele.*

Gegen zweiundzwanzig Uhr fuhr sie mit der U1 nach Hause. Schon vor der Eingangstür erkannte sie, dass Besuch da war oder da gewesen sein musste. Denn der weiße Wollfaden, den sie unsichtbar über den ebenfalls weißen Fenstersims gelegt hatte, lag jetzt wie ein blindes Höhlenschlängle auf der Erde, neben den schorfigen braunen Eibenstämmen. Sie schloss die Tür auf.

Roy hatte seinen ganzen Sechser-Pfitzauf aufgegessen, praktisch verschlungen, nur noch ein zartgelber Krümel verriet, dass überhaupt einer auf dem Tisch gestanden hatte. Offensichtlich fühlte er sich in ihrer Küche bereits heimisch. Wie letztes Mal hatte er die Form ins Spülbecken gestellt und eingeweicht. Sie schämte sich ein wenig, dass sie ihm den Pfitzauf trocken serviert hatte, nur mit Puderzucker bestäubt. Wo doch ein Pfitzauf mit der *Beilage* steht und fällt. Vanillesoße oder Kompott waren delikat. Polyxenia schlug die Hand vor den Mund. Nicht einmal eine Serviette hatte sie ihm hingelegt. Er musste sich ein Küchenkrepp von der Rolle reißen, offenbar war er dabei ein bisschen wild geworden, sie sah ja, dass noch ein Fetzchen dranhing. Sie holte die Haushaltsschere aus der Schublade und schnitt das Krepp gerade. Ihr fiel auf, dass etwas mit dem Bild über der Eckbank nicht stimmte.

Es war ein kitschiges Spruchbild, das ihre Oma als Elfjährige im Kreuzstich ausgestickt hatte, und beim letzten Buchstaben im allerletzten Wort (Goethe) hatte sie einen Knubbel hineingestochen; das vermurkste »e« sah man sofort. Polyxenia hängte das Bild wieder gerade. Dann ging sie ins Bett.

Die Woche verging langsam. Am Donnerstagabend kaufte sie nach der Arbeit noch schnell eine Zeitung für Roy. Die »Süddeutsche« hielt sie für angemessen im Hinblick auf seine betonte Oberlänge im »t« (geistige Interessen). Sie sprang noch schnell in einen Bioladen, um Bio-Mehl zu kaufen, denn Gesundheit ist unser höchstes Gut.

Am Freitag früh wiederholte sie die Backerei von letzter Woche, ohne genau zu wissen, wohin das führen würde. Diesmal stellte sie ein Schälchen Vanillesoße dazu und eine Flasche stilles Wasser (vielleicht hatte er ja Durst?). Außerdem schob sie eine nette Papierserviette (Golden-Retriever-Welpe mit rotem Ball im Maul) unter die zwei Kuchengäbelchen.

Falls Roy später einmal fragen sollte, wieso zwei, käme die Antwort wie aus der Pistole geschossen: »Pfitzauf isst man nicht aus der Hand, ha-ha, den *zerrupft* man mit zwei Gäbelchen, weißt du?«

Polyxenia wandte sich wieder dem Pfitzauf zu. Es war der schönste, den sie je gebacken hatte. Honiggelb, duftend, im Innern sicher wunderbar locker, um nicht zu sagen *fluffig*. Sie hatte ihr Bestes gegeben.

Sie hängte die Schürze an den Haken. Im Augenwinkel erspähte sie das karierte Plaid, das akkurat gefaltet hinten auf der Bank lag. Mit zwei, drei Handgriffen brachte sie es durcheinander, baute sowas wie ein Nest daraus. Jedenfalls sah die Eckbank gleich viel gemütlicher aus.

Sie legte die Zeitung neben den Pfitzauf auf den Tisch. Falls er lesen wollte. Sie stellte drüben im Wohnzimmer einen kleinen Ascher auf den Glastisch. Vielleicht rauchte er gern mal eine. Dreißig Sekunden später nahm sie den Ascher wieder fort; sie würde das Rauchen nicht erlauben.

Sie kochte ihm noch rasch ein Kännchen Tee. Sie stellte es auf ein Stövchen und zündete das Teelicht an. Einmal hatte sie auf Juist Urlaub gemacht, und als sie die Ferienwohnung betrat, stand ein heißer Tee für sie bereit – und niemand war da. Es lagen eine Menge Prospekte über die Insel neben dem weißen Keramikstövchen, und die Ecken dieser Prospekte reichten gefährlich nahe an das Teelicht heran, sodass Polyxenia damals dachte: Wer fordert denn hier das Schicksal heraus!

Sie verscheuchte den Gedanken und machte sich fürs Büro fertig. Zog den knisternden schwarzweißen Sechsbahnenrock mit dem Zweigmuster an und dazu den sahnigen V-Pullover. Am liebsten würde sie sich in den Sessel setzen und still auf ihn warten. Doch aus Höflichkeit nahm sie davon Abstand.

Bevor sie ging, stellte sie ihm den Ascher wieder hin.

* * *

Die Alte hat wieder das Klofenster aufgelassen. Besten Dank auch. Elli hatte heute Tyson dabei – die Frau namens *P. Abele* war selber schuld daran.

Es war nicht leicht, den Hund durch das kleine Fenster zu drücken. Er fiel auf den Klodeckel und knurrte, was sie an seiner Stelle auch getan hätte. Er hatte sich aber nichts gebrochen.

Wie immer waren die Cupcakes der Alten nicht gerade der Knaller, aber diesmal gab es ein Vanille-Smoothie dazu, und so rutschten sie besser. Der Tee war noch schön heiß. Elli blies das Teelicht aus. Zwei kleine Gabeln lagen auf einer Serviette mit einem Welpen drauf. Das war nochmal eine Bestätigung dafür, dass Elli alles richtig machte. Auch Tyson war mal ein Welpe gewesen. Da hatte sie ihn allerdings noch nicht an der Backe gehabt.

Wo war er denn? »Tyson«, rief Elli leise. Aber der Hund erschien nicht. Sie wanderte ins Wohnzimmer. Da lag der

Rüde auf einem Zebrafell auf dem Sofa und schlief. Er war ein Penner wie der Mann, dem er früher gehört hatte. Der schlug und trat ihn immer, wenn ihm der Alkohol ausging.

»Okay, bleib wo du bist.«

Sie ging wieder in die Küche, um ihren Tee auszutrinken. *P. Abele* war selber schuld, dass sie jetzt den Hund aufgehalst bekam. Elli wäre von allein gar nicht auf die Idee gekommen, aber dann hatte sie den Spruch in dem altmodischen Bild über der Eckbank gelesen. Das hatte sie inspiriert:

> Wer Tiere quält, ist unbeseelt.
> Und Gottes guter Geist ihm fehlt;
> mag noch so vornehm drein er schauen,
> man sollte niemals ihm vertrauen.
> *Johann Wolfgang von Goethe*

Der Spruch war endpeinlich getextet, aber für den Hund war das okay so. Elli goss Wasser in die Kuchenform und ließ sie in der Spüle stehen. Schon klar, die Frau war ein bisschen schräg, aber der Hund liebte solche Leute. Irgendwo im Innern war er ein Spießer. Er fühlte sich zu Spießern hingezogen, das hatte sie mehr als einmal beobachtet. Und jetzt lag er immer noch auf dem Sofa, sie hörte ihn schnarchen.

Elli schlich mit angehaltenem Atem ins Badezimmer. Sie legte beide Hände an das Fenstersims und schaute nochmal über die Schulter zurück. Dann stieg sie über den Toilettensitz ins Freie.

***

Polyxenia kraulte den Hund hinter den Ohren. Seine Augen leuchteten wie Bernstein und sein Fell war weicher als Samt. Der Einbrecher hatte ihr seinen Hund gelassen. Gab es einen größeren Liebesbeweis? Noch spät in der Nacht saß sie an ihrem Computer und googelte: »Rezept + Hundekekse«. Morgen würde sie für den kleinen Roy etwas Feines backen.

Frau Abeles Pfitzauf-Rezept

Zutaten für die Sechser-Pfitzauf-Form oder acht große Bechertassen:
250 g Mehl
250 ml Milch
4 Eier
1 Prise Salz
50 g zerlassene Butter
1 EL Butter für die Form bzw. Tassen

Zubereitung:
Den Backofen auf 180 Grad Ober-Unterhitze vorheizen. Mit dem Handrührgerät Eier, Milch, Mehl und Salz zu einem dünnen Teig verquirlen. Die zerlassene Butter unterrühren.
Die Pfitzauf-Form oder Tassen gut ausbuttern und nur knapp zur Hälfte mit dem Teig füllen. Eine Stunde backen und dabei den Ofen nicht öffnen, da sonst der Pfitzauf erschrickt und zusammenfällt.
Nach Ende der Backzeit noch fünf Minuten bei offener Ofentür ruhen lassen. Mit spitzem Messer die Dingerle lösen; meist fallen sie von allein heraus.

Wie man Pfitzauf isst:
Mit zwei Gäbelchen »zerrupfen« und mit Puderzucker oder Zucker und Zimt bestreuen. Dazu passt auch Gsälz oder Kompott (Apfel, Rhabarber, Zwetschgen – was de grad do hosch). Vornehme Varianten: Pfitzauf mit Vanillesoße, Schlagsahne oder Eiscreme

Peter Wark

Im Tal so finster

Stuttgart

Der Teufel hat sich seiner Seele bemächtigt.

Der Wagner geht den staubigen Weg nach Mühlhausen entlang. Ein Mann auf einer Reise ohne Wiederkehr. In ihm lodert die Flamme des Hasses. Schnell geht er, mit ausgreifendem Schritt, die derben Lederschuhe fest auf den Boden aufsetzend, leicht vornüber gebeugt, wie ein Mann, der sich gegen den Wind stemmen muss. Die Gamaschen sitzen fest, eng gar, vom vielen Waschen kleiner geworden, als wären sie für einen Knaben gemacht und nicht für einen Mann von 38 Lebensjahren. Es geht kein Wind. Und es hat schon lange nicht mehr geregnet. Doch das wird sich ändern. Er kann den Regen schon riechen.

Auf dem Rücken trägt er über der groben Wollweste einen Lederrucksack, aus dem oben der Lauf des Gewehrs herausragt. Niemand wundert sich darüber. Die Männer haben alle Gewehre, viele gehen auf Hasen oder Sauen und mit etwas gottgegebener Gunst können sie ihren Frauen Fleisch nach Hause bringen, damit die am Sonntag ein wahres Festessen machen können. Dazu Kartoffeln und Mais. Sie haben es gut. Sie müssen schon lange nicht mehr hungern. Er kennt das Gefühl von Hunger, so wie alle Leute, denen das Schicksal ein entsprechend langes Leben bereitet hat, aber heute hat fast jeder genug zu essen, und eine Abwechslung gibt es auch.

Ihnen geht es besser als manch anderen. Seine Stellung als Lehrer sorgt dafür, dass ihm die Bauersfrauen manchmal etwas bringen oder seinen Kindern zustecken. Richard. Robert. Elsa. Klara. Gute Kinder.

Sie werden nicht in Schande leben müssen.

Man muss Kinder beizeiten züchtigen, ihnen von Hand die Lektionen des Lebens beibringen und manchmal den Lederriemen nehmen. So war das schon, als er ein Kind war. Sein Vater war ein Meister mit dem Riemen. Ja, er wusste ihn zu benutzen. Alles das geht ihm durch den Kopf, wie er mit seinem festen Auftreten, stampfend fast, ausschreitet.

Er ist in Gedanken. Er denkt an seine Kinder. Und an die Kinder, die er unterrichtet. Mit einer Mischung aus Güte und harter Hand. Wenn einer nicht lernen will, dann muss man ihm das Wissen einbläuen. So ist das schon immer. Viele Kinder hüten die Kühe vom Vater, wenn sie aus der Schule kommen, diesem windschiefen Holzhaus, das im Winter nicht geeignet ist, den Wind und die Kälte abzuhalten. Manchmal bringt ein Kind Kohlen mit, das gibt dann eine ganz andere Wärme, die von der Brandstatt aufsteigt, als das Holz, das sonst im Schulhaus verfeuert wird.

Die lederne Reisetasche, die der Wagner mit einem Leibriemen befestigt hat und die er seitlich am Körper trägt, schlägt bei jedem Schritt gegen sein Becken. Er merkt es nicht. Er erinnert sich, wie er vor einigen Stunden in seinem Haus mit ruhigen Bewegungen mit dem Feuerhaken die Asche vom Herd geschoben hat, damit die kein Unglück anrichte, wenn er weg war. Ein alter Herd, den er jetzt morgens schon mit dem Holz befüllt, das er von draußen hereinbringt. Es ist erst September, aber die Nächte sind schon kalt oben über dem Talkessel, wo sein Haus steht. Die Gegend hat einen heißen Sommer gesehen, der so schnell gegangen ist wie er im späten Mai über diese kleine Welt gekommen war.

Der Wagner kennt die Welt.

Er liest nicht nur die Bücher, die er mit den Schülern durchnimmt. Besonders gerne vertieft er sich in Reiseberichte. Er hat als Lehrer Zugang zu so etwas. Im Wirtshaus hängen sie ihm an den Lippen, wenn er erzählt, was er aus diesen Berichten erfährt. Mit Nietzsche oder Gorki oder Ibsen muss man diesen tumben Gesellen nicht kommen! Sie halten ja schon die Dokumente der Reisen für erfunden. Sie glauben es kaum, was er am Stammtisch erzählt, vielleicht glauben ihm auch nicht alle wirklich. Die, die nicht lesen können, sind besonders misstrauisch. Karl, der Tagelöhner, der einmal die Woche sein Geld versäuft und mit dem es kein gutes Ende nehmen wird. Aber, denkt der Wagner, mit mir nimmt es auch kein gutes Ende. Der Karl wird mich überdauern. Dass der Karl länger lebt als er selbst, das würd' keiner glauben, wenn man es ihm jetzt erzählt.

Vor ein paar Tagen hat er einen Bericht gelesen, in dem von den Schwaben berichtet wird, die der Hunger aus der Heimat vertrieben hat und die in Amerika ihr Glück gesucht haben. Vielleicht, so denkt der Wagner, hätte er auch nach Amerika gehen sollen. Mit dem großen Schiff. Alles hier hinter sich lassen. Vielleicht wär' dann vieles anders gekommen.

Er liest regelmäßig das *Neue Tagblatt* und er sieht das große Unglück am Horizont heraufdämmern. Jeder müsste es sehen, aber die meisten verschließen die Augen. Die Welt wird brennen. Der Wagner ist zu alt, um noch Soldat zu werden, aber die Jungen werden in den Höllenschlund gezogen werden. Schon bald. Das weiß er.

Sein Haus, seine Familie. Er speit verächtlich aus. Das alles ist weit weg, Stunden weg, eine Welt weg. Mit dem Rad ist er von Degerloch nach Stuttgart gefahren, mit dem Zug nach Bietigheim, von dort mit dem Fahrrad nach Mühlhausen, diesem Dorf, wo die Muschelkalkwände dem Fluss die Richtung vorgeben. In der Nähe des Dorfes hat er das Fahrrad hinter einem Busch versteckt. Jetzt geht er, wandert, wartet auf die Dunkelheit. Er wird zurückkehren in den Ort. Er wird tun, was er tun muss. Wenn es auf Mitternacht geht.

Er denkt an das Essen von gestern Abend. Henkersmahlzeit. Die Anna hat sie ihm zubereitet. Ein letzter Liebesbeweis sozusagen. Sie ist eine gute Köchin, kein Wunder, als Wirtstochter. Gefüllte Gurken. Das mag er. Die Kinder wollen lieber diese Erbstwurstsuppe, die es jetzt schon fast fertig zu kaufen gibt. Für den Wagner ist das kein Essen. Aber die gefüllten Gurken, die liebt er. Man muss große Gurken wählen, schält und schneidet sie bis über die Mitte der Länge nach ein, nimmt das Kernhaus mit einem Löffel heraus, kocht sie im Wasser mit dem Salz und mit Essig ein paar Mal auf, dann tut man sie in kaltes Wasser. Abtrocknen muss man sie noch, danach füllt man sie mit einer Kalbfleisch-Farce. Dann werden die Gurken zugedrückt und mit Faden umwunden. Jetzt muss man sie noch einmal aufkochen, in einer Fleischbrühe mit Butter. Muskat gehört daran, wenn man welchen hat, der macht den Geschmack. Das alles kocht man gar. Vor dem Anrichten wird gestoßener Zwieback dazugegeben. Das alles weiß der Wagner, obwohl er noch nie gefüllte Gurken gekocht hat. Er hat der Anna oft genug zugesehen.

Der Himmel wird dunkel, nicht alleine von der bevorstehenden Nacht. Die Wolken, schwer und dunkel. Seine Gedanken gelten jetzt seiner eigenen, kurzen Kindheit und seiner Mutter, die den früh gegangenen Vater lang überdauert hat. Er sieht sie vor sich. Wie sie kniet, erniedrigt. Den Rücken durchgebogen. Den Schurz nach oben geschoben. Weiße Üppigkeit quillt hervor. Vor ihr dieser fremde Mann mit rotem Gesicht und steif nach Leben ausgestreckten Armen, die sich die Schulter und den Kopf der Mutter krallen. Die wogenden Bewegungen der Mutter lockend, auch wenn er als Kind nicht gewusst, irgendwie geahnt hat, dass die Mutter und dieser Mann der Sünde anheim gefallen waren. Eine Ahnung, so schmerzhaft, dass alle Kraft aus ihm gewichen war. Die Mutter entweiht. Das war nicht die erquickende Liebe, von denen die Gedichte erzählten, die er in der Schule auswendig lernen musste.

Der Mann zeigt keine Scham, er scheint zu grinsen, wie er den jungen Wagner sieht. Die Augen im feuchten Gesicht halb geschlossen, stößt er komische Laute aus, als sei der Heilige Geist in ihn eingefahren.

Als wäre es vor wenigen Tagen gewesen, sieht der Wagner das Bild vor sich. Wie die Mutter mit dem Mann den Verlockungen der Wollust folgt. Sieht, wie er selbst, ein Bub, müde wie ein alter Mann, sich abwendet, stolpernd die windschiefe Treppe vor dem Haus hinabgeht, in dem er aufgewachsen ist. Wie er sich auf einmal ganz krank fühlt, der Mutter beraubt. Die Übelkeit ist eine andere, als er sie kennt. Es ist, als sei er ausgedörrt und als kämen Fieberwellen über ihn, den ungezogenen Sohn, der gesehen hat, was er nicht hätte sehen sollen. Er flüchtet sich in das Gebüsch, das einen Boden aus weichem Gras hat, das ihm ein Versteck ist, das er häufig aufsucht. Schwach wie ein von Krankheit Gezeichneter legt er sich in das Gras, das ihm plötzlich und unerwartet ein Trost ist. Es empfängt ihn, so weich. So, wie die Mutter den Fremden empfangen hat. Er legt den Kopf zurück, wie er es beim Großvater auf dem Sterbebett gesehen hatte, als dessen langes Siechen zum Ende kam mit einem letzten Seufzer, mit dem alles Leben aus ihm gefahren war.

Der Wagner, dieser von wirren Gefühlen geplagte Bub, will nie mehr aus dem weichen Gras aufstehen. Er will einschlafen, so wie der Großvater, nicht mehr schweißnass fieberträumen. Kneift die Augen zusammen, sieht Mücken vor seinem Gesicht tanzen, trunken vor Freude augenscheinlich über die Hitze des Sommertags. Krabbelndes Leben überall, während er sich dem Tode nahe fühlt. In der Nacht danach denkt er noch auf der Bettstatt unter seinem dünnen Leinen an nichts anderes. Sieht das Bild des besiegten Körpers der Mutter vor sich, ihre beschuhten Füße, das helle Fleisch der Schenkel. Fühlt, spürt, dass sie diesem Fremden die Zuwendung und Zärtlichkeit gibt, die er sich von ihr wünscht und der er nur selten anteilig wird.

Den fremden Mann hasst er, ohne ihn auch nur beim Namen zu kennen, so wie er all die anderen Männer hasst, die ihm folgen und die mit der Mutter der Lust des Fleisches frönen wie das Vieh auf der Weide. Es ist nicht schwer für den jungen Wagner, an der Aufrichtigkeit der Gefühle dieser Männer der Mutter gegenüber zu zweifeln. Zu zweifeln auch an den Gefühlen der Mutter ihm gegenüber. Sie wirkt auf ihn manchmal, als fahre der Teufel in sie. Wenn sie trinkt und mit den Fremden ihr schamloses Tun praktiziert, dann scheint sie ihn gar nicht mehr zu sehen.

Der Trübsinn füllte sein Inneres aus, so stark, dass seine Schritte vorübergehend ihr Gleichmaß verlieren. Er sieht nicht den Bussard, der lautlos und majestätisch über seinen Kopf segelt und im Nichts verschwindet. Der Weg steigt jetzt steil an und das Gewicht des Bündels auf seinem Rücken und der Tasche an seiner Seite lasten schwer wie die Dunkelheit seiner Gedanken. Es ist des Volks viel zu viel, die Hälfte sollte man gleich totschlagen. Sie ist des Futters nicht wert, weil sie schlechten Leibs ist. Die anständigen Leute sind noch auf dem Feld, solange es nicht ganz dunkel wird, und die Gestalten der Nacht verkriechen sich zu dieser späten Nachmittagsstunde noch wie sterbende Ratten und werden erst mit der Dunkelheit hervorkommen und noch viel später in den Rinnsteinen vor den Dorfgasthäusern liegen. Säufer, lichtscheues Gesindel. Sie gehören totgeschlagen. Totgeschlagen und verscharrt. Warum der Herrgott seine Hand über sie hält, er versteht es nicht. Wagners Ekel vor der Welt wird von solchen Männern befeuert.

Sein Haus in Degerloch, der Wagner wird es nicht wiedersehen. Das ist mehr als eine Ahnung. Er sieht es vor sich. Die kleine Kammer, die sich die Kinder teilen. Die große Kammer mit dem Holzofen darinnen, die Kammer mit dem Bett, in dem sein Weib neben ihm liegt, Nacht für Nacht, seit so vielen Jahren schon. Sie ist nur deshalb seine Frau geworden, weil der große Lenker aller Geschicke es so wollte. Ein Mädchen war sie fast noch, als er sie geschwängert hat. Anna, die Gastwirtstocher hier aus Mühlhausen. Hier, wo es ihm gefallen hatte, wo er nur ein wenig mehr als ein Jahr hat Lehrer sein dürfen. Wo er ein angesehenes Mitglied im Stand der Bürger war, bis er übler Nachrede zum Opfer fiel. Die Sache mit der Anna, die hat dazu geführt, dass man ihn auf die hinterste Alb verbannt hat, mitsamt der Anna und dem Kind. Der Anna hat man die Scham ersparen wollen, viel mehr aber noch dem Dorf. Nach Radelstetten hat man sie geschickt, wo man immer außer im Juli und August die warmen Sachen anziehen muss, wo der Schnee schnell kommt und lange bleibt.

Elf Jahre ist das her. In all der Zeit hat er sich vorbereitet auf das, was nun kommt. Die Stimme hat es ihm gesagt, dass er es tun muss. Die Menschen sind schlecht, sie brauchen ihre Lektion, die Erwachsenen nicht weniger als die Kinder in der Schule. Doch die Lektion, die er den Männern erteilen wird, ist eine andere. Man wird über ihn sprechen, über den Wagner, nicht nur in Mühlhausen. Die Gottlosen werden es immerhin mit Respekt tun und die braven Kirchgänger mit einer Furcht und einem Grausen. Man wird sich seiner erinnern. Vielleicht glauben die einfacheren Menschen später einmal daran, dass sein Geist zurückkehren wird.

Er weiß, was er tun wird. Von eigner Hand Sünder bestrafen. Männer, die schlecht Zeugnis gegeben haben von ihm, die gelogen haben und ihn dem Gelächter der anderen ausgesetzt. Die Ungerechtigkeit über ihn gebracht haben, als die Anna die Frucht ihrer Fehltritte nicht mehr verheimlichen konnte, weil ihr Bauch immer runder wurde. Die ihre Kinder nicht mehr von ihm unterrichten lassen wollten, weil er mitsamt der Anna das Dorf in Verruf gebracht habe. Der Sodomie bezichtigten sie ihn gar, setzten ihn übler Nachrede aus.

So viele Jahre der Wut haben aus dem Wagner einen harten Mann gemacht, der von sich selbst glaubt, immer häufiger nicht mehr bei Sinnen zu sein. Die Verdammnis wird über das Dorf und die Verderbtheit der Menschen kommen, aus dem sie ihn mit Schimpf und Schande gejagt haben.

Die Anhöhe über Mühlhausen. Er ist seit Stunden ziellos umhergestreift. Sein Ziel ist die Stunde, an der der neue Tag beginnt. Es ist nachtschwarz geworden und kälter. Mondlos, die Nacht. Seine Taschenuhr geht auf elf. Jetzt beginnt der Regen. Nicht langsam, sich aufbauend, sondern mit einer Macht, die den Menschen Angst machen kann. Wer jetzt nicht im Haus ist, der wird bös durchnässt werden. Es regnet stark, was den Wagner elend ärgert. Er will nicht, dass es regnet. Nun will er auch nicht mehr warten bis zur Mitternachtsstunde. Er prüft die beiden zehnschüssigen Selbstlader in seiner ledernen Tasche. Das Gewehr versteckt er in einem Gebüsch, es wäre ihm hinderlich bei seinem Vorhaben, wie er jetzt merkt. 200 Schuss Munition hat er, sie wiegt schwer. Der Hauptlehrer Wagner wandert ins Dorf hinab. Die Gassen menschenleer. Die Bürger im tiefen Schlaf der Selbstgerechten nach hartem Tagwerk.

Es ist, als hätte er all die vielen Jahre nur auf diesen Tag gewartet. Die vielen Jahre, in denen er sich vorbereitet hat, sich vorgestellt hat, dass er das tun würde, was er sich nun anschickt zu Ende zu bringen. Mühlhausen wird morgen nicht mehr sein, was es bis dahin war. Geübt hat er das Schießen, schon seinerzeit in Radelstetten, wo er im Wald diese Kunst vervollkommnet hat. Jetzt überquert er auf einer Brücke die Enz, die einen modrigen Geruch verströmt, wie man ihn aus den Kellern der bäuerlichen Anwesen und vom Friedhof kennt. Kein Mensch ist auf der Straße, nicht einmal der Nachtwächter, der Bopp Jakob, der dieses Amt schon innehatte, als er, der Wagner, noch ein angesehener Bürger Mühlhausens war. Der Hauptlehrer, dem man seine Kinder anvertrauen kann.

Das Vorhaben, einen Telegrafenmast zu erklettern und die Leitungen zu kappen, lässt er fahren. Eine eigenartige Kraft hat den Wagner erfasst. Er geht in eine Scheune, die am Wegesrand geduckt liegt und für eine Scheune eigentlich zu niedrig scheint. Drinnen bindet er sich ein schwarzes Tuch um, zieht es vor das Gesicht, dann befestigt er seine beiden Mauserpistolen mit Schnüren am Leib, sodass sie ihren Dienst tun können, ohne dass er sie erst aus der Tasche holen muss. Er verlässt die Scheune, geht mit seinen ausgreifenden Schritten an den südlichen Dorfrand in die Oberdorfstraße. Dort holt er sein Benzinfeuerzeug hervor, das er einst in Stuttgart erworben hat und beginnt sein Werk.

Für die braven Dörfler wird es sein, als hätte sich der Höllenschlund geöffnet, denkt sich der Wagner. Diese andere Scheune ist viel größer als die vorhin, sie ist bis unters Dach gefüllt. Die Ernte ist eingebracht. Er zündet das Heu an, als wäre das ein religiöser Akt. Er kommt sich vor wie in einer Kirche. Herr, was für ein Zunder! Bis der Erste merkt, dass es brennt, ist der Wagner schon durch die Oberdorfgasse hinauf in die Kirchgasse. Hier steht der Adler, das Haus, aus dem die Anna stammt, und in dem er zu seiner Zeit Stammgast war. Er denkt an seinen Schwiegervater, den Gastwirt Johann Konrad Schlecht. Dann geht er weiter zu der Schule, in der er früher gewirkt hat. Sie sieht noch immer aus wie vor elf Jahren. Das Flackern der brennenden Scheune erhellt mittlerweile die Nacht. Da – ein Geschrei hebt an. Der Bopp Jakob ruft das Feuer aus. Die Menschen stürzen auf die Straßen, es erfüllt den Wagner mit einer Wonne, wie er sie bisher nicht kennt. In seinen Lenden spürt er ein angenehmes Ziehen, das einhergeht mit einer wogenden Wärme, die ihm Wohlbehagen beschert.

Er kommt an der Scheune vom Geißinger vorbei, seinem früheren Freund, der als Witwer vier hungrige Mäuler zu stopfen hat. Für den Geißinger, der jetzt im Nachthemd aus dem benachbarten Bauernhaus rennt, hat der Wagner keine Gnade. Mit vier Schuss streckt er ihn nieder. Der Wagner fühlt sich, als sei er der Herrgott. Ein wohliges Stöhnen entfleucht ihm. Er rennt in die Zwerchgasse, dann in die Schlossgasse und legt an auf jeden, der ihm in den Weg kommt. Den Schäfer Widmaier erkennt er, obwohl er ihn seit elf Jahren nicht mehr gesehen hat. Beidhändig schießt der Wagner und der Widmaier haucht sein verdorbenes Leben aus. Für ein paar andere noch, Männer allesamt, wird der Wagner zum Scharfrichter. Er schießt. Und schießt. Sie fallen, wie Soldaten, die ein unsinniger Befehl in des Gegners Arme getrieben hat. Sie sterben ahnungslos, denn noch kann niemand im Dorf sich vorstellen, was hier passiert. Die, die überleben, werden später Fragen stellen.

Ihn wird man nicht mehr fragen können. Am Galgen wird er nicht hängen, auch wenn er weiß, dass der Strick noch das Beste wäre, das auf ihn wartet. Er muss nachladen, duckt sich hinter einen Zaun, der von braunem Gebüsch überwuchert ist. Ein Mann rennt auf ihn zu, rechtzeitig bringt der Wagner die Pistole wieder in Anschlag. Er drückt ab. Zweimal. Dreimal. Der Mann brüllt wie eine kalbende Kuh, fällt in den vom Regen aufgeweichten Boden. Herrje, durchfährt es den Wagner, welche Allmacht! Er ist so klar im Kopf, wie ein Mann nur sein kann, denkt er und wundert sich. Geschickt wie ein flinker Junge schlägt er sich in die Büsche, entkommt den immer größer an der Zahl werdenden Häschern. Sie werden ihn nicht bekommen. Nicht so schnell. Durch Obstgärten gelangt er zurück zum Schulhaus. Er kennt sich aus und alles scheint noch so zu sein wie damals. Der Gang der Welt hat Mühlhausen seit über einem Jahrzehnt unberührt gelassen.

Immer mehr bleiben auf der Strecke, getroffen, dem Leben entrissen oder verletzt. Wie von Sinnen schießt der Wagner um sich. Er ist von Sinnen. Rennend bewegt er sich zurück in die Oberdorfgasse, die Ledertasche klatscht bei jeder Bewegung hart gegen seine Seite. Seine Pistolen sind leergeschossen. Die Waffen verheddern sich in den Schnüren. Er sieht zwei Männer auf sich zukommen, den Polizeibüttel und einen, den er nicht kennt. Ihre Erbitterung macht ihnen die Hände stark. Der Büttel schlägt mit einem Säbel zu, der andere führt einen mehrzinkigen Karst gegen ihn.

Er wird sterben, spürt der Wagner. Schon die ganze Zeit hat er es gewusst, seit er den Massenmord geplant hat. Jahre, in denen er im Wald das Schießen geübt hat. Jahre, in denen er mit einer Regelmäßigkeit nach Mühlhausen gereist ist, um zu schauen, ob sich etwas verändert hat, und um seinen Hass auf das Dorf und die Menschen, die ihm übel nachgeredet haben, aufrechtzuerhalten. Jeder Besuch hat ihn in seinem Vorhaben gestärkt, das zu tun, was er tun muss.

Bevor ihn der Schmerz gnädig betäubt, kommt ihm noch einmal seine Familie in den Sinn. Da war so viel Blut.

Anna, seine Frau.

Richard. Robert. Elsa. Klara. Seine Kinder. Gute Kinder. Tote Kinder.

Er hat sie getötet. Mit dem Dolch. Sie sollen nicht der Schande des Weiterlebens anheimfallen. Der Schande, die Familie des Todbringers zu sein.

Er selbst wird sterben. In eben dieser Minute.

Der Teufel hat sich seiner Seel' schon lange bemächtigt.

Jetzt holt er sich den Rest.

(Ernst August Wagner hat überlebt. Er fiel nicht einmal dem Galgen zum Opfer, da er als hochinteressantes Forschungsobjekt für die Psychiatrie galt. Er starb 1938 an Tuberkulose. Die vorliegende Geschichte basiert auf Fakten, lässt zugleich der Fantasie des Autors freien Lauf. Sie ist eng an die Lebensgeschichte des Ernst August Wagner angelehnt, der im September 1913 in Stuttgart-Degerloch seine Frau und seine vier Kinder ermordet und später in Mühlhausen an der Enz vier Häuser niedergebrannt, neun Menschen erschossen und viele verletzt hatte. Wagner gilt als erster deutscher Amokläufer.)

Gefüllte Gurken

Zutaten:
4 große Gurken
150 g Kalbsschulter, ausgebeint
150 ml Schlagsahne 35%
35 g Toastbrot (ohne Kruste)
1 Ei
1 Schalotte, etwas Petersilie, fein gehackt
Salz, Pfeffer, Muskat

Zubereitung:
Man schält die Gurken, schneidet sie der Länge nach ein, nimmt das Kernhaus mit einem Löffel heraus und lässt sie in gesalzenem Wasser mit Essig kurz aufkochen. Anschließend lässt man sie abtrocknen und füllt sie mit der Kalbfleisch-Farce. Dann werden die Gurken zugedrückt, mit einem Faden zugebunden und in Fleischbrühe und Butter, mit Muskat gewürzt, etwa eine Stunde lang gekocht, je nach Größe der Gurken.
Zubereitung der Kalbfleischfarce: Man schneidet das Fleisch und das Brot in kleine Würfel, vermischt es mit der Sahne, den Eiern und Gewürzen, püriert es mit ein paar Eiswürfeln im Mixer oder Fleischwolf und gibt es dann durch ein möglichst engmaschiges Sieb. Nach diesem Rezept lassen sich auch andere Farcen herstellen, beispielsweise mit Huhn, Lamm, Ente oder Wild. Vegetarier können statt des Fleisches auch Saitan, Lupinen oder Pilze verwenden.

CHRISTIAN SUSSNER

Hauptgang mit Leiche

Stuttgart

Spätzle mit Linsen und Würstchen. Saitenwürstchen.
Maximilian Gottlieb Hallerstein, genannt Max, schüttelte den Kopf. Wirklich? Spätzle mit Linsen und Saitenwürstchen? Linseneintopf mit Brot, ja. Würstchen mit Senf und Kartoffelsalat, ja. Auch Spätzle, wenn genügend Soße dabei war. Aber Spätzle mit Linsen und Saitenwürstchen?
Und was roch er da – war das Essig?
Max war zum ersten Mal an einem Tatort, und er sah zum ersten Mal ein Mordopfer. Die Vorstellung von tödlicher Gewalt, einem ermordeten Menschen und viel, viel Blut hatte ihm einige schlaflose Nächte bereitet. Aber der Anblick des Toten, der mit braunorangefarbenen Linsen und gelben Spätzle beschmiert war, war so unerwartet, so skurril, dass sich das erwartete Gefühl der Betroffenheit nicht einstellen wollte.
Er schüttelte erneut den Kopf und seufzte. Er verstand nicht, warum ein Mensch mit sonderbaren schwäbischen Spezialitäten erschlagen wurde, die er selbst bislang noch nicht einmal gekannt hatte. Max holte seine Kamera heraus und machte Aufnahmen von dem Tatort und der von Essen bedeckten Leiche.
Der Tote war ein drahtiger Mann mit Glatze, der ausgestreckt auf dem Rücken lag, die Gliedmaßen von sich gestreckt. Der weißhaarige Hausdiener Johann Stein hatte berichtet, dass er ein Industrieller aus dem Stuttgarter Umland war. Clemens Rechenbach. Zulieferer der Autokonzerne. Hatte mit Karosserieteilen seinen Reichtum begründet. Selfmade-Unternehmer, der sich aus einfachen Verhältnissen hochgearbeitet hatte, die Eltern arme Bauern auf der Schwäbischen Alb. Und jetzt lag er tot im Esszimmer seiner Villa am Killesberg, an dessen Wänden große Ölgemälde hingen. Der Raum war größer als die

gesamte schmuddelige Wohnung im Stuttgarter Süden, in der Max ein Zimmer bewohnte, das nicht mehr als eine bessere Abstellkammer war. Am Hinterkopf des Mannes klaffte eine breite Wunde. Sie stammte offensichtlich von einer der großen Porzellanschüsseln, die zerbrochen neben dem blutverschmierten, linsenverzierten Leichnam auf den Marmorfliesen lagen. Und überall Spätzle und Linsen, die sich mit dem Blut zu einer dunklen Masse vermischten. Noch immer war Max seltsam gefühllos.

»Ganz schöne Schweinerei, Grundgütiger!« Max' Vorgesetzter Eberle trat neben ihn. Er rang nach Atem. Unter seinem Schutzanzug war sein Gesicht dunkelrot und schweißnass. Ein paar Dutzend Schritte vom Auto in das Haus machten dem dicken Kommissar schon zu schaffen. »Ihr erster Auftrag und dann gleich so ein schöner.« Luft holen. »Da bekommen Sie ja gleich das richtige Bild von uns Schwaben, was! Aber immerhin liegt der Fall klar wie Spätzlesoß', wenn Sie mir den Ausdruck erlauben wollen. Beziehungsdrama. Machen Sie mir ein paar nette Nahaufnahmen, ja?« Er zog einen Stuhl unter dem Tisch hervor und ließ sich hineinfallen. Max wusste aus seinem Einführungslehrgang, dass Eberle den Tatort nicht verändern durfte, ehe die Spurensicherung nicht erledigt war, aber er wollte sich nicht gleich mit seinem neuen Chef anlegen. Und nicht schon wieder einen Job verlieren.

»Träumen Sie, Hallerfels? Schauen Sie, dass Sie hier fertig werden, bevor die Spuren nicht mehr zu gebrauchen sind.«

»Hallerstein, und ich mach' ja schon.« Und wenn hier einer Spuren verhunzt, dann sind das ja wohl Sie, fügte er in Gedanken hinzu.

»Jaja, Ihr Name ist nicht so wichtig.«

»Aber sie wollen gute Bilder, und dafür brauche ich etwas Ruhe, Herr Eberle, und das ist ja wohl wichtig!«, erwiderte Max. Eberles Antwort bestand nur in einem Grunzen.

Max war erst seit wenigen Wochen in Stuttgart. Als er sich auf die freie Stelle als Tatortfotograf beworben hatte, glaubte er nicht, dass er schon kurz darauf tatsächlich seinen ersten Tatort fotografieren würde. Aber Jobs für Fotografen waren selten. In Nürnberg – seiner Heimatstadt – suchte er schon seit Monaten, nachdem er in seiner letzten Anstellung in einem Fotostudio gefeuert worden war – dabei hatte er den Chef nur als *Astlochbimberer* bezeichnet. Das war sein liebstes fränkisches Schimpfwort für einen Vollidioten.

Seit einem halben Jahr blieben die Überweisungen seines Vaters aus, weil Max sich weigerte, ein »standesgemäßes, christliches Leben« zu führen, wie es seine Mutter ständig nannte. Und auch wenn sie ihm hier nur eine halbe Stelle angeboten hatten – immerhin war dann die Krankenkasse bezahlt. Er konnte nicht ewig in Bars und auf Messen weiterjobben.

»Drei!«, schrie in diesem Moment Eberle.

»Drei?« Max ließ die Kamera sinken.

»Gleich mach' ich die Fotos selbst, Bürschle! Oder warten Sie, dass Kaffee mit Gebäck serviert wird?«

»Ich habe doch gerade schon ...«

»Wenn Sie nicht endlich anfangen, buchen Sie sich gleich das nächste Ticket in die Arbeitslosigkeit! Sie haben noch genau drei Sekunden!« Er hob die Hand über den Kopf und zeigte mit Daumen, Zeige- und Mittelfinger eine Drei. »Sie solln 'n paar hübsche Bilder schießen. Das kann ja nicht so schwer sein, nicht mal für einen wie Sie, was?«

Einer wie Sie sollte aufpassen, nicht von den Umweltschützern ins Meer gezogen zu werden!, wollte Max gerade sagen, als plötzlich eine schlanke blonde Frau in das Esszimmer stürmte und sich auf den Leichnam warf. »Clemens! Mein Engel!«, schrie sie, krallte sich in sein Hemd und brach schluchzend auf ihm zusammen. Die Linsen schienen sie nicht zu stören. Ohne darüber nachzudenken, drückte Max mechanisch weiter auf den Auslöser der Kamera.

Eberle sprang auf. »Das ist ja eine wunderbare Darstellung, Frau Rechenbach.«

Die Frau reagierte nicht, sondern schlang einen Arm um den toten Mann, mit dem anderen streichelte sie seine Wange.

Eberle tippte sich mit dem Zeigefinger an die Schläfe. »Bringt Ihnen aber nichts. Wir sind schlauer als Sie!« Eberle blickte sich um. »Bringen Sie das Weibsstück hier raus!«

Eine stämmige ältere Frau eilte herbei – Rita Wagner, die Schwester des Toten, wie sich Max entsann, die um genau 14:12 Uhr die Polizei gerufen hatte. Sie berührte die Blonde am Arm. Mit der anderen Hand tätschelte sie ihren Kopf. »Komm', meine Liebe, wir dürfen hier nicht sein.« Die Blondine bemerkte sie nicht und schluchzte weiter. Die ältere Frau blickte sich Hilfe suchend um. Als sie Max erblickte, winkte sie ihn zu sich. »Sie müssen mir helfen, junger Mann. Sie ist völlig außer sich.«

Max drückte die Kamera einem schlaksigen Polizeibeamten in die Hand, der gerade neben ihm stand, zog die Blonde am Arm hoch und half, ihr Gesicht und die Haare von Linsen zu befreien. Erst jetzt fiel ihm auf, wie jung sie war, Mitte 20. Höchstens. Sie sieht aus wie eine russische Eisprinzessin, dachte er sich. Hohe Wangenknochen, blasse Haut. Und so zerbrechlich wie ein Eiskristall bei Tauwetter.

* * *

Eberle lachte schnaufend. »Lange nicht mehr so schnell einen Mord aufgeklärt.« Der dicke Polizist lehnte sich in dem schweren Stuhl zurück. Er saß in seinem Büro im Polizeipräsidium in der Hahnemannstraße, krasser Gegensatz zu der Villa am Killesberg: statt polierter Marmorfliesen vergilbter Linoleumboden, statt Ölgemälden Fotos alter Stuttgarter Stadtbahnen. Eberle lächelte selbstgefällig. »So geht solide Polizeiarbeit, Hallertau. Das Blut ist noch nicht trocken, und schon sitzt der Spitzbube im Knast. Oder die Spitzbübin.«

Nach dem Zwischenfall am Tatort hatte sich herausgestellt, dass die russische Eisprinzessin und Rechenbach erst einige Wochen verheiratet waren. Eberle hatte sie sofort verhaften lassen. Mordmotiv: Habgier. Rechenbach hatte keine Kinder. Sie war die einzige Erbin eines Millionenvermögens.

»Dachte wohl, sie kommt nach Stuttgart, angelt sich einen reichen Unternehmer und führt ein Leben in Saus und Braus. Aber nicht mit uns, und ab die Post ins Kittchen.« Eberle kicherte. »Wetten, wir finden jede Menge Fingerabdrücke von dem Flittchen auf der Porzellanschüssel? Sie hat bestimmt nicht mit unseren modernen Ermittlungsmethoden gerechnet!«

Max war sich nicht so sicher. Auch wenn ein Millionenerbe ein taugliches Motiv war, traute er der zierlichen Frau ein solches Gewaltverbrechen nicht zu. »Ist es nicht logisch, dass da ihre Fingerabdrücke drauf sind? Sie war dort immerhin zu Hause.«

Eberle schnaufte verächtlich, würdigte ihn aber keiner Antwort

»Und es muss ihr doch klar gewesen sein, dass wir sie verdächtigen würden. Vielleicht ergibt ja die Obduktion was!«

»Obduktion!« stieß Eberle hervor. »Glauben Sie nicht jeden Blödsinn aus dem Fernsehen. Was glauben Sie, wo wir hier sind? Blondi wird gleich vernommen. Ich fresse einen Besen, wenn ich sie nicht zu einem Geständnis bewegen kann!«

»Aber das kann doch nicht alles gewesen sein, was Sie unternehmen! Wir müssen weiter ermitteln, bestimmt gibt es noch mehr Spuren. Bei der Festnahme sagte Frau Rechenbach was von ...«

Max zuckte zusammen, als Eberles Hand auf den Tisch krachte. »Schluss jetzt!« Spuckletropfen segelten in Max' Richtung. »Schwingen Sie hier keine Reden, und erklären Sie mir nicht, was ich zu tun habe! Wenn Sie Ihren Job behalten wollen, dann überlassen Sie die Polizeiarbeit den Profis. Schicken Sie ein paar Fotos, dann können wir den Fall hier abschließen.«

Max spürte Wut im Magen. Er verstand nicht, wie ein Polizeikommissar so engstirnig sein konnte.

»Wenn Sie nicht ...«

»Raus!«, brüllte Eberle mit hochrotem Kopf und zusammengekniffenen Augen und sprang auf. Er packte Max am Arm, schob ihn hinaus und knallte die Tür zu.

* * *

Nachdem er seine Wut mit mehreren kräftigen Fußtritten an einem Wahlplakat der FDP ausgelassen hatte, ging Max nach Hause und lud die Fotos auf seinen Rechner. Er zweifelte daran, dass Eberle recht hatte. Das hatte nur zum Teil damit zu tun, dass er es dem dicken Polizisten nicht gönnte, den Fall so leicht zu lösen. Die zierliche Frau sah nicht wie eine Mörderin aus, die ihrem Mann mit einer schweren Schüssel voll Spätzle den Kopf einschlug.

Max hatte viele Bilder gemacht, mehr als er gedacht hatte: 243. Einige Male hatte er einfach den Finger auf dem Auslöser gedrückt gehalten, für Serienaufnahmen: jede Sekunde fünf Fotos. Als er sein Abendessen vertilgte – Nudeln mit Ketchup – scrollte er durch die Aufnahmen.

Er hatte die Szene festgehalten, als die Blonde zu ihrem Mann gestürzt war. Auch die ältere Frau, Rita Wagner, kam kurz nach ihr ins Bild. Sie stand neben der Anrichte im hinteren Teil des Raums, bevor sie Frau Rechenbach auf Eberles Anweisung und mit Max' Hilfe weggebracht hatte.

Plötzlich erinnerte er sich an den Duft der jungen Frau. Er hatte ihn trotz der Spätzle und Linsen wahrgenommen, als er sie zusammen mit der Alten hochgezogen hatte. Ein Geruch nach Frühling auf dem Land, Sonnenstrahlen und blauem Himmel, trotz des Eiskristallaussehens. Ein Geruch nach Freiheit.

Nachdem sie Frau Rechenbach in ein anderes Zimmer gebracht hatten, war diese etwas ruhiger geworden und hatte nur noch leise geschluchzt. »Danke, und Entschuldigung.« Sie blickte Max an. Blaue Augen, Frühlingssonne. »Ich habe bestimmt die Spuren verwischt oder so.« Sie sprach sehr gut Deutsch, mit einem nur leichten osteuropäischen Akzent. »Aber wer macht nur so etwas ...« Sie wischte sich mit der Hand über die Augen, » ... so Schreckliches. Und warum?«

Die ältere Frau verließ das Zimmer.

Max reichte Frau Rechenbach ein Päckchen Taschentücher. »Das wird schon wieder. Sie werden sehen.« Er hatte selten etwas so Idiotisches gesagt.

»Ich weiß gar nicht wie ...« Sie sah ihn ernst an. »Ich habe geschlafen. Ich bin erst vor ein paar Minuten aufgewacht. Und da war er tot!« Sie begann wieder zu schluchzen. »Der Mörder war da, als ich schlief! Wann bin ich nur ins Bett ... ich kann mir nicht erklären, warum ... warum hat er nicht auch mich ...?« Sie strich sich eine Haarsträhne aus dem Gesicht, schloss die Augen und räusperte sich. Dann sah sie ihn an. »Kira Rechenbach. Und danke für da drinnen. Das war sehr nett von dir.«

»Max«, sagte er automatisch. Durfte er sie duzen? Musste er nicht professionelle Distanz wahren? »Schon gut, das hätte jeder gemacht.«

Sie kniff die Mundwinkel zusammen. »Sie werden mich verdächtigen, richtig? Das haben sie doch alle gedacht: Sie will nur sein Geld. Ein junges Ding, das sich einen Geldsack angelt.« Sie blickte zu Boden. »Aber so war das nicht. Ich mochte ihn wirklich. Er war ein netter Mann.«

Was erwiderte man in einer solchen Situation? Er versuchte es mit: »Mmh-mmh.«

»Und ich habe ihn nicht getötet.«

»Keiner denkt das«, sagte Max jetzt. »Es gibt doch auch keine Beweise. Oder zumindest ...«, wie sagte er das jetzt richtig, »zumindest glaube ich, dass ...«

Sie blickte ihn aus traurigen Augen an. Die Frühlingssonne war untergegangen.

»Ich glaube dir«, hatte er dann einfach gesagt und sie angesehen. Sie hatte nach seiner Hand gegriffen und sie kurz gedrückt. »Danke. Es tut gut, dass du auf meiner Seite bist.«

Max scrollte weiter durch die Fotos und versuchte, nicht an Kira Rechenbach zu denken, an ihre Augen, ihre langen Wimpern. Wenn sie sich nur zu einem anderen Anlass begegnet wären ...

Er setzte sich aufrecht hin, atmete tief ein und schloss die Augen. Es ging jetzt nicht um ein hübsches Gesicht, sondern um die Dokumentation des Falls, um seinen Job – und um seine Zukunft. Er durfte nicht schon wieder versagen. Wer würde ihn noch einstellen, wenn er auch hier nach kurzer Zeit wieder gefeuert wurde? Er öffnete die Augen. Nach Nürnberg konnte er nicht zurück, und von seinen Eltern brauchte er keine Unterstützung zu erwarten. Nicht, wenn er schon wieder ohne einen Job heimkehrte.

Er versuchte, sich zu konzentrieren.

Ein paar Bilder zurück. Frau Wagner war für einen Augenblick regungslos an der Anrichte gestanden, eine kleine stämmige Frau, verwitwet, mit dunklen Haaren, die mit weißen Fäden durchzogen waren. Sie hatte den Hof der Eltern übernommen, während ihr Bruder einen internationalen Konzern aufgebaut hatte. Das hatte sie bei der Vernehmung durch die Polizei zu Protokoll gegeben. Wie alt mochte sie sein – Ende 50?

Er klickte auf die letzte Aufnahme, bevor er Kira Rechenbach mit Frau Wagner aus dem Zimmer gebracht hatte. Das Bild zeigte die junge Frau, die über Rechenbach gebeugt war. Ihre weiße Bluse war mit Linsen verschmiert. Die Ältere, Frau Wagner, blickte in Max' Richtung. Einen Augenblick später würde sie ihn herwinken. Er erinnerte sich, wie sie und Johann Stein später auf einer Sitzgruppe antiker Möbel zusammensanken, nachdem die Polizei im Esszimmer fertig gewesen war und sich Eberle daran gemacht hatte, die Zeugen zu befragen. Beide wirkten erschöpft – kein Wunder, nach dem, was geschehen war. Trotzdem beantworteten sie ruhig Eberles Fragen.

»Clemens lag reglos in den Linsen, es war so ...« Frau Wagner blickte zu Johann Stein. »Ich dachte erst, er hat einen Schlaganfall, wo er doch immer so viel arbeitet. Der Stress und die ganze Verantwortung. Aber als ich die Wunde am Hinterkopf sah ...« Sie schüttelte leicht den Kopf und rieb mit den Fingerspitzen über ihren Halsansatz. »Wie schrecklich, ich ...«

Der alte Hausdiener kam ihr zu Hilfe. »Ich habe Frau Wagner von zu Hause abgeholt, sie waren zum Mittagessen verabredet. Linsen und Spätzle waren Herr Rechenbachs Lieblingsgericht. Als wir wiederkamen, war Kira nirgends zu sehen, aber im Esszimmer fanden wir dann den Armen.«

»Und was sagen Sie, wo war Frau Rechenbach?«, fragte Eberle.

»Ich dachte, sie ist mal wieder Clemens' Geld ausgeben, Sie wissen schon, Shopping, was die jungen Dinger so tun«, antwortete wieder Frau Wagner. »Erst als sie vorhin in das Esszimmer rannte, sahen wir sie wieder. Wir dachten, sie wäre nicht zu Hause.«

Eberle nickte. »Das wäre sicherlich schlauer gewesen.«

Max erinnerte sich, wie Frau Wagner und Herr Stein Eberle mit großen Augen angesehen hatten. »Sie meinen, Kira war es ...?«, hatte Frau Wagner hervorgestoßen. »Aber sie bekam von ihm doch alles, was sie sich wünschte!«

Max sah sich die Fotos wieder von vorne an. Er wollte die besten heraussuchen, um sie Eberle zu schicken. Vielleicht eines aus der Totalen, eine Nahaufnahme, dann noch Detailaufnahmen und noch ein paar dazwischen. Auf den ersten Bildern hatte er sich auf den Überblick konzentriert, danach war er zu den Details gegangen. Die tödliche Wunde, die zerbrochene Schüssel, der reglose Körper. Ein paar Aufnahmen zeigten auch Eberle, der auf dem Stuhl saß. Max grinste. Eigentlich sollte er dieses Bild verschicken. An »All Users« bei der Polizei. Eberle, wie er einen Tatort veränderte.

Dann merkte er, dass ihn etwas irritierte. Da gab es etwas, das nicht stimmte. Vielleicht ...

Die Tür zu seinem Zimmer sprang auf und seine Mitbewohnerin Marianna flog herein. »Maxi!«, rief sie und grinste ihn an. »Wie war es denn?«

Er hatte ihr von der Angst vor seinem ersten Tatort erzählt, der dann nicht so schlimm gewesen war – wegen der Spätzle und der Linsen.

Dann sah sie die Bilder auf seinem Bildschirm. »Kraaaasssss!«, rief sie. »Ist das 'n echter Leichnam?« Max klickte die Bilder weg und lachte sie an. »Das geht dich nichts an!«

Marianna studierte Lehramt an der Universität Stuttgart und steckte ihn jedes Mal mit ihrer guten Laune an. Sie war nur knapp über 1,60 m groß, hatte aber Energie für zehn dicke Polizisten.

»Lag der da in Linsen mit Spätzle?« Sie stemmte die Hände in die Hüfte und blickte ihn direkt an. Ihre braunen Haare trug sie wie immer in einem wippenden Pferdeschwanz.

»Abgefahren, oder? Dass ihr so was essen könnt.« Max zwinkerte ihr zu.

Sie verzog den Mund und runzelte die Stirn. »Vorsicht, Maximilian Gottlieb!« Hätte er ihr nur nie seinen zweiten Namen verraten. »Das ist sehr dünnes Eis jetzt! Du beleidigst das stolze Volk der Schwaben!« Sie kicherte. »Linsen mit Spätzle und totem Mann ist aber auch hier ungewöhnlich. Meistens reichen wir Würstchen.«

»Die waren auch dabei«, antwortete Max.

»Hermann und ich wollen auf ein paar Bier ins Lehen. Kommst du mit?«

Hermann war der dritte Mitbewohner und Student aus London mit nigerianischen Eltern. Er war gleichzeitig mit Max eingezogen, nachdem das Pärchen, das zuvor mit Marianna hier gewohnt hatte, ausgezogen war.

»Geht leider nicht, ich muss hier noch ein bisschen …« Er deutete auf den Bildschirm.

»Kannst ja nachkommen.« Marianna wehte aus dem Zimmer.

Max öffnete wieder die Fotos. Was war ihm vorhin aufgefallen? Etwas stimmte nicht, etwas, was man nicht auf den ersten Blick sah. Er betrachtete das aktuelle Foto. Der tote Mann. Eberle auf dem Stuhl. Der Leichnam. Dann die Bilder mit der jungen Frau. Kira. Wie schön sie war. Max seufzte. Er würde ihr gerne helfen. Wenn er nur wüsste, wie. Noch wichtiger war aber, diesen Job zu behalten. Er hatte keine andere Wahl. Und dazu musste er Eberle nur ein paar gute Bilder liefern, ohne es sich mit ihm zu verscherzen.

Er versetzte den Rechner in den Ruhezustand und beschloss, doch noch ein Feierabendbier im Lehen zu trinken.

* * *

»Yo Man!«, begrüßte ihn Hermann und klopfte ihm auf die Schulter.

Marianna strahlte ihn an. »Na also! Ist doch besser als schwäbische Küche mit Leiche!«

Max setzte sich zu den beiden an die Bar und bestellte sich ein Wulle. »Mary-Änna told me!«, rief Hermann. Hermann wollte mehr wissen über den Toten in der Villa.

»Darf ich euch leider nicht sagen, Leute.«

»Ach komm«, sagte Marianna. »Die WG muss immer Bescheid wissen. Wir sind schließlich deine Stuttgarter Familie!« Sie kicherte wieder, wie eigentlich immer, und boxte ihm gegen die Schulter.

»Okay. Die WG darf alles wissen. Aber nicht für umsonst!« Er deutete in Richtung der hinter der Theke aufgereihten bunten Flaschen.

»Emotional Blackmail!«, rief Hermann, winkte aber dem Barkeeper.

»Irgendwas Ekliges!«, quiekte Marianna und deutete auf eine kleine Flasche, die wie eine Glaskugel mit Flaschenhals aussah. Unicum, Kräuterlikör. An etwas erinnerte Max die kleine Flasche. War da nicht vorhin …

Der Barkeeper stellte drei Gläser mit dem dunklen Getränk vor sie auf die Theke.

»Cheers, to absent friends!«, rief Hermann und hob das Glas. Sie stießen an und tranken.

»Uuh, wie Medizin!«, rief Marianna.

In diesem Augenblick traf ihn die Erkenntnis wie ein Messerstoß. Das Fläschchen im Esszimmer. Auf der Anrichte. Die Schwester. Er stürzte sein Getränk hinunter und sprang auf. Hermann schrie noch etwas, das in Mariannas Gekicher unterging.

* * *

Max scrollte erneut durch die Fotos. Als er die Unicum-Flasche gesehen hatte und Marianna von Medizin sprach

... ihm war vorhin etwas aufgefallen. Da war der Schnappschuss, kurz, nachdem Kira Rechenbach in das Zimmer gestürmt war. Hinten die Alte, vor der Anrichte. Stand da nicht ...? Er hätte schwören können, dass er dort eine Flasche gesehen hatte, so ähnlich wie die Unicum-Flasche, doch dort war nichts. Komisch. Der Alkohol? Er hatte nicht mal sein Bier ausgetrunken. Und auch nicht bezahlt, wie ihm gerade klar wurde. Zechpreller, das war es, was Hermann gerufen hatte, woher auch immer er dieses Wort kannte. Er lehnte sich zurück, verschränkte die Finger hinter dem Kopf und seufzte. Mist! Vielleicht sollte er ins Bett gehen.

Er klickte noch ein bisschen durch die Aufnahmen, um wenigstens noch die besten auszusuchen. Und plötzlich fand er es: das Fläschchen. Auf einem der ersten Fotos, als er in der Totalen fotografiert hatte. Da war der Leichnam, dahinter die Anrichte, und dort stand es. Es ähnelte nur entfernt dem Unicum. Deutlich kleiner, sah es eher aus wie ein Apothekerfläschchen aus dem 19. Jahrhundert.

Max lehnte sich nach vorne.

Er scrollte weiter. Auch auf späteren Bildern konnte er das Fläschchen sehen – und plötzlich war es weg, von einem Bild zum nächsten. Das war der Augenblick, als Kira Rechenbach in das Zimmer gestürmt war. Sobald Frau Rechenbach über dem Leichnam kniete, verschwand es. Und genau vor der Anrichte stand in diesem Augenblick die Schwester, Frau Wagner. Nur sie konnte es genommen haben.

Aber warum?

Er klickte zurück zu einem der Fotos, auf dem er das Fläschchen sehen konnte, und zoomte es heran. Vielleicht ließ sich das Etikett erkennen. Das erste Bild war zu unscharf, aber auf dem zweiten bekam er es nah genug heran.

Rohypnol.

Er rief Google auf.

Ein hochwirksames Schlafmittel.

Und Max wusste, wozu Rohypnol noch verwendet wurde. Eine Nürnberger Freundin hatte mal damit auf einer Party Bekanntschaft gemacht. Unter einem anderen Namen war es deutlich bekannter.

Warum nur hatte Frau Wagner ein Interesse daran, K.-o.-Tropfen von der Anrichte in Rechenbachs Esszimmer verschwinden zu lassen?

* * *

»Hallermann, zum Teufel, spielen Sie hier nicht den Detektiv! Der Fall ist abgeschlossen, das Täubchen fährt für die nächsten 20 Jahre ein. Und wenn Sie mir weiter auf die Nerven gehen, sind Sie Ihren Job schneller los, als Sie Linsen mit Spätzle sagen können!« Eberles fleischiges Gesicht verzog sich zu einem Grinsen, doch in seinen Augen funkelte etwas, das Max nicht gefiel.

Er bemühte sich, ruhig zu bleiben und schob Eberle die Bilder hin. »Die sollten Sie sich wirklich ansehen.«

»Jaja. Kommen in die Akte. Sie dürfen gehen.« Er winkte gönnerhaft.

»Ich würde Ihnen gerne etwas zeigen, auf den Fotos.«

Der dicke Kommissar seufzte. »Hören Sie. Ihr Eifer ist ja ganz lobenswert, aber ich muss jetzt ...«

»Ich kann beweisen, dass Frau Rechenbach es nicht war. Ich kenne den Mörder!«

Eberle kratzte sich am Hals und runzelte die Stirn. »Sie hat gestanden, naja, so gut wie. Sie wusste, dass Sie die Alleinerbin ist, Motiv und Gelegenheit, verstehen Sie? Und jetzt: Gehen Sie mir endlich aus den Augen! Sie stören meine Frühstückspause. Noch ein Wort, und Sie sind die längste Zeit bei der Polizei gewesen!«

Eberle erhob sich ächzend und watschelte aus dem Zimmer.

* * *

Max bebte vor Zorn. Er kannte die Lösung des Falls, und nur wegen der Sturheit eines inkompetenten Polizisten würde Kira Rechenbach ins Gefängnis gehen. Es war so ungerecht, doch was konnte er tun? Er beschloss, nach Hause zu gehen. Vielleicht würde er dort eine Mail an Eberle schreiben und kündigen. Und er würde Eberle endlich die Meinung sagen. Dann könnte er auch den Spruch mit den Tierschützern loswerden, die Eberle wieder ins Meer zogen.

Andererseits – er brauchte diesen Job.

Er ging den Flur des Polizeipräsidiums hinunter in Richtung Treppenhaus. Er dachte an Marianna und Hermann. Die beiden würde er vermissen, auch wenn er sie noch nicht lange kannte. Er dachte an etwas, das Marianna im Lehen gesagt hatte. Seine Stuttgarter Familie. Trotz der Wut auf Eberle musste er lächeln. Zechpreller. Er würde gerne noch viele Biere mit Hermann trinken.

Max ging die Stufen hinunter, eine nach der anderen. Dann dachte er an Kira Rechenbach, die junge Millionärswitwe. Würde sie tatsächlich verurteilt werden? Er wusste es nicht. Er erinnerte sich an den letzten Blick in ihre Augen, als die Frühlingssonne erloschen war. Im Gefängnis würde sie nicht wieder aufgehen. Seine Wut verebbte und wurde zu Hilflosigkeit, Trauer. Er hatte etwas in Kira gesehen, als bestünde ein unsichtbares Band zwischen ihnen. Ob sie es auch gespürt hatte? Aber was sollte sie schon mit einem gewöhnlichen Kerl wie ihm anfangen, wenn sie Millionäre haben konnte.

Vielleicht war es an der Zeit, sich endlich anzupassen. Kein Aufbegehren gegen Eberle, kein Kündigen des Jobs, weil er sich ärgerte. Einordnen in das System, wie es sich seine Mutter wünschte. Funktionieren und die Klappe halten, wie es sein Vater immer getan hatte. Er musste endlich erwachsen werden. Max ließ den Kopf hängen. Um den Job zu behalten, musste er nur nach Hause gehen.

Einordnen. Funktionieren. Die Klappe halten.

Auf halber Höhe hatte die Treppe einen Absatz, von dem sie in die entgegengesetzte Richtung weiterführte. Er blieb stehen und schaute aus dem alten Fenster mit dem weißen Holzrahmen. Es war früh, die Sonne stand noch tief und schien durch die Scheibe.

Frühlingssonne. Ob heute ein schöner Tag werden würde?

Eine große graue Gewitterwolke bewegte sich in diesem Moment in Richtung Sonne und würde sie bald verdecken. Würde die Frühlingssonne stärker sein als die Wolke? Würde sie weiter scheinen, trotz der Wolke, oder würde es Regen geben? Die Wolke war groß, und die Sonne noch nicht sehr stark. Sie wird es nicht schaffen, dachte er.

Nicht alleine. Nicht ohne ein bisschen Hilfe. Die Frühlingssonne würde untergehen.

Kira würde untergehen.

Das durfte er nicht zulassen.

Max wirbelte herum und rannte die Treppen hoch. Ohne anzuklopfen, stürzte er in Eberles Büro, der gerade von einem großen Schokoladencroissant abbiss. Max warf zwei Fotos auf den Tisch, bevor der Kommissar ihn hinauswerfen oder entlassen konnte. »Sehen Sie sich diese beiden Bilder an, Eberle, bitte. Mehr will ich nicht!«

»Das heißt Herr Eberle, Kleiner.« Er legte sein Frühstück zur Seite, blickte aber nicht auf die Fotos. »Es ist ein Zeichen guter Erziehung, seine Mitmenschen mit ihrem vollständigen Namen anzusprechen.«

Das sagte der Mann, der ihn dauernd falsch anredete. Der Mann, der so inkompetent wie selbstgefällig war. Max spürte, wie ihm das Blut in den Kopf schoss. Fetter Wal!, wollte er Eberle entgegenschreien. *Astlochbimberer!*

Er biss sich auf die Zunge.

»Entschuldigung«, presste er mühsam hervor. »Es geht um die Flasche Rohypnol, auf der Anrichte. Auf dem einen Bild ist sie da, neben der Schwester von Rechenbach. Und auf dem nächsten ist sie verschwunden!«

Der Polizist musterte ihn, sagte aber nichts. Max hörte seine schwerfälligen Atemzüge. In seinem Mundwinkel hing ein Rest des Croissants. Auf die Fotos hatte er noch nicht geblickt.

»Fahren Sie fort«, sagte Eberle schließlich.

Max atmete aus. Erst jetzt merkte er, dass er die Luft angehalten hatte.

Er brauchte einen Augenblick, um sich zu sammeln.

»Also. Frau Wagner stellte sich nicht zufällig neben die Anrichte, als sie Frau Rechenbach in das Esszimmer folgte. Als Kira Rechenbach unsere Aufmerksamkeit auf sich zog, nutzte Frau Wagner die Gelegenheit, das Fläschchen einzustecken. Rohypnol ist ein starkes Schlafmittel, Sie kennen es vielleicht: K.-o.-Tropfen.«

Eberle schwieg und trank einen Schluck aus seiner Tasse mit VfB-Wappen. »Kalter Kaffee, scheußlich. Werden Sie endlich konkret, worauf wollen Sie hinaus? Warum sollte Frau Wagner die K.-o.-Tropfen einstecken? Und was ist mit ihrem Alibi? Der Hausdiener, Stein, hat es bestätigt.« Eberle musterte Max mit hochgezogenen Augenbrauen.

»Wir müssen uns doch nur zwei Fragen stellen: Wer hat außer seiner Frau einen Vorteil von Rechenbachs Tod, und warum versteckt Frau Wagner das Schlafmittel?«

Eberle blickte ihn weiter mit den hochgezogenen Augenbrauen an, sagte aber nichts.

Max fuhr fort: »Wenn Kira Rechenbach wegen Mordes verurteilt wird, kann sie ihren Mann nicht beerben. Er hat keine Kinder, keine anderen Verwandten. In diesem Fall geht sein ganzes Vermögen an seine Schwester. Frau Wagner hat nur einen kleinen Hof. Das Erbe ihres Bruders würde sie zu einer reichen Frau machen.« Max hatte die ganze Nacht darüber nachgedacht. »Ich weiß nicht, warum Johann Stein ihr ein Alibi gibt, aber es würde mich nicht wundern, wenn in der Leiche Schlafmittel zu finden wäre!«

Eberle grunzte und schwieg weiter. Dann riss er den Mund auf. »Hallerstein, Sie meinen ... die Schwester!« Er griff zum Hörer. »Rufen Sie den Staatsanwalt an. Eine Leichenöffnung, sofort! Ja, Rechenbach, wer denn sonst! Eine toxikologische Untersuchung!«

Er knallte den Hörer auf die Gabel.

* * *

Marianna hatte Max zu Linsen mit Spätzle und Saitenwürstchen eingeladen. Schwäbische Feuertaufe nannte sie das, nachdem sie sich über das bittere Los beklagt hatte, mit zwei Neigschmeckten zusammenwohnen zu müssen. Jetzt stand sie kichernd am Herd und rührte. Als sie einen Schuss Chianti zu den Linsen schüttete, erklärte sie ihm: »Bloß kein Untertürkheimer Gips. Da passen die Italiener besser!«

Nachdem Eberle Max endlich zugehört hatte, war alles sehr schnell gegangen. Die Ergebnisse der Obduktion lagen noch nicht vor, aber Rechenbachs Schwester hatte Eberles Verhör nicht lange standgehalten und alles gestanden, als er ihr Max' Fotos vorgelegt hatte. Und in einem hatte Eberle schließlich doch Recht behalten: Das Motiv war Habgier. Der kleine Hof war bis unter das Scheunendach verschuldet. Die Bank hatte vor Kurzem die Versteigerung beantragt.

Ihr Plan war ganz einfach, und sie war nicht alleine gewesen: Der Hausdiener Johann Stein half ihr, und natürlich konnte er ihr nachher ein perfektes Alibi geben.

Das Schlafmittel war in den Linsen. Als Kira und ihr Mann nach dem Essen am Tisch eingeschlafen waren, brachten Stein und Frau Wagner Kira in das Schlafzimmer, erschlugen Rechenbach mit einem der Töpfe, beseitigten ihre Spuren und warteten ein bisschen. Dann rief Frau Wagner die Polizei und ließ den Dingen ihren Lauf. Sie hatte richtig vorhergesehen, dass als Mörder die junge hübsche Frau des Toten verdächtigt werden würde.

Sie hatten nur einen Fehler gemacht: Das Fläschchen mit dem Schlafmittel hatten sie auf der Anrichte vergessen. Beinahe wäre es ihr gelungen, diesen Fehler zu korrigieren. Max fragte sich, warum sie es überhaupt dort abgestellt hatten. Und warum hatten sie die Schüsseln zerbrochen und das Essen auf Rechenbach verteilt? Das würde ihr Geheimnis bleiben. Max vermutete, dass Frau Wagner die Tat mit einer gehörigen Portion Wut ausgeführt hatte, was auch immer der Auslöser dafür gewesen sein mochte.

Vielleicht Neid auf den erfolgreichen Bruder? Oder Zorn, weil er die Versteigerung des elterlichen Hofes nicht verhinderte?

Doch das Wichtigste war: Kira Rechenbach war wieder in Freiheit. Und Max hatte seinen Job behalten, auch wenn Eberle so getan hatte, als hätte er den Fall ganz allein gelöst. Nicht mal zu einem »Danke« hatte er sich durchringen können.

»Essen ist fertig!«, schrie in diesem Augenblick Marianna und stellte die erste dampfende Schüssel auf den Tisch. Na, dann wollte er mal sehen, ob er die schwäbische Feuertaufe bestand.

Hermann kam herein. »Määäxx, there's a girl at the door.«

Max ging zu der Wohnungstür. Dort stand Kira Rechenbach und strahlte ihn an.

Die Frühlingssonne war wieder aufgegangen.

Linsen mit Spätzle

Linsa oder Leisa mid Schbätzle, das schwäbische Nationalgericht

Zutaten
Spätzle
500 g Mehl
5 Eier
ca. 250 ml Wasser
1 TL Salz

Linsen
400 g Linsen (Tellerlinsen, Braune Linsen, Alblinsen oder Alb-Leisa)
ca. 1/8 Rotwein
Rotweinessig nach Geschmack
40 g Fett
3 EL Mehl
1 EL Tomatenmark, 1 Zwiebel, 1 Lorbeerblatt, 2 Nelken (Lorbeerblatt mit den beiden Nelken auf der Zwiebel feststecken)
1 Scheibe geraucher Bauch
Zum Abschmecken: Salz, Pfeffer, Senf, Muskat, ggf. noch etwas Essig

Zubereitung
Schmälze: 1 EL Butter, 1 EL Semmelbrösel. Die Semmelbrösel werden in Butter kurz angeröstet.
Mehl, Eier und Salz werden unter Zugießen des kalten Wassers zu einem festen, glatten Teig gerührt, bis er Blasen wirft.
Teig in die Spätzlepresse füllen (max. ¾ voll) und in sprudelnd kochendes Salzwasser drücken. Sobald die Spätzle nach oben kommen mit dem Schaumlöffel herausnehmen und in ein Sieb geben. Dann kurz durch eine Schüssel mit heißem, gesalzenem Wasser ziehen (das verhindert das Zusammenkleben). Spätzle auf vorgewärmte Platte legen

und warm halten, bis die letzte Portion fertig ist. Jetzt die Schmälze darüber geben.
Alternativ handgeschabte Spätzle: 2 EL Teig auf das nasse Spätzlebrett streichen und mit einem Spätzleschaber oder einem langen, breiten Kochmesser in möglichst schmalen Streifen direkt in das kochende Wasser schaben. Dabei das Messer immer wieder mit dem Kochwasser anfeuchten. Dann wie vor: Spätzle mit dem Schaumlöffel herausnehmen.

Linsen nach Anweisung kochen. Wasser nicht salzen (dauert ca. 30 – 40 Minuten). Linsenwasser nicht wegschütten. Damit wird die Mehlschwitze abgelöscht.
Mit dem Fett und dem Mehl eine dunkle Mehlschwitze zubereiten. Mehl darf nicht anbrennen. Mit einem Schuss Weinessig, der Gemüsebrühe und Linsenwasser ablöschen. Zwiebel mit Lorbeerblatt und Nelken, Bauchspeck und das Tomatenmark dazugeben und ca. ½ Stunde köcheln lassen. Danach die Zwiebel rausnehmen, die Linsen dazugeben und mit dem Rotwein sowie Senf, Salz, Pfeffer Muskat abschmecken.

Dazu passen Saitenwürste.

Dorothea Böhme

Die Köchin, ihre Apfelküchle und der Tod

Tübingen

Herr Schnäuzele hustete, lief rot an, spuckte ein paar Krümel über den Tisch und brach dann über seinem Tablett mit dem Tagesessen zusammen.

Das hatte er noch nie gemacht – normalerweise schmeckten ihm ihre Apfelküchle. Helga Kohlmeier zögerte nur kurz, dann rief sie den Krankenwagen. Eigentlich fiel das ja nicht in ihren Aufgabenbereich. Aber Schnäuzele hatte ihr im Gegensatz zu seinen Kollegen hin und wieder ein Lob über ihre Kochkünste ausgesprochen, und so machte sie eine Ausnahme und griff zum Telefon.

Wenig später wurde es hektisch: Zuerst konnte man Sirenen hören, dann stürmten Sanitäter und Polizisten gleichzeitig in die Küche und brachten Helgas Tagesplan komplett durcheinander. Nur gut, dass das Mittagessen schon ausgegeben war. Mit einem Kaffee in der Hand stand Helga in der Ecke der Kantinenküche und beobachtete das Treiben. Schließlich trat ein bärtiger Kommissar von der Kripo Tübingen auf sie zu, der sich mit dem Namen Funke vorstellte und sich am nicht unerheblichen Bauch kratzte.

»Sie sind die Kantinenchefin?« Helga nickte. Funke schürzte die Lippen, offenbar überlegte er, wie er seine nächsten Sätze verpacken sollte.

»Wir haben den typischen Bittermandelgeruch von Zyankali festgestellt. Aller Wahrscheinlichkeit nach ist Wolfgang Schnäuzele vergiftet worden«, sagte er schließlich.

Helga steckte ihre Kuchengabel – auf den Schreck hin hatte sie etwas Süßes essen müssen – in die Schokotorte und stemmte die Hände in die Hüften.

»Nicht mit meinem Essen!«

»Zyankali wirkt recht schnell.« Der Kommissar zog eine Grimasse. »Das heißt, es war vermutlich in einem der letzten Bissen, die er zu sich genommen hat.«

Gift. In ihrem Essen!

»Dürften wir uns hier mal kurz umsehen?« Noch bevor Helga überhaupt die Chance hatte etwas zu sagen – und es wäre ein lautes und deutliches »Nein!« gewesen –, winkte der Kommissar seinen Kollegen von der Spurensicherung zu, und ihre Küche wurde auf den Kopf gestellt.

»Hey!«, versuchte sie noch zu protestieren, sie musste schließlich Rezepte für morgen heraussuchen, Bestellungen aufgeben, die Aushilfen anweisen, die Teller ordentlich in den Geschirrspüler zu räumen. Aber niemand hörte ihr zu. Proben wurden hier genommen, Schränke dort aufgerissen, schließlich kam eine blonde Polizistin auf sie zu und wollte ihre Handtasche sehen.

»Unverschämtheit.« Helga zog ihren Kittel aus, klemmte sich die Tasche unter den Arm und marschierte aus der Küche. Dieser junge Hüpfer würde es nicht wagen, ihr den Weg zu verstellen. Tatsächlich hielt die Blondine sie nicht auf, sondern machte nervös einen Schritt zur Seite. Auch sonst beachtete sie niemand, nur der dicke Kommissar warf ihr einen Blick zu und gestikulierte in Richtung eines Kollegen. Doch da er sich gerade im Gespräch mit dem Gerichtsmediziner befand, konnte sie so tun, als wüsste sie nicht, was er wollte, und ungehindert auf den Flur flüchten.

Ihre Kantine befand sich in einem Verwaltungsgebäude der Stadt Tübingen, im ersten Stock direkt vor der ausladenden Treppe. Der Aufzug daneben wurde derzeit gewartet. Typisch Verwaltung, dachte Helga, das Schild »defekt« hing schon seit über einer Woche dort, und stieg schnaufend und mit hochrotem Kopf die Treppen in den dritten Stock hinauf. Hier musste Klarheit in die Sache, und die Polizei war offenbar nicht ganz auf Zack.

Sie klopfte an Zimmer 325. Als sie keine Antwort bekam, drückte sie die Türklinke hinunter und trat ein. Müller, Schnäuzeles Bürokollege mit der Schweinenase, sah sie mit zusammengekniffenen Augen an. »Ich hab zu tun.«

Das hatte Helga auch. »Sie saßen doch heute mit dem Schnäuzele am Mittagstisch.« Er, der Praktikant und Doktor Wohlgemuth. »Was hat er gegessen?«, fragte sie ihn, als er keine Anstalten machte, ihre erste Frage zu beantworten.

»Das Tagesgericht«, knurrte er unwillig.

Das wusste sie selbst!

»Aber außerdem noch etwas?« Als sie näher kam, runzelte er die Stirn und drehte den Computermonitor ein bisschen zur Seite. Helga hätte beinahe laut aufgeseufzt, seine Excel-Kalkulationen interessierten sie nicht die Bohne – außer sie beinhalteten Bohnen und einen günstigen Großküchenpreis.

»Und getrunken?«, kam sie aufs Thema zurück.

»Ein Glas Wasser. Das hab ich der Polizei auch schon erzählt.«

»Er hat keine anderen ... Dinge zu sich genommen?«

Müller schaute sie böse an, dann wandte er sich demonstrativ seinem Computerbildschirm zu und schenkte ihr keinen weiteren Blick mehr.

»Danke«, schnaufte Helga schließlich und verließ Zimmer 325. Müller war ein Stoffel, vielleicht hatte sie mit dem Praktikanten mehr Glück.

Der kam ihr gerade entgegen, einen Kaffeebecher und eine Akte in der rechten Hand balancierend, einen Stapel Dokumente in der anderen.

»Sie sind doch der Neue?«, fragte Helga und stellte sich ihm in den Weg.

»Ich ... ja, seit ... zwei Wochen«, stammelte er, wurde rot und ließ prompt den Packen Papiere fallen.

Einen Augenblick überlegte Helga, ihre Knie waren nicht mehr die besten, aber dann hockte sie sich doch hin und half ihm, die losen Blätter einzusammeln.

»Das muss zum Müller«, sagte er, immer noch mit hochroten Wangen. »Nach Aktenzeichen geordnet und von einem Kaffee begleitet. Zwei Stück Zucker, keine Milch.«

»Muss anstrengend sein, so als Praktikant«, sagte Helga.

»Mein Kaffee ist angeblich untrinkbar.«

Helga schnupperte an dem Becher, den er immer noch fest in der rechten Hand hielt. »Ziemliche Brühe. Komm mal runter in die Kantine, da geb ich dir was Vernünftiges mit.« Ihr Kaffee, den sie und ihre Mitarbeiterinnen tranken, würde dem Müller die Hosen ausziehen. In der Kantine musste man fit sein und auf Zack. Die Beamten konnten sich einen verträumten Vormittag leisten, sie nicht. Das Monatsbudget vom letzten November, das für die teure Kaffeemaschine in der Küche draufgegangen war, hatte sich gelohnt. Auch wenn die Beamten für vier Wochen das billige Fleisch hatten essen müssen.

Als sie in die Küche kamen, hatte der Eifer der Polizisten schon nachgelassen, und es war weitestgehend Ruhe eingekehrt. Die blonde Polizistin und ein Kollege waren damit beschäftigt, das Personal zu befragen und die Lieferantenlisten durchzugehen.

Helga holte drei große Becher aus dem Schrank und schenkte Kaffee ein.

»Vielen Dank. Das ist so nett von Ihnen, wirklich, Frau ...«, stotterte der junge Mann.

»Kohlmeier«, stellte Helga sich dem Praktikanten vor und drückte ihm einen Becher in die Hand. »Aber sag ruhig Helga.«

Er nickte noch einmal dankbar. »Ich bin der Tim. Und Sie haben mich heute gerettet!«, fügte er hinzu, nachdem er einen Schluck Kaffee probiert hatte. »Gegen diesen Kaffee kann der Müller gar nichts sagen.«

Tim nahm sich die zweite Kaffeetasse und wollte schon gehen, aber vorher musste Helga noch etwas wissen: »Der Müller ist der Bürokollege von Herrn Schnäuzele – Gott hab ihn selig -, richtig?«

Tim nickte. »Leiden konnten sie sich nicht.«

Aha. Da hätte die Polizei mal einen richtigen Anhaltspunkt. Statt in ihrer Küche solch ein heilloses Chaos zu verursachen.

»Hat der Schnäuzele denn außer meinem Mittagessen ...«, begann Helga, wurde jedoch vom bärtigen Kommissar Funke unterbrochen, der wutschnaubend auf sie zukam.

Mit einer Handbewegung bedeutete sie Tim, dass er mit dem Kaffee zum Müller sollte, um ihn aus der Schusslinie zu bringen.

»Hatte ich Ihnen erlaubt, sich zu entfernen?«

Helga stemmte die Hände in die Hüften. »Ich hätte ja einen Antrag gestellt, aber ich wusste nicht, wie viele Durchschläge Sie brauchen.« Wütend funkelte sie den Mann an.

»Sie gehören zum Kreis der Hauptverdächtigen!«

Unglaublich. »Ich müsste mir mal die Nase pudern«, sagte Helga hoheitsvoll. »Ist das ohne schriftliche Genehmigung möglich?«

Mit zusammengekniffenen Lippen wedelte er mit der Hand, was Helga als Zustimmung auffasste.

So machte sie sich mit der dritten Tasse Kaffee vor Wut und Anstrengung schnaufend zum zweiten Mal auf den Weg in den dritten Stock.

Mit einem glückseligen Lächeln kam ihr Tim entgegen, ihr Kaffee war also – wie zu erwarten gewesen war – ein Hit. Umso besser, dann würde die Tasse, die sie für Schnäuzeles Chef Dr. Wohlgemuth mitgenommen hatte, den Mann sicher aufheitern. Zumindest so weit, wie es für den kleinen hageren Miesepeter generell möglich war. Dass diese Beamten aber auch alle immer so schlechte Laune verbreiteten! Außer von Tim und Schnäuzele sah sie im Verwaltungsgebäude eigentlich nur griesgrämige Gesichter.

»Hätten Sie vielleicht eine Minute für mich?« Helga setzte ihr strahlendstes Lächeln auf. Mit Kuchen konnte sie den nicht locken, so dürr wie er war. In der Kantine ließ er seinen Teller auch immer halbvoll zurückgehen.

Er sah sie auffordernd an.

»Sie haben doch mit Herrn Schnäuzele zu Mittag gegessen. Hat er kurz vorher irgendetwas anderes zu sich genommen? Vielleicht einen Schluck getrunken, einen Snack, ein ...«

»Eine Tablette.«

»Eine Tablette?« Helga horchte auf. »Was für eine Tablette?«

»Sodbrennen. Schnäuzele leidet ... litt, wie ich selbst auch, unter Sodbrennen. Er hat eine Tablette genommen.«

»Wieso vor dem Essen?«

»Vor dem Nachtisch.«

Ah. Der Hauptgang war Rostbraten gewesen, auch nicht die leichteste Schonkost für den Magen. Da Schnäuzele ihre Apfelküchle aber so liebte, hatte er wohl eine Tablette genommen, um sie auch noch hinterherquetschen zu können.

Helga rannte die Treppen zur Kantine hinunter, Himmelherrgott, weshalb war der Aufzug nur ausgerechnet heute kaputt?

»Tabletten!«, rief sie dem bärtigen Kommissar entgegen. »Er hat Tabletten genommen!«

»Die Erkenntnis ist Ihnen auf dem WC gekommen, ja?«

Helga ignorierte seinen Einwand. »Gegen Sodbrennen. Er hat sie direkt vor den Apfelküchle genommen. Das Gift muss in der Tablette gewesen sein.«

»Wir haben keine Tabletten bei ihm gefunden.«

Helga hielt inne. Wo waren die Tabletten? »Vielleicht ... Naja, er hat sie ja genommen ...«

»Wir haben auch keine leere Packung gefunden.«

Möglicherweise musste sie nun die Mülleimer im ganzen Haus durchsuchen, in der Hoffnung, dass am Packungsrand noch Reste des Giftes klebten.

»Bin gleich wieder da!« Bevor der Bärtige auf die Idee kommen konnte, sie wieder aufzuhalten, entwischte Helga durch die Schwingtür der Kantine in den Flur. Wenn das so weiterging, würde sie morgen einen ordentlichen Muskelkater haben, dachte sie, während sie sich diesmal beim Treppensteigen schwer aufs Geländer stützte. Ihre Kraft lag in den Armen, vom vielen Töpfeheben und Pfannenschwenken.

Im dritten Stock kam ihr schon wieder der Praktikant entgegen. »Tim!«, keuchte Helga und trat ihm in den Weg, um ihn aufzuhalten. Als er tatsächlich stehenblieb, atmete sie dreimal tief durch und fragte dann: »Der Schnäuzele hatte Sodbrennen. Da hat er eine Tablette genommen.«

Tim wurde blass. »Glaubst du, das Gift war darin? Die Tablette ... also die ... der Müller hat sie ihm gegeben.«

Es waren also gar nicht seine Tabletten gewesen! Gottseidank musste sie jetzt keine Mülleimer durchforsten. Das Atmen fiel ihr gleich leichter, auch wenn sie nun schon wieder die Treppen hinuntermusste, um den Kommissar über ihre neueste Entdeckung zu informieren.

»Wollen Sie von sich ablenken?«, fragte der Mann dann auch irritiert.

Nur, weil er und seine Leute offenbar länger brauchten, um einen Fall zu klären, als ein ganzer Apfelbaum zum Wachsen! Helga schnaubte. Immerhin kam Funke mit ihr zu Müller. »Wir müssten mal Ihre Tabletten untersuchen.«

Auch der Polizei gegenüber war Müller nicht redseliger, als er es vorher bei Helga gewesen war. Er starrte weiterhin auf seinen Bildschirm, griff geistesabwesend in seine Hosentasche und zog ein kleines Pillendöschen hervor, das er dem Kommissar reichte, ohne ihn anzusehen.

»Wir vermuten nämlich, dass das Gift in Ihren Tabletten enthalten war«, klärte Helga ihn auf, was ihr zum wiederholten Mal einen bösen Blick vom Bärtigen eintrug.

Dafür kam nun doch Leben in Müller. »Meine Tabletten?« Er setzte sich auf. »Meine?« An seinem erschrockenen Blick konnte Helga ablesen, was ihr bis zu diesem Zeitpunkt gar nicht klar gewesen war, so sehr hatte sie sich auf die Spur konzentriert, die sie da gefunden hatte.

»Ach du lieber Himmel, da wollte jemand nicht den Schnäuzele, sondern Sie ermorden!«

Wenn der Kommissar Helga schon vorher böse angeschaut hatte, war das kein Vergleich zu seinem jetzigen Gesichtsausdruck.

»Ich halt mich ja raus«, entschuldigte sie sich und ging im Kopf schon einmal die möglichen Verdächtigen durch. »Vielleicht war's der Wohlgemuth? Oder ... was, wenn der Schnäuzele selbst ...?«, murmelte sie.

»Ich denk', Sie wollten sich raushalten?« Wieder der Bärtige.

»Ist ja schon gut.« Helga trat einen Schritt zurück.

»Haben Sie Feinde?«, fragte der Kommissar Müller nun. »Gibt es jemanden, von dem Sie sich vorstellen können, dass er ...« Er brach ab, die Bedeutung seiner Worte wurde Müller aber klar, denn seine Hände begannen leicht zu zittern.

»Nicht, dass ich wüsste«, sagte er.

»Haben Sie oder hatten Sie Streit mit jemandem? Vielleicht auch hier am Arbeitsplatz?«

»Oh Gott!«, Helga schlug die Hand vor den Mund.

»Frau Kohlmeier, haben Sie nicht anderswo zu tun?«

Aber weder Müller noch Helga selbst beachteten den Kommissar, denn ihnen war gleichzeitig eine Erkenntnis gekommen. »Dieser Praktikant ...«, sprach Müller es schließlich aus.

Und dabei hatte sie Tim noch so nett gefunden!

»Seine Abneigung gegenüber dem Müller ist offensichtlich«, erklärte Helga dem ganz und gar nicht erfreut aussehenden Funke. »Allerdings ist sie auch verständlich«, fügte sie hinzu. Das musste gesagt werden. Müller war ein Stoffel.

In diesem Augenblick öffnete sich die Tür, und wie gerufen steckte Tim seinen Kopf herein.

»Dableiben!«, befahl der Kommissar sofort. »Und hinsetzen.« Er deutete auf den Besucherstuhl vor Müllers Schreibtisch, dann schickte er sowohl Müller als auch Helga auf den Flur.

»Aber ohne mich wären Sie ...«, begann Helga zu protestieren, leider jedoch ohne Erfolg. Gnadenlos schloss Funke die Tür.

Nach einem schnellen Blick zu Müller ging Helga auf ein Knie, auch wenn dieses das gar nicht mochte, und schaute durchs Schlüsselloch – die Türen im Verwaltungsgebäude waren genauso alt wie der Aufzug, so dass sie glücklicherweise große Schlüssellöcher hatten, wie gemacht für Helgas rechtes Auge. Zwar waren ihre Augen und Ohren auch einmal besser gewesen, aber da es nicht viel zu sehen gab und die Stimme des Kommissars laut dröhnte, bekam sie mehr oder weniger alles mit, was sich im Raum abspielte.

»Frau ... sind Sie nicht eigentlich die Putzfrau?«, zischte Müller in ihrem Rücken. »Was machen Sie da?«

Frechheit! Helga schnaubte abfällig, ging aber nicht auf ihn ein. Über ihren Beruf konnte sie ihn auch noch nach der Aufklärung des Mordfalls informieren.

»Wie ist Ihr Verhältnis zu Herrn Müller? Warum wollten Sie ihn ermorden? Alle Indizien deuten auf Sie als Täter hin. Waren Sie allein in seinem Büro?« Nach etwa zwanzig Minuten, in denen die Fragen des Kommissars unablässig auf Tim einprasselten, war der junge Mann den Tränen nahe.

Müller tigerte im Flur auf und ab, warf Helga immer säuerliche Blicke zu und zischte zwischendurch: »Sie benehmen sich unmöglich!«. Der tat ihr nicht leid, sollte er doch gehen, wenn er mit ihrem Verhalten nicht einverstanden war. Mit dem Praktikanten hatte sie dafür umso mehr Mitleid – und ganz besonders mit ihren Knien. Schließlich hielt sie es nicht mehr aus. Als sie vorsichtig aufstand, knackte es vernehmlich, und sie verzog das Gesicht vor Schmerzen. Ein Aspirin wäre jetzt wirklich nicht das Verkehrteste. Glücklicherweise hatte sie immer welche in der Handtasche dabei, es waren ja nicht nur die Knie. Eine Tablette ... Noch während sie nach der Packung wühlte, durchfuhr es sie wie ein Blitz, beinahe hätte sie die Handtasche fallen gelassen.

»Nicht der Müller!« Ohne zu klopfen riss sie die Tür auf und schrie den Bärtigen an. Der fuhr herum, und Helga korrigierte sich: »Also, doch der Müller!«

»Was zum Kuckuck ...«

»Sodbrennen! Der Chef hat Sodbrennen, der Schnäuzele hat Sodbrennen, und der Müller hat die Tabletten dabei?«

Tim sah sie mit geröteten Wangen an, die des Kommissars verfärbten sich ebenfalls – gemeinsam mit der geschwollenen Ader an seiner Stirn deuteten sie bei ihm aber eher auf Wut hin.

»Ich hab' Schmerztabletten dabei, weil ich jede Woche mehr als eine nehmen muss. Die Katinka hat nie welche, der geb' ich immer meine ab. Alle paar Wochen kommt sie mit Kopfweh zur Arbeit. Also hätten der Schnäuzele und der Wohlgemuth Tabletten dabei haben müssen. Aber doch nicht der Müller!«

Langsam schien dem Bärtigen etwas zu dämmern. Die Ader an seiner Stirn pochte immer noch, aber nun richtete er seine Aufmerksamkeit auf Müller, der im Flur stand und sie alle drei ansah wie ein Veganer Helgas Rostbraten.

»Sind Sie übergeschnappt?«, rief er schließlich und warf die Hände in die Luft. »Sie haben keinerlei Anhaltspunkte für diese haltlose Anschuldigung! Der Schnäuzele war mein Bürokollege!«

»Ja, und da hat er Ihnen wohl einmal zu oft auf den Computerbildschirm geschaut, was?«, sagte Helga spitz.

»Ich ... Sie ...!«, stammelte Müller aufgebracht, da ging Funke schon mit schnellen Schritten zu seinem PC.

»Den werden wir untersuchen«, sagte er scharf, holte ein Handy aus der Hosentasche und rief seine Kollegen.

Müllers Mund verzerrte sich vor Wut. »Mit dem Wohlgemuth wollte er reden! Dabei hat ER den ganzen Tag private Mails geschrieben. ICH habe gearbeitet!«

»Aber der Schnäuzele hat etwas gesehen, was er nicht sehen sollte«, vermutete der Kommissar.

»Wenn die mir Geld geben wollen für Projekte, die ich sowieso genehmigt hätte, wer bin ich denn, dass ich ihnen das verbiete?«

»Korrupt, soso.« Der Kommissar legte Müller eine Hand schwer auf die Schulter, dann übergab er ihn seinen Kollegen, die in diesem Augenblick die Treppe hinaufgehetzt kamen. Ja, das hatte Helga auch schon hinter sich – oft genug für die ganze Woche, fand sie.

»Wir haben unseren Fall gelöst«, informierte Funke die junge Polizistin und ihren Kollegen. »Der Müller hat sich bestechen lassen, und als der Schnäuzele die Sache auffliegen lassen wollte, ... Bringen Sie ihn aufs Revier!«

»Ha!«, murmelte Helga zufrieden und tätschelte Tim, der immer noch ziemlich mitgenommen aussah, die Wange. Der Müller als Mörder gefiel ihr gleich so viel besser als der junge Praktikant. »Kriegst einen Kuchen auf den Schreck«, tröstete sie ihn. »Und Ihnen hol ich einen guten

Kaffee«, wandte sie sich an den Kommissar, der zum ersten Mal an diesem Tag nicht aussah, als würde er sie anschreien wollen. »Ein Kuchen ist bei Ihrem Bauchumfang vielleicht nicht zu empfehlen.«

Dann brachte sie sich schnell aus der Schusslinie.

Helgas Apfelküchle

Zutaten:
(heruntergerechnet von 150 Stück auf ca. 15)
3 große Äpfel (Schnäuzele mag am liebsten Boskop)
100 g Mehl
80 ml Milch
1 Prise Salz
30 g Zucker
1 TL Zimt
1 Ei
5 EL Pflanzenöl

Zubereitung:
Mehl, Milch und Ei in eine Schüssel geben und verrühren.
Die Äpfel schälen, entkernen und in ca. 1 cm dicke Ringe schneiden.
Das Öl in einer höheren Pfanne erhitzen.
Nun die Apfelringe in den Teig tauchen, kurz abtropfen lassen und in die Pfanne geben. Anschließend auf Küchenkrepp legen, damit sie nicht zu fettig sind.
In einem kleinen Schälchen Zimt und Zucker vermischen und die Apfelringe damit bestreuen.

Bettina Hellwig

Friedhofsgärtner

Stuttgart

Heute würde es wohl eher nichts werden mit den Joints. Missmutig sah Adelheid zu, wie die Regentropfen an der Scheibe der Stadtbahn U12 vom Fahrtwind stromlinienförmig nach hinten gedrückt wurden. Im Pavillon der Begegnungsstätte war es zwar trocken, aber hier war Rauchen verboten und in der Aussegnungshalle auch, aber manchmal war diese ungenutzt und jemand hatte vergessen abzuschließen, sodass sie sich unauffällig für ein Stündchen hineinschleichen konnten. Jetzt am frühen Nachmittag standen die Chancen gut, denn die meisten Beerdigungen fanden eher statt. Adelheid war froh, dass sie dieses nervenaufreibende Ereignis bereits hinter sich hatte und ihr Mann Erwin sicher verwahrt in der schwarzen Erde des Pragfriedhofs ruhte.

War Rauchen auch in der Aussegnungshalle nicht möglich, gab es immer noch Plan B. Heute hatte sie das Hasch in eine Portion Nonnenfürzle eingebacken. Nicht etwa deswegen, weil sie fand, dass der Name des Gebäcks am besten zu einem Besuch auf dem Friedhof passte, sondern wegen der Abwechslung. Neulich hatte sie Spitzbuben ausprobiert, und diese Guatsle funktionierten genauso gut. Wenn man das Marihuana sorgfältig mit dem Backfett vermischte, bekam man sehr ordentliche Ergebnisse. Clothilde würde bei den fettgebackenen Nonnenfürzle zwar die Nase rümpfen, denn sie achtete auch mit 83 Jahren noch auf ihre Linie, aber Fussel würde es guttun, denn die junge Frau mit den fransigen Haaren war Adelheids Meinung nach ohnehin viel zu dünn. Und Fett war für die Resorption der Inhaltsstoffe unbedingt notwendig. Als Apothekerin kannte Adelheid sich damit aus.

»Pragfriedhof« verkündete die blecherne Frauenstimme aus dem Lautsprecher, bevor die Stadtbahn mit einem sanften Ruck zum Stehen kam. Heute befand sich der drittgrößte Stuttgarter Friedhof mitten in der Stadt, in der Nähe des neu erbauten Milaneo-Einkaufszentrums. Bei der Einweihung im Jahr 1873 hatte die Brachfläche – daher der Name – noch außerhalb gelegen.

Das Nieseln hatte sich verstärkt. Mairegen macht schön, hatte ihre Mutter immer gesagt. Adelheids Meinung nach war das für sie nicht mehr so wichtig, aber zumindest würden ihre Pflanzen davon profitieren. Sie zog die Kapuze des Anoraks über ihre wild gelockte Haarpracht, die leider fast nur noch aus grauen Strähnen bestand, nahm das Gehwägelchen und stieg aus. Lange hatte sie sich gewehrt, das Teil zu benutzen. Auch wenn ihr das Gehen wegen einer heimtückischen Nervenkrankheit gelegentlich schwerfiel, fand sie, dass Gehwägelchen etwas für alte Leute waren, und zu denen zählte sie sich mit ihren 65 Jahren noch lange nicht. Den täglichen Friedhofsbesuch hätte sie auch so geschafft, aber die Thermoskanne mit dem Kaffee und die Dose mit den Breadle waren in der Tasche des Wägelchens einfach unauffälliger zu transportieren. Und vier Töpfchen mit kleinen weißen Röschen für Erwins Grab hatten auch noch Platz.

Direkt nach dem Haupteingang kam sie an der russisch orthodoxen Kirche vorbei. Die Türen standen offen und entließen düstere Gesangesfetzen über das Grün des Friedhofs, wo sie sich mit Vogelgezwitscher und gedämpftem Straßenlärm vermischten. Adelheid schob sich an den unzähligen Reihen von Gräbern aus längst vergangenen Zeiten vorbei. Hier ruhten Männer wie Claus und Conrad, die »auf dem Feld der Ehre gefallen« waren, neben ihren Frauen, die Carla und Charlotte hießen. Auf einigen Gräbern leuchteten bunte Blumen, andere wurden offensichtlich kaum noch besucht. An dem Engel mit der abgebrochenen Flügelspitze, der versunken auf eine unkrautüberwucherte Grabstätte starrte, bog sie rechts ab, vorbei an den Abfalltonnen – grün für den Grünabfall, schwarz für Sonstiges – bis zu Erwins Grab, das schön versteckt am Rand des Friedhofs lag. Gestern hatte der Engel mit der

Posaune unter dem Arm von Gegenüber den Kopf gehoben und ihr zugezwinkert, aber das kam wahrscheinlich davon, wenn man sich seine Joints auf dem Friedhof reinzog, dachte Adelheid, an ihren spirituellen Antennen lag es wohl eher nicht.

Wenn sie kiffte, und das auch noch in seiner Nähe, hier auf dem Friedhof, fühlte sie sich Erwin näher als anderswo. Auf dem Grab war sein Name in schwarzen Granit eingemeißelt, darunter Geburts- und Todesjahr. Hier stand auch sein Beruf, Apotheker, denn er stammte aus einer Zeit, als man stolz darauf gewesen war. Irgendwann würde ihr eigener Name in goldunterlegten Lettern hinzukommen. Sie faltete die Hände, schloss die Augen und redete mit Erwin – besser gesagt, sie redete und er hörte zu, aber das war ja nicht sehr viel anders als in den dreißig Jahren ihrer Ehe. Nur dass Erwin ihr eben nicht mehr am Esstisch gegenübersaß und seine Butterbrezel kaute, sondern etwa einen Meter tief unter der Erde vor sich hin moderte und was da jetzt gerade passierte, wollte sich Adelheid lieber nicht so genau vorstellen.

Das Grab rechts von Erwin sah verwahrlost aus und war mit Löwenzahn überwuchert, und auch um das Grab auf der linken Seite hatte sich bis vor wenigen Tagen niemand gekümmert. Jetzt war es allerdings umgegraben worden, woraus sie schloss, dass Erwin einen neuen Nachbarn bekommen würde. Adelheid hoffte, dass dieser, vielmehr die Angehörigen, die Ruhe in der Abgeschiedenheit am Rand des Friedhofs nicht stören würden.

Sie zog die gelben Gummihandschuhe aus der Tasche, streifte sie über und bückte sich, um ein paar zartgrüne Kräuter auszureißen, die ungebeten aus der modrig riechenden feuchten Erde über Erwin ragten. Dann nahm sie die Röschen und eine Pflanzschaufel vom Gehwägelchen, hob die kleinen Blumen aus ihren Plastiktöpfchen und vergrub sie in der Erde. Die Röschen waren ein Sonderangebot gewesen. Teure Blumen pflanzte sie hier nicht, denn die wurden gerne mal gestohlen. Letztes Jahr war sogar das kleine Weihnachtsbäumchen, das sie extra für Erwin gekauft hatte, nach zwei Tagen verschwunden.

Nach dem Pflichtprogramm widmete sie sich der Kür, der Pflege ihrer versteckten Schätzchen. Früher hatten Erwin und sie ein kleines Häuschen im Stuttgarter Westen in Halbhöhenlage bewohnt. In dessen verstecktem Garten kultivierten sie nicht nur Gewürze wie Dill und Petersilie, sondern auch Heil- und Giftpflanzen, aus denen sie dann in ihrer Apotheke gefragte Kräutermischungen herstellten. Damit folgten sie einer jahrhundertealten Tradition, wobei ihnen diese manchmal wichtiger war als die Buchstaben des Gesetzes. Sie waren stolz darauf, beste Apothekenqualität zu liefern, alles bio. Nach Erwins Tod war Adelheid nur noch eine kleine Wohnung in der Innenstadt geblieben, deren Balkon sich für ihr neuestes Projekt leider als ungeeignet erwiesen hatte.

Aber sie hatte eine andere Möglichkeit gefunden. Das Gelände des Friedhofs wurde zwar an den meisten Stellen von großen, alten Bäumen überschattet. Unmittelbar hinter Erwins Grab war die Lücke zwischen den Baumkronen jedoch groß genug, um ausreichend Sonnenlicht auf den Erdboden durchzulassen. Sie nahm das als Zeichen, dass ihr Projekt von höheren Mächten gebilligt wurde, denn der Cotoneaster, der sich um den Grabstein herum ausbreitete, wäre auch mit weniger Licht zufrieden gewesen. Das typische Friedhofsgewächs wucherte bis zum Maschendrahtzaun, der den Friedhof begrenzte. Hier verband es sich mit dem Kirschlorbeer zu einer undurchdringlichen Hecke, die mit einer Höhe von knapp vier Metern Adelheids sorgfältig gehegte Cannabis-Pflanzung vor neugierigen Blicken schützte. Nur einem sehr aufmerksamen Beobachter wäre der eigenartig intensive süßliche Geruch aufgefallen, den die heranwachsenden Pflanzen verströmten.

Adelheid zog die Handschuhe aus, um sanft über die weichen Drüsenhärchen der weiblichen Pflanzen zu streichen. Der Regen würde ihnen guttun. Adelheid war überzeugt davon, dass darüber hinaus ihre tägliche Zuwendung zu einer guten Produktion von Tetrahydrocannabinol beitrug. Das Anschwellen der Knospen zeigte ihr, dass der Höhepunkt bald erreicht sein würde. Die Pflanzen begannen bereits damit, die typischen pilzartigen Kappen auszubilden, ein Zeichen dafür, dass sich die Harzdrüsen mit dem ersehnten THC füllten. Vorsichtig hob Adelheid ein paar Blätter an und prüfte, ob sich die weißen Härchen im Inneren der Kelche schon verfärbt hatten. Ihre Farbe spielte schon etwas ins Rotbraune, ein weiteres Zeichen für die baldige Reife. Damit stand der schönste Teil der Arbeit kurz bevor. Adelheid würde die Stängel abschneiden und in ihrer Wohnung kopfüber zum Trocknen aufhängen, bevor sie die Knospen erntete und weiterverarbeitete. Mit diesem fachlich fundierten Plan im Kopf setzte sie sich auf den Sitz ihres Gehwägelchens und verschnaufte.

»Wann ist es denn so weit? Du rockst echt den ganzen Friedhof«, kicherte plötzlich jemand hinter ihrem Rücken.

Obwohl sie die junge weibliche Stimme erkannt hatte, konnte Adelheid ein schuldbewusstes Zusammenzucken nicht ganz unterdrücken. Sie drehte sich zu der Frau um, die ihren übergroßen Pullover mit den extralangen Ärmeln unter einem viel zu großen roten Regenponcho verbarg und sehnsüchtig in Richtung der geheimen Pflanzung spähte. Ihr frisches junges Gesicht war von fransig geschnittenem karottenrot gefärbten Kurzhaar eingerahmt, das ihr den Spitznamen »Fussel« eingetragen hatte. Fussel ging an ihr vorbei und begutachtete die Pflanzen fachmännisch.

»Fast reif«, stellte sie fest und schloss sich damit Adelheids Einschätzung an. »Also echt jetzt, was du hier macht, finde ich toll. Cotoneaster und Efeu sind doch voll uncool«, führte die junge Frau dann mit botanischer Expertise aus.

Vor allem konnte man sie nicht rauchen, dachte Adelheid und fragte sich nicht zum ersten Mal, ob es richtig gewesen war, einen Ex-Junkie mit neuem Stoff zu versorgen. Aber nachdem Fussel Clothilde und sie vor vier Wochen hier beim Kiffen erwischt hatte, war Adelheid gar nichts anderes übrig geblieben. Sie konnte nur hoffen, dass Fussel dichthielt und ihnen das Vergnügen ihres ganz speziellen Witwentreffens, dem die junge Frau sich auch ohne weitere Einladung sofort angeschlossen hatte, weiterhin vergönnt sein würde. Auch jetzt brauchte Fussel keine Aufforderung, um sich zusammen mit Adelheid in Richtung Krematorium auf den Weg zu machen, wo Clothilde wie jeden Nachmittag um Punkt vier am Pavillon warten würde. Normalerweise hatte sie dann den Rundgang zu den Gräbern ihrer drei verstorbenen Ehemänner bereits abgeschlossen. Als echte Dame schützte Clothilde ihre sorgfältig frisierten weißen Haare mit einem Regenschirm, dessen auffälliges Tigermuster schon von Weitem zu erkennen war.

Bis zum Krematorium reichte Adelheids Puste heute leider nicht, und sie musste kurz auf ihrem Gehwägelchen verschnaufen. Sie nahm auf dem Sitzbrett Platz, wobei sie einem Typ mit einer braunen Motorrad-Lederjacke und Cowboystiefeln den Weg verstellte, der sich für diese Umgebung ungewohnt schnell auf sie zu bewegte. Vor dem Regen schützte ihn ein Cowboyhut aus Leder, den er tief in die Stirn gezogen hatte. Er schien im selben Alter zu sein wie Adelheid und sie fand, dass er traurig aussah. Fussel warf nur einen kurzen Blick in seine Richtung, verbarg dann sofort das Gesicht in der Kapuze ihres Ponchos, bückte sich und fummelte an Adelheids Gehwägelchen herum. Der Typ kam näher, nickte ihnen zu und ging dann rasch in die Richtung weiter, aus der sie gerade gekommen waren.

»Den kenne ich, der ist bei der Polizei, Drogenfahndung«, wisperte Fussel, als der Mann außer Hörweite war und sie sich wieder aufgerichtet hatte. »Das war er zumindest früher, als ich ... also, als ich ihn kennengelernt habe. Aber auch da war er wohl schon ziemlich alt. Er muss jetzt kurz vor der Pensionierung stehen.«

Beim Wort »Drogen« zuckte Adelheid zusammen und »ziemlich alt« fand sie stark übertrieben. Sie liebte ihre Pflanzen und hatte den Begriff »Drogen« bisher nur im pharmazeutischen Zusammenhang verwendet. Dass Heilpflanzen so genannt wurden, war ihr als Apothekerin selbstverständlich bekannt. Aus Fussels Mund bekam die Bezeichnung im Zusammenhang mit dem Wort Polizei aber einen ganz anderen Klang.

Am Pavillon wurden die beiden schon sehnsüchtig von Clothilde erwartet. Sie trug wie immer ein enges schwarzes Kostüm und rote Pumps mit halbhohen Absätzen, wohl ein Eingeständnis an ihre zunehmende Gebrechlichkeit. All diese Maßnahmen konnten aber nicht darüber hinwegtäuschen, dass Clothilde jedes Mal, wenn sie sich trafen, dünner zu werden schien. Die alte Dame hatte nie darüber gesprochen, aber Adelheid vermutete, dass sie an einer Krebserkrankung litt und dass ihre Schmerzmittel nicht immer ausreichten. Sie hatte beobachtet, dass Clothilde manchmal plötzlich ihr Gesicht verzog und es einen Moment dauerte, bis sie sich wieder im Griff hatte.

Nach der Begrüßung bestand Fussel trotz des Regens darauf, sich jetzt im Freien »wenigstens ´ne normale Fluppe reinzuziehen«, wie sie sich ausdrückte.

Adelheid machte der Regen nichts aus, und Clothilde hielt schützend ihren getigerten Schirm über Fussel. Diese zündete sich eine Selbstgedrehte an, inhalierte tief, formte beim Ausatmen einen Rauchkringel und schickte einen zweiten hindurch. Dann hauchte sie den Ringen, die sich in der nieseligen Feuchte unter den Bäumen auflösten, einen Kuss hinterher.

»Micha, Überdosis«, sagte sie, als erkläre das alles. »Seitdem bin ich clean.«

»Und Micha?«, fragte Adelheid.

»Hat es nicht geschafft.« Fussel nestelte einen länglichen silberfarbenen Gegenstand an einer Kette unter dem Pullover hervor und hielt ihn hoch. »Jetzt trage ich ihn immer bei mir. Und der Rest ...« Sie blies eine weitere Rauchwolke in die Frühlingsluft.

»Du hast doch nicht etwa ...« fragte Clothilde und runzelte die Stirn. Trotz ihrer zerbrechlichen Figur war ihre Stimme tief und klangvoll.

Fussel kicherte. »War ganz einfach. Kurz vor der Beerdigung habe ich seine Asche in der Urne gegen ganz normale Asche ausgetauscht. Einen Teil davon habe ich in diese kleine Kapsel gefüllt.«

»Aber das ist doch ...«, begann Clothilde.

»…verboten«, ergänzte Fussel und nickte. »Die deutsche Friedhofsordnung, ich weiß. Aber er hätte es so gewollt. Seine Seele, die in die Luft steigt, zu den Engeln, und nicht in der Erde vermodert.«

Wie zur Bestätigung blies Fussel ein paar weitere Kringel in die Luft, drückte dann hastig die Zigarette aus und folgte den beiden in den Begegnungsraum. Dabei zog sie fröstelnd die Arme so hoch, dass die überlangen Ärmel des Pullovers leer hin und her schaukelten.

Der Pavillon war leicht beheizt und mit hellgrauen Tischen und Stühlen ausgestattet, die zwar keinen Designpreis gewinnen würden, aber gemütlich aussahen. Adelheid zog eine Thermoskanne, Zucker in Portionsbeuteln, Milch in Minidöschen und mehrere Pappbecher aus der Tasche und verteilte die Zutaten auf einem der Tische. Als sie den Kopf hob und durch das Fenster sah, erblickte sie den Typen von vorhin. Er studierte anscheinend interessiert die Anschlagtafeln vor dem Krematorium – alles nur vorgetäuscht, vermutete Adelheid. Er nahm sich sehr viel Zeit, zu viel Zeit für ihren Geschmack, um den Kram anscheinend vollständig durchzulesen – vom Aufruf, keine Blumen von den Gräbern zu stehlen – »lasst den Toten ihre Blumen« stand da – , bis zu den Terminen für die Erd- und Feuerbestattungen.

»Sag mal, verfolgt der uns?«, wisperte Adelheid in Fussels Richtung und zeigte nach draußen. Sie ging davon aus, dass Leute wie Fussel sich mit so etwas besser auskannten als sie selbst, die ja nicht einmal bei Rot über die Ampel ging. Zu ihren wilden Hippiezeiten war das anders gewesen, aber das war lange her.

»Wieso verfolgen?« schaltete sich Clothilde ein, die anscheinend für ihr Alter noch ein ziemlich gutes Gehör besaß.

»Der Typ ist Bulle«, klärte Fussel sie auf.

»Ach, wie gut, dass endlich mal jemand wegen der geklauten Blumen kommt«, vermutete Clothilde.

»Bul-le«, sagte Adelheid etwas lauter, »nicht Blu-men!« Anscheinend war Clothildes Gehör doch nicht mehr so gut.

»Das habe ich jetzt schon verstanden. Deswegen musst du doch nicht gleich schreien«, sagte Clothilde. »Aber warum trägt er keine Uniform?«

Adelheid verkniff es sich, die alte Dame einzuweihen, und zuckte nur mit den Schultern. Die Blechdose, das Highlight des heutigen Nachmittags, ließ sie sicherheitshalber in der Tasche ihres Wägelchens. Das war offensichtlich eine gute Entscheidung, denn plötzlich drehte sich der Polizist um und steuerte direkt auf den Pavillon zu. Als er die Tür aufriss und hereinstürmte, bemühte sich Adelheid um ein möglichst unschuldiges Gesicht und hoffte, dass sie das überzeugend hinbekommen würde. Sie war schon immer eine schlechte Lügnerin gewesen.

»Einen schönen guten Tag die Damen«, sagte der Drogenfahnder und schnupperte demonstrativ in der Luft herum. »Gibt es hier einen Kaffeeautomaten?«

Ein Schnüffler! Unauffällig heranpirschen, dachte Adelheid, machten die von der Polizei das nicht immer so? Erst in Sicherheit wiegen und Vertrauen aufbauen, um dann umso härter zuzuschlagen. Adelheid liebte Krimis und Thriller, gerne auch blutig und schnell. Aber das hier war echt. Sie würde sich weder verdächtig machen noch verplappern, so dumm war sie nicht.

Adelheid schüttelte den Kopf. »Der wurde schon letztes Jahr abgebaut, zu wenig Umsatz.« Sie deutete auf den Tisch mit der Thermoskanne. »Ich bringe immer selber welchen mit. Möchten Sie einen?«

Sie hielt ihm einen gefüllten Becher hin, und der Kaffeeduft breitete sich im Raum aus. Adelheid sah ihm in die Augen. Der Kommissar war mindestens 65 Jahre alt und wirkte sportlich. Er trug einen weißen Schnauzbart. Genauso einen hatte Erwin auch gehabt.

Sein Gesicht leuchtete erfreut auf. »Ja, gerne, danke, mit Milch und Zucker, das Leben ist bitter genug.«

Adelheid lächelte sparsam und schwieg, während sie ihm das Gewünschte reichte. Sollte das etwa eine Andeutung sein? Wollte er sie auf diese Weise dazu bringen, sich zu verraten?

»Ingo«, stellte er sich vor, nachdem er umgerührt hatte, und hob den Kaffeebecher. »Ich sehe mir die Grabstelle für meine Frau an.« Er deutete in Richtung der Geheimplantage. »Sie wird morgen dort drüben beerdigt.«

»Das tut mir leid«, sagte Adelheid und nannte ebenfalls ihren Namen, auch Clothilde und Fussel stellten sich vor. Bei Fussels Anblick blitzte Überraschung in seinem Gesicht auf, er sagte jedoch nichts.

»Ich halte es alleine zu Hause nicht aus, sie fehlt mir so«, sagte Ingo dann unvermittelt mit brüchiger Stimme.

Clothilde sah ihn mitfühlend an und wollte etwas sagen, aber Adelheid trat ihr auf einen Fuß und führte den Finger zum Mund, während Ingo traurig in seinen Kaffee starrte. Clothilde sah erst ihre Schuhe und dann Adelheid erstaunt an.

»Ich geh` dann mal wieder«, sagte Ingo, der davon nichts mitbekommen hatte, nachdem er schweigend ausgetrunken hatte. Er bedankte sich und verschwand.

»Adele«, sagten Adelheid und Fussel wie aus einem Mund und Clothilde ergänzte »Schade« als er weg war. »Das war doch mal ein netter Mann. Nicht mehr für mich, aber du könntest doch noch ...«

»... auf keinen Fall«, schnitt ihr Adelheid das Wort ab.

Nachdem Ingo weg war, konnte es endlich losgehen. Sie zog die Blechdose mit den Nonnenfürzle heraus. Adelheid öffnete die Dose, schnupperte genießerisch und stellte sie auf den Tisch. Aber heute wollte sich trotz des magischen Backwerks die übliche heiter-beschwingte Stimmung nicht einstellen. Nicht mal ein kleines Kichern bahnte sich seinen Weg in Adelheids Kehle.

»Wir haben ein Problem«, sprach Adelheid es dann schließlich aus und legte ihr Gebäck zur Seite. »Der führt was im Schilde.«

»Wieso, der war doch ganz nett?« Clothilde schnallte es immer noch nicht.

»Der Typ ist bei der Drogenfahndung«, klärte Fussel sie auf.

»Meinst du, der ist hinter uns her?«, fragte Adelheid und kaute lustlos weiter an ihrem Nonnenfürzle.

»Warum ist er denn sonst hier?«, meinte Fussel, die sich schließlich mit so etwas auskannte.

»Der Ärmste« sagte Clothilde, »seine Frau ist gestorben.« Damit kannte sie sich am besten aus.

»Der hat einen Tipp bekommen«, vermutete Fussel. »Jemand muss uns verpfiffen haben. Und er hat mich erkannt, obwohl ich früher mal blonde lange Haare hatte.«

»Vielleicht fahndet er nach den Blumendieben«, versuchte es Clothilde weiter.

»Nicht Blumen, sondern Dro-gen-fahn-dung!« Adelheid betonte jede Silbe. »Was machen wir jetzt?«, fragte sie dann. Entschlossenheit tat Not.

Clothilde knabberte an ihrem Nonnenfürzle, als erwarte sie davon eine Inspiration.

Fussel nagte an ihrer Unterlippe und biss dann gedankenverloren von ihrem Gebäck ab. »Wir müssen etwas unternehmen«, beschloss sie dann, kaute heftiger und sprach es aus: »Er muss weg.«

Einen Moment lang hing der Satz in der Luft, als sei er zu schwer, um einfach auf den Boden zu sinken und dort zu versickern.

Adelheid schüttelte den Kopf. »Das können wir nicht machen«, sagte sie. Vor ihrem geistigen Auge sah sie Ingo erschlagen, erstochen oder auf eine andere Art vom Leben in den Tod befördert. Bestimmt kannte Fussel Auftragskiller, die so etwas übernahmen.

»Du magst ihn wohl, den schneidigen Ingo«, stichelte Fussel und kicherte.

Adelheid konnte nicht verhindern, dass rosige Wärme über ihr Gesicht huschte.

»Wenn er uns erwischt, müssen wir ins Gefängnis«, gab Clothilde zu bedenken. Offensichtlich hatte sie die Tragweite des Problems endlich erfasst. »Das kenne ich, da will ich nicht hin.«

Adelheid starrte sie an, doch Clothilde ließ sich nicht zu einer Erklärung hinreißen. Clothilde würde ohnehin Haftverschonung bekommen, aber sie selbst? Und was war mit Fussel?

Nach einer längeren Diskussion waren sie sich schließlich einig: Wenn Ingo ein weiteres Mal hier auftauchte und herumschnüffelte, musste er weg, und zwar, bevor er ihnen gefährlich werden konnte. Der Friedhof schien ihnen ein geeigneter Ort für ihr Vorhaben zu sein.

»Das Krematorium ist gleich da vorne.« Clothilde zeigte durch das Fenster des Pavillons. »Da muss sich doch etwas arrangieren lassen.« Sie legte ihr halb gegessenes Nonnenfürzle auf der Serviette ab und übernahm als Älteste ganz selbstverständlich die Regie. Energisch stand sie auf, zog ihren Trenchcoat über und angelte nach dem Tigerschirm.

»Ich werde mich mit Paul beraten«, erklärte sie den beiden anderen und schritt würdevoll aus dem Raum.

Adelheid zweifelte nicht daran, dass Paul, Clothildes erster Mann, sich mit so etwas auskannte. Paul war auch der Grund dafür, dass sich Clothilde mit Gefängnissen auskannte. Wenn etwas schiefging, konnte Clothilde sich dann immer noch an Richard wenden, ihren zweiten Mann. Als Rechtsanwalt war Richard auf Strafrecht spezialisiert gewesen, und wenn Adelheid sich richtig erinnerte, hatte Richard mit Paul zu tun gehabt.

***

»Ich war das nicht«, sagte Clothilde mit ihrer tiefen Stimme und hob beteuernd ihre Hände.

»Ich auch nicht«, versicherte Fussel.

Der Regen hatte schon vor Tagen aufgehört, die Sonne tüpfelte den Boden hell, und die Vögel zwitscherten lauthals den Sommer herbei. Lediglich der Körper, der zwischen den Cannabis-Pflanzen auf dem Rücken lag und sie plattdrückte, störte die Idylle. Ein Teil der Pflanzen war hinüber und würde nicht mehr zu retten sein.

Adelheids Blick wanderte über die Jeans und die braune Lederjacke bis zu Ingos Gesicht, das von den stehen gebliebenen Stängeln verdeckt wurde und kaum zu erkennen war.

»Ingo«, stöhnte sie dann und starrte auf die Cowboystiefel, die aus dem Grün ragten.

Wer weiß, wie lange er schon unentdeckt hier lag, dachte sie und schnupperte. Der intensive süßliche Pflanzenduft schien den Verwesungsgeruch des Todes zu überdecken. Anklagend sah sie Clothilde an.

»Du hättest uns wenigstens informieren können«, empörte sich Adelheid, und Fussel nickte.

»Ihr spinnt ja«, rief Clothilde empört. »Ich war das wirklich nicht. Paul hat mir davon abgeraten, einen Polizisten umzubringen, und Richard war derselben Meinung.«

»Vielleicht eine Racheaktion im Drogenmilieu?«, schlug Fussel vor.

Eigentlich war es ja auch egal, ein Problem hatten sie auf jeden Fall: Ingo war tot, seine Leiche musste weg, und die Polizei war keine Option. Die Sonne versank bereits hinter den Baumkronen, in zwei Stunden würde der Friedhof schließen.

»Das Krematorium?«, schlug Clothilde vor.

Adelheid hob probehalber einen bestiefelten Fuß an und zog daran. »Ganz schön schwer«, befand sie. »Das schaffen wir niemals bis dorthin.« Ganz zu schweigen von der Schwierigkeit, ihn in den Ofen zu bekommen und unauffällig zu verbrennen, aber das mochte sie noch nicht einmal aussprechen.

Eine kleine Grabkapelle in der Nachbarschaft zog Adelheids Blick auf sich. Das unkrautüberwucherte Bauwerk hatte etwa die Größe eines Gartenschuppens, ein Engel bewachte die Tür.

»Ein Mausoleum«, sagte Clothilde, die ihrem Blick gefolgt war. »Kein schlechter Ort. Sieht verlassen aus, da kommt so schnell niemand hin.«

Blieb noch das Transportproblem. Adelheid sah sich nach einer Schubkarre um. Bei den Abfalltonnen hatte sie vorhin eine stehen sehen.

Und dann bewegte sich die Leiche.

»Scheiße, Mann, der lebt noch.« Das war Fussel.

Aus dem aromatisch duftenden Grün kam ein dumpfes Stöhnen. Zu ihrem eigenen Erstaunen registrierte Adelheid, dass sie erleichtert war.

»Teufel noch mal, das Zeug hat es in sich«, brummelte Ingo, der offensichtlich von seinem Publikum noch nichts mitbekommen hatte, rappelte sich hoch und riss dann überrascht die Augen auf.

»Ich, äääh ...«, er fasste sich an den Kopf, »... echt guter Stoff, ich meine natürlich, nicht so ganz legal, aber ... ich habe es zu Hause so allein einfach nicht ausgehalten.«

Clothilde fasste ihn energisch am Arm und zog ihn hoch. »Für die anstrengenden Arbeiten könnten wir einen Mann schon brauchen«, sagte sie dann und deutete anklagend auf die zerdrückten Pflanzen. »Ich hoffe, Sie helfen uns, das wieder hinzubekommen.«

Ingo sah erst Adelheid, dann Clothilde und dann Fussel an. Dann wanderte sein Blick auf das frische Grab mit dem Holzkreuz neben Erwins Ruhestätte, und er nickte langsam.

Nonnenfürzle

Nonnenfürzle sind kleine, in heißem Fett ausgebackene Hefeteigklößchen. Ihren Namen haben sie vom mittelhochdeutschen »nunnekenfurt« was so viel heißt wie »von Nonnen gemacht«.

Zutaten für 20 bis 30 Stück:
250 g Mehl
80 g Butter oder Margarine
4 Eier
50 g Zucker
1/4 l Milch
30 g Hefe
eine Prise Salz
Rum, Zimt, Vanille, etwas abgeriebene Zitronenschale nach Geschmack
Rosinen nach Geschmack
Pflanzenfett oder Butterschmalz zum Ausbacken
Puderzucker zum Bestäuben

Zubereitung:
Mehl, Butter, Zucker, Salz, Eier, Hefe und lauwarme Milch zu einem Hefeteig verrühren. Mit Rum, Zimt, Vanille und/oder abgeriebener Zitronenschale vermischen, zuletzt die Rosinen hinzufügen. Mit einem Tuch zugedeckt an einem warmen Ort bis zum doppelten Teigvolumen aufgehen lassen.
Das Fett in einer Fritteuse oder einem Topf mit hohem Rand erhitzen. Vom Teig mit einem kleinen Löffel kleine Klößchen abstechen, diese im heißen Fett etwa zwei Minuten lang goldgelb ausbacken, mit einem Schaumlöffel herausheben und auf Küchenkrepp abtropfen lassen.
Noch heiß mit feinem Zucker oder Puderzucker bestäuben und servieren. Nonnenfürzle schmecken am besten warm mit Apfelmus, Vanillesoße oder Schlagsahne.

Spitzbuben

Zutaten für 20 Stück:
150 g Mehl
100 g Butter
40 g Zucker
40 g gemahlene Haselnüsse
Vanille
Für die Füllung: Konfitüre oder Gelee aus Johannisbeeren, Hagebutten, Orangen, Aprikosen, Him- oder Erdbeeren (Erdbeermarmelade heißt auf schwäbisch »Breschdlingsgsälz«)
Puderzucker zum Bestäuben

Zubereitung:
Mehl, Butter, Haselnüsse, Zucker und Vanille zu einem glatten Teig verkneten. Abgedeckt für etwa eine Stunde kalt stellen. Dann den Teig erneut kneten und auf wenig Mehl dünn ausrollen. Kleine Taler (Durchmesser etwa 4 - 5 cm) mit gewelltem Rand ausstechen, bei der Hälfte davon mit einem glatten Förmchen aus der Mitte ein Loch (Durchmesser 2,5 cm), Herzchen, Halbmond oder Stern ausstechen. Im Ofen auf einem Backblech etwa acht Minuten bei 160 bis 180 Grad goldgelb backen. Herausnehmen und abkühlen lassen.
Für die Füllung Konfitüre oder Gelee kurz erhitzen. Die Plätzchen ohne Loch damit bestreichen, darauf je ein Plätzchen mit einem Loch legen, eventuell zusätzlich noch etwas Fruchtmasse in das Loch geben. Plätzchen dünn mit Puderzucker bestäuben. In einer gut schließenden Dose aufheben.

Für Adelheids Spezialrezepte braucht man etwas kriminelle Energie und Marihuana, das der Butter oder der Margarine hinzugefügt wird, bis es einen leichten Grünton angenommen hat.

Petra Naundorf

Der letzte Auftrag

Stuttgart

In Hamburg hatte er den ICE noch bei typischem Schietwetter bestiegen. Hier strahlte die Herbstsonne vom tiefblauen Spätnachmittagshimmel. Felder, Wiesen, ein Stückchen Wald, eine Straße, Autos, ein Lieferwagen, noch eine Straße, eine Brücke über einen Fluss rasten vorbei, doch er war blind für die idyllischen Fetzen vor dem Panoramafenster. Gedankenverloren strich er sich über die kurzen grauen Haare, rückte am dünnen Metallgestell seiner Brille, nestelte am Reißverschluss seines Blousons aus roter Fallschirmseide. Seine Bluejeans saßen etwas zu eng und er musste den kleinen Bauch einziehen, der sich trotz ausgiebigen Sports in sein Leben geschlichen hatte. »Old fashioned« hatte seine Tochter heute Morgen sein Outfit genannt, er bevorzugte den Ausdruck »Retro«.

Er stand im Gang, nahe am Ausgang des Waggons, während das Schaukeln des Zuges ihn regelmäßig mehr oder minder sanft an die Bordwand dotzte. Das leise Rattern im Hintergrund beruhigte ihn nicht. Die Zeit drängte.

Einem spontanen Einfall folgend kramte er in seiner ledernen Umhängetasche, als ein plötzliches Rucken ihn fast von den Beinen riss. Er bekam gerade noch eine Haltestange zu fassen, fing sich, fluchte leise und stellte die Umhängetasche, die ihm von der Schulter gerutscht war, zwischen seine Beine auf den Boden. Kopfschüttelnd schob er die Brille zurück zur Nasenwurzel. Ein kurzer Blick auf die Armbanduhr: 16:17 Uhr. 26 Minuten Verspätung. Das würde gerade noch reichen.

»In wenigen Minuten erreichen wir Stuttgart Hauptbahnhof«, verkündete eine Männerstimme aus dem Lautsprecher und zählte die Anschlusszüge auf.

16:18 Uhr. 27 Minuten Verspätung. Er atmete tief durch.

»… Ausgang: in Fahrtrichtung rechts. …« Dann folgte die Ansage auf Englisch. Er hörte nicht mehr zu.

Der Auftrag. Sein letzter Auftrag. Er hatte es Tanja versprochen. Danach würde alles anders werden. Er würde Großvater werden. Opa. Ein Lächeln umspielte seine Mundwinkel. Er kramte hellbraune Handschuhe aus den Seitentaschen seines Blousons, schlüpfte hinein und zog jede der kleinen Falten des dünnen Leders penibel glatt. Der Zug ruckte erneut und bremste abrupt. Er strauchelte, ruderte mit den Armen. Bevor er die Haltestange zu fassen bekam, stolperte er über die abgestellte Umhängetasche. Fluchend schlug er gegen die Tür der Bordtoilette. Ein stechender Schmerz durchfuhr seinen rechten Ellenbogen, als sein Musikantenknochen auf die Türklinke knallte. Einen Moment lang sah er Sternchen.

Der Zug war inzwischen in den Bahnhof eingefahren und hielt quietschend. Er rieb den schmerzenden Ellenbogen. 16:21 Uhr. Er musste sich beeilen.

Mit einem Zischen schwangen die automatischen Türen auf. Der Bahnhofsgeruch schlug ihm entgegen. Das typische Gemisch aus Grillwurst, menschlichen Ausdünstungen, Hektik und Wiedersehensfreude. Und etwas gesellte sich hinzu: der Duft nach Heimat. Er hätte nicht sagen können, was es genau war, vielleicht auch nur die ungewohnte Wärme dieses Septembertages. Als er sich umschaute, fand er vieles verändert. Es war sehr lange her, dass er zuletzt hier gewesen war. Er kannte die Baustelle noch nicht.

Durch die Schneise, die der abgerissene Seitenflügel freigab, gleißte die Sonne. Er blinzelte, eine Sonnenbrille wäre jetzt nicht schlecht gewesen.

Die Menschen fluteten aus dem Zug und der Strom ergoss sich durch zwei lange Gänge von den Gleisen durch die Baustelle in die Bahnhofshalle. Die Bahnsteige und Durchgänge waren übervoll. Rushhour, Hauptverkehrszeit. Er ließ sich von der Masse mitspülen, spähte nach dem Ausgang zum Taxistand.

Plötzlich stockte der Fluss. Murphys Gesetz, dachte er und verdrehte die Augen. Er schob sich mit der Menge vor bis zu einer alten Frau, die ausgerechnet an der engsten Stelle mit lauten Rufen, Umarmungen und schallenden Küssen von ihrer gesamten Sippe begrüßt wurde. Er quetschte sich grob daran vorbei. Es war 16:24 Uhr.

Wo war der Taxistand? Er entdeckte das Schild und sprintete los.

Das einzige Taxi erreichte er einen Sekundenbruchteil vor einem jungen Mann mit einem blonden Kleinkind auf dem Arm, dessen zierliche weibliche Begleitung verzweifelt mit einem zweiten quengelnden Zwerg am Rockzipfel rang. Er drängte sich an dem verblüfften Mann vorbei, riss die Beifahrertür auf, ließ sich auf den Sitz plumpsen, die Umhängetasche fest an sich gepresst. Mit einem satten Plopp fiel die Tür ins Schloss. Er sah den jungen Vater noch ungläubig durch die Scheibe starren, bevor er sich dem Taxifahrer zuwandte. Ein kleiner, olivhäutiger Mann mit runzeligem Gesicht, vielleicht ein Türke, sah ihn durch eine dicke Hornbrille fragend an.

»Hotel Bari.« sagte er. »Bitte schnell. Ich bin in Eile.«

»Isch nix kenn 'otel Bari«, sagte der Alte.

Im Rückspiegel sah er die Familie mit den Kindern ein gerade angekommenes Taxi besteigen.

»Hotel Bari, Sophienstraße 10.«

»Isch nix kenn Soffistrasse.«

»Aber die ist doch ganz in der Nähe! Sie sind doch Taxifahrer?«

»Isch Aushilfe für Kusin.«

Das Taxi mit der Familie scherte aus und brauste vorbei.

»Haben Sie überhaupt eine Lizenz?«, fragte er und warf einen kritischen Blick auf die Identitätskarte, die an der Mittelkonsole baumelte und eindeutig einen anderen, deutlich jüngeren Mann zeigte. Die Digitalanzeige der Borduhr schaltete gerade auf 16:27 Uhr. Er knabberte nervös an seiner Unterlippe.

»Isch Aushilfe für Kusin«, wiederholte der alte Mann und tippte auf das Foto. »Isch gucke Stadtplan ...«

»Haben Sie denn kein Navi?«, fragte er ungeduldig.

»Navi?«

»Na, ein Navigationsgerät!«

»Is kaputt, isch gucke Stadtplan.«

Er stöhnte. Aussteigen, schnell raus hier. Doch der alte Mann war erstaunlich flink, lehnte bereits über ihm, lag auf seiner Tasche, seinem Schoß, hatte das Handschuhfach geöffnet und kramte nach dem Stadtplan.

»Nein, nein, lassen Sie mich aussteigen! Sofort!«

Eine Welle der Wut kochte in ihm hoch, er fuchtelte abwehrend mit den Armen. Prompt stieß er mit dem lädierten Ellenbogen gegen den Mittelholm. Der Schmerz raubte ihm den Atem, dann holte er tief Luft und schubste den Alten zurück auf den Fahrersitz. Er fummelte nach dem Türöffner, stieß sich erneut den Ellenbogen, fluchte, bis es ihm gelang, die Tür zu öffnen und auf die Straße zu flüchten. Der Alte keifte ihm etwas auf Türkisch hinterher, was nicht nach einem freundlichen Abschiedsgruß klang. Es war ihm egal.

Er wischte sich mit dem Handrücken den Schweiß von der Stirn. 16:33 Uhr, und er stand noch immer am Taxistand des Hauptbahnhofs.

»Scheiße«, murmelte er, »jetzt wird es langsam knapp.«

Das nächste vorbeifahrende Taxi stoppte er, indem er vor die Motorhaube sprang. Der schwarze Mercedes mit kroatischer Beflaggung an den Außenspiegeln bremste mit quietschenden Reifen. Er riss die Tür auf und ließ sich auf den Beifahrersitz fallen, die Tasche fest umklammert. Nach einem kurzen Seitenblick quittierte der Taxifahrer das gewünschte Fahrziel »Hotel Bari« mit einem Knurren.

Ein kleines Rinnsal kalten Schweißes rann seinen Nacken hinab in seinen Hemdkragen. Es war 16:35 Uhr.

Der Verkehr war mörderisch. Die zähe Stop-and-Go-Fahrt zerrte an seinen Nerven. Bei dem Tempo hätte er fast laufen können. Um 16:51 Uhr erreichten sie das kleine, unscheinbare Hotel. Sein Zeitplan war im Arsch.

Am Check-in-Schalter des Hotels lächelte ihm eine kleine, offensichtlich unechte Blondine mittleren Alters in einer etwas abgetragenen Livree professionell entgegen. Sie hörte aufmerksam zu, als er ihr erklärte, er werde morgen sehr früh das Hotel verlassen und wolle aus diesem Grund jetzt sofort die Hotelrechnung bezahlen.

»Selbstverständlich, der Herr ...«

Er nickte und griff nach seiner Geldbörse.

»Sie können aber natürlich auch gerne heute Nacht oder selbstverständlich auch morgen ganz früh ...«

»Ich sagte doch, jetzt die Rechnung, bitte.«

» ... die Hotelrechnung begleichen, weil dieses Haus sowohl einen Nacht- als auch einen Frühportier beschäftigt«, fuhr sie unbeirrt fort.

»Ich hab es eilig. Ich will jetzt zahlen. Jetzt. Bitte!«

»... und der jeweilige Herr Ihren Check-Out natürlich sehr gerne zu jeder Tages- und Nachtzeit erledigen wird.« Sie lächelte zufrieden, wie nach einer bestandenen Prüfung.

Er blinzelte und holte Luft. »Ich will aber jetzt zahlen! Jetzt, jetzt, jetzt!«, brüllte er und unterstrich jedes Wort mit einem Fausthieb auf den Tresen.

Sie riss erschrocken die blauen, ungeschminkten Augen auf und huschte wortlos in das rückwärtige Büro, wohl um die Rechnung zu schreiben. Sie schrieb sehr langsam. Der Zeiger der Uhr über dem Empfang rückte erbarmungslos weiter. 16:59 Uhr. Jetzt wurde es langsam brenzlig. Sein Deo versagte und er spürte das nasse Kleben des Hemdstoffs unter seinen Achseln.

Inzwischen war er bereit, doch erst mitten in der Nacht zu zahlen, da kam sie mit dem Gewünschten zurück. Er riss ihr die Rechnung aus der Hand, warf einen kurzen Blick darauf und blätterte hektisch einige Geldscheine auf die Theke. Er hatte den Betrag nicht passend und sie wollte, inzwischen sichtlich eingeschüchtert, noch etwas Wechselgeld holen. Auf ihrem erneuten Weg zum Büro rief er ihr ein »Stimmt so!« hinterher, griff seine Schlüsselkarte, die Umhängetasche und hastete zum Aufzug.

Unauffälliges Verhalten ging anders. Aber was war am heutigen Tag schon normal?

Zimmer 323. Dritter Stock. Wenigstens funktionierte die Schlüsselkarte ... Als er das Zimmer betrat, vibrierte es in seiner Gesäßtasche. Er war gespannt, wer wohl sein letzter Klient sein würde und fummelte das Smartphone aus der engen Jeans. Hoffentlich kannte er die Zielperson nicht. Nicht wie zuletzt Alfredo. Er hatte den jungen Alfredo gerne gehabt und es ein wenig bedauert, ihn zu töten zu müssen. In seiner über dreißigjährigen Berufstätigkeit waren ihm schon viele verschiedene Zielpersonen begegnet. Manche mehr, manche weniger sympathisch. Schurken und Verbrecher jedenfalls verursachten ihm schon lange keine schlaflosen Nächte mehr.

Er öffnete die MMS und warf einen kurzen Blick auf das Bild, das ihm Giovanni geschickt hatte. Die Frau kam ihm vage bekannt vor. Er rückte seine Brille zurecht, kniff die Augen zusammen. Aber nein, er irrte sich wohl. Ein unscharfes Foto einer mittelalten Brünetten in feuerrotgestreiften Fahrradklamotten, weder dick noch dünn, weder schön noch hässlich. Sie winkte aus einer Gruppe von mehreren Radfahrern heraus. Hoffentlich erkannte er sie auch ohne Helm.

Seufzend klickte er das Foto weg. Ein letzter Blick auf die Uhr des Handydisplays, bevor es schwarz wurde. Ein kurzer Vergleich mit seiner Armbanduhr. 17:05 Uhr. Es wurde höchste Zeit. Mühsam schob er das Smartphone wieder in die Gesäßtasche seiner Jeans. Er kramte ein kleines silbernes Kästchen aus seiner Umhängetasche, öffnete es, warf einen Blick hinein, nickte zufrieden, bevor er es mit einem leisen Klacken wieder schloss. Die unauffällige graue Wechselkleidung blieb in der Tasche. Zum Umziehen war es einfach zu spät. Die Sachen würde er vor seiner Rückfahrt nach Hamburg holen. Sein Ellenbogen schmerzte höllisch.

Seit fünfzehn Jahren erledigte er seine Jobs auf diese Weise. Er mochte die blutigen Varianten nicht sonderlich: Klaviersaiten, die Hälse durchtrennten, wüste Messerstechereien und schallgedämpfte Wummen, die üble Löcher in menschliche Körper rissen. Das hier war eine schnelle und saubere Angelegenheit. Seine Auftraggeber schätzen zudem die Irritation der Polizei, die so immer eher eine Verstrickung südamerikanischer Kartelle vermutete und deren Ermittlungen normalerweise damit ins Leere liefen. Und sein Kontakt in Kolumbien garantierte immer frisches Serum der bunten Fröschlein. So hübsch und so tödlich. Schon ein winziger Riss in der Haut genügte ... Er lächelte und schob das Kästchen in eine Außentasche seines Blousons.

Um 17:07 Uhr trat er auf den leeren Hotelflur, schloss die Zimmertür hinter sich und eilte zum Lift. Kein Mensch zu sehen. Er drückte den Rufknopf des Aufzugs. Nichts geschah. Es war völlig still. Sehr weit entfernt hörte er den Autoverkehr, aber das Surren des Aufzugantriebes – Fehlanzeige. Ungeduldig tackerte er auf den Knopf und blickte immer wieder nach oben auf die Anzeige, aber es rührte sich nichts.

»War ja klar. Scheißtag«, brummte er und drückte nochmals.

Hoffnungslos. Nichts. Der Blick auf die Uhr: 17:10 Uhr. Allerhöchste Eisenbahn. Er sah sich um und entdeckte die Türe zum Treppenhaus.

»Mist, drei Stockwerke.«

Er hastete die Treppen hinunter, begann zu rennen, nahm zwei Stufen auf einmal. Im ersten Stock trat er fehl, wankte, ruderte wild mit den Armen, griff neben das Treppengeländer und stürzte polternd die restlichen Treppenstufen hinunter. Hart landete er auf dem letzten Treppenabsatz.

Benommen und mit klopfendem Herzen saß er da und fasste sich zuerst an den schmerzenden Kopf, rieb sich die Schulter, den geschundenen Ellenbogen und zuletzt das Steißbein. Das Kästchen in seiner Jacke war überraschenderweise an Ort und Stelle und heil geblieben. In welchem Stock war er jetzt? Er kniff die Augen zusammen, doch das Schild über dem Treppenabsatz blieb unscharf. Wo war seine Brille? Er riss die Handschuhe von den Händen, kippte ächzend vorüber und kroch auf allen Vieren vorsichtig tastend auf dem fleckigen Teppichboden herum. Hier und da entfuhr ihm ein Stöhnen, seine Knie waren einfach nicht mehr die eines Zwanzigjährigen. Plötzlich berührte er etwas, das sich seltsam weich und glitschig anfühlte. Reflexhaft schleuderte er das Ding in eine Ecke, wischte sich angeekelt die Hände an der Hose ab und kroch weiter. Erfreut fühlte er die Kühle eines Metallbügels und hob die Brille auf. Glücklicherweise waren die Gläser nicht zerbrochen. Er ließ sich zurück auf die unterste Treppenstufe sinken, schob das nur leicht verbogene Gestell auf seine Nase, streifte die Handschuhe wieder über, griff nach dem Treppengeländer, zog sich ächzend hoch und richtete sich vorsichtig auf. An der einen oder anderen Stelle hatte er sich wohl eine deftige Prellung zugezogen, das gab sicher ein paar hübsche Blutergüsse, aber gebrochen schien nichts. Er sah auf die Uhr. 17:12 Uhr! Die U-Bahn war weg. Er musste laufen. Ach was, rennen musste er, rennen! Doch als er loslaufen wollte und mit dem rechten Fuß auftrat, durchzuckte ihn ein greller Schmerz.

Humpelnd, mit hochrotem Kopf und nach Luft japsend erreichte er um 17:23 Uhr den Marktplatz. Hinter ihm lag die hässliche Front des Rathauses aus den fünfziger Jahren, vor ihm die laute, wogende Besuchermasse des Stuttgarter Weindorfes. Das Herz schlug ihm bis zum Hals, der Schädel wummerte. Sein Knöchel, die Schulter, der Ellenbogen, die komplette rechte Körperseite schmerzte. Hemd und Hose klebten schweißnass auf der Haut. Er fingerte ein feuchtes Papiertaschentuch aus seiner Hosentasche und versuchte, die beschlagenen Brillengläser damit zu putzen. Sie verschmierten nur noch mehr. Hoffentlich erkannte er die Zielperson trotzdem. Mit einem Seufzer wischte er sich mit dem Ärmel des Blousons über das Gesicht. Eine dunkle Spur blieb auf dem roten Seidenstoff. Er taxierte den bevölkerten Platz, den er jetzt schnellstmöglich durchqueren musste, biss die Zähne zusammen und hastete weiter. Nur noch sieben Minuten!

Grob rempelnd humpelte er durch die Trauben der Passanten und lärmenden Standbesucher des Markplatzes bis zur Kirchstraße. 17:28 Uhr. Vielleicht schaffte er es noch.

Endlich erreichte er den imposanten Bau der Stiftskirche, bog davor links in die Stiftsstraße ab, hinkte nach rechts in das Sträßchen, das zwischen der Kirche und dem »Fruchtkasten«, einer mittelalterlichen Kelter und ehemaligem Kornspeicher, hindurchführte. Das enge Gässlein mündete versteckt in den Schillerplatz, dem zweiten großen Festplatz des Weindorfes. Zwischen den beiden historischen Gebäuden war es schattig und kühl, doch er achtete nicht darauf. Er konnte auf die Rückwände einiger Bretterbuden blicken. Es war inzwischen 17:33 Uhr. Drei Minuten zu spät!

Suchend sah er sich nach der Zielperson um. Eigentlich sollte er sie irgendwo rauchen sehen. Hoffentlich war sie keine von den ganz Schnellen und womöglich schon wieder weg. Er wollte gar nicht darüber nachdenken, was Giovanni sich für ihn einfallen lassen würde, wenn er die Zielperson tatsächlich verpasst hatte. Einen Mann der Familie machte man sich besser nicht zum Feind.

In der Jackentasche hielt er das Kästchen geöffnet bereit. Falls sie doch noch kam, sollte alles ganz schnell gehen.

Plötzlich kroch ihm der Duft von frisch gebackenem Zwiebelkuchen in die Nase. Das Wasser lief ihm im Mund zusammen. Schwäbischer Zwiebelkuchen, saftig, knusprig und weich zugleich – eine Köstlichkeit seiner Heimat, die er bis gerade eben völlig vergessen hatte. Sein Magen knurrte vernehmlich und erinnerte ihn nachdrücklich daran, dass er heute noch nichts gegessen hatte. Schon wieder ein Fehler an diesem verkorksten Tag. Mit leerem Bauch arbeiten war fast noch schlimmer als vollgefressen. Nach getaner Arbeit würde er sich all diese wunderbaren, schwäbischen Köstlichkeiten einverleiben. Zwiebelkuchen, rösche Bubspitzle mit deftigem Filderkraut, Ofaschlupfer und natürlich ein Glas Trollinger Rotwein. Jetzt allerdings war keine Zeit für Träumereien, ermahnte er sein hungriges Ich.

»Peter! Was für eine Überraschung!«

Er fuhr herum. Schlagartig war ihm klar, warum ihm die Brünette auf dem Foto bekannt vorgekommen war.

»Lange nicht gesehen, Peter, was machst du denn hier?«

Es war Sabine! Eine fünfundzwanzig Jahre ältere Sabine zwar, aber zweifelsfrei seine Sabine. Sie lachte ihn an, kam auf ihn zu, küsste ihn auf die Wange. Einfach so. Er roch ihr Parfum. Immer noch Samsara. Gemischt mit ein bisschen Schweiß und Zigarettenrauch. Umwerfend.

Sie runzelte die Stirn, bedachte ihn mit einem prüfenden Blick.

»Was ist denn mit dir passiert? Vom Weinfass überrollt?«

»So ähnlich«, murmelte er.

Stocksteif stand er da. Seine Gedanken rasten. Sie war zweifelsohne seine Zielperson, er musste sie jetzt töten. Dies war sein letzter Auftrag, danach konnte er sich zur Ruhe setzen. So war es mit dem Syndikat vereinbart. So hatte er es seiner Tochter versprochen. Er wurde Opa. Und jetzt Sabine. Er blinzelte.

»Was ist denn, hat es dir die Sprache verschlagen?« Sie lachte ihr glockenhelles Lachen und er wusste im gleichen Moment, dass er sie nicht töten konnte. Er würde Giovanni sagen, er habe sie verpasst. Er würde sagen, er habe sich bei dem Sturz so schwer verletzt, dass er nicht mehr arbeiten könne. Er müsse sich sofort zur Ruhe setzen. Ohne letzten Auftrag. Ohne das Geld. Giovanni würde toben. Bestenfalls. Über die anderen Möglichkeiten würde er vielleicht später nachdenken.

Er nestelte in seiner Jackentasche, um das Kästchen unauffällig zu schließen und erwartete das sanfte Klacken des Verschlusses. Der plötzliche Schmerz, der in seinen lädierten Ellenbogen schoß, überdeckte fast den des kleinen Schnitts, der gleichzeitig durch den dünnen Handschuh fuhr. Er wusste sofort, was gerade eben passiert war und was jetzt folgen würde. Er riss die Hand aus der Jackentasche und starrte auf den blutenden Finger. Im nächsten Moment griff er sich röchelnd an den Hals. Sabine schrie entsetzt auf und versuchte ihn zu stützen, als er zu Boden ging.

Er bedauerte unendlich, dass er seinen Enkel nicht kennenlernen würde, er bedauerte, seiner Tochter heute Morgen nicht noch einmal gesagt zu haben, wie sehr er sie liebte, er bedauerte, dass er Sabine damals einfach stehen gelassen hatte. Sabine – seine große Liebe. Er bedauerte nicht, zum ersten Mal einen Auftrag nicht ausgeführt zu haben. Seinen letzten Auftrag.

Hektisch nestelte sie an seinem Hemdkragen, öffnete die oberen Knöpfe, nahm ihm die Brille ab, hielt ihn fest. Sie rief um Hilfe. Sie weinte. Dann kamen die Krämpfe.

Schwäbischer Zwiebelkuchen

Zutaten:
Für den Hefeteig:
100 ml lauwarme Milch
20 g frische Hefe
1/2 TL Zucker
200 g Weizenmehl Type 405
50 g weiche Butter
2/3 TL Salz
Für den Zwiebelkuchen-Belag:
1 kg Zwiebeln
65 g durchwachsener Speck
2 EL Öl
ca. 1 TL Salz
2/3 EL Kümmel (ganz)
3 Eier, Größe M
130 g Schmand oder saure Sahne

Zubereitung:
Für den Hefeteig Hefe und Zucker in der lauwarmen Milch auflösen und zusammen mit der Hälfte des Mehls zu einem Vorteig verrühren. Den Vorteig 15 Minuten abgedeckt gehen lassen (an einem warmen, Zugluft-freien Ort).
Dann das restliche Mehl, die weiche Butter und das Salz dazu geben und mit der Küchenmaschine, Mixer (Knethaken) oder von Hand in 5 Minuten zu einem geschmeidigen Hefeteig kneten. Dann den Hefeteig ca. 30 Minuten gehen lassen.
Für den Zwiebelkuchen-Belag die Zwiebeln schälen und in nicht zu dicke Ringe oder grobe Würfel schneiden. Den Speck würfeln und mit dem Öl in einem großen Topf ausgehen lassen. Dann Zwiebeln, Salz und Kümmel dazu geben und die Zwiebeln bei hoher Hitze unter gelegentlichem Rühren in ca. 10 Minuten glasig werden lassen (nicht braun!).
Springform mit Butter einfetten und mit dem Hefeteig auslegen. Dabei einen ca. 2 cm hohen, dünnen Rand formen.

*In einer Schüssel Eier und Schmand oder saure Sahne verquirlen und die Zwiebeln dazu geben. Dann die Zwiebelkuchen-Masse auf dem Hefeteig verteilen.
Den Zwiebelkuchen nochmal ca. 10 Minuten gehen lassen, und dann im vorgeheizten Backofen bei 190 Grad Umluft oder 200 Grad Unter/Oberhitze ca. 30 Minuten backen.
In Schwaben ist Zwiebelkuchen eine Hauptmahlzeit, die mit einem Glas Trollinger oder Neuem Wein genossen wird.*

Schupfnudeln (Bubespitzle)

Zutaten:
1 kg mehlig kochende Kartoffeln
2 Eier
Mehl
Speisestärke
Salz, weißer Pfeffer (am besten frisch gemahlen)
etwas Muskatnuss (am besten frisch gerieben)

Zubereitung:
*Die ungeschälten Kartoffeln 20-30 Minuten mit geschlossenem Deckel gar kochen (mit dem Messer anstechen und testen, ob sie gar sind). Abgießen und anschließend zum Ausdampfen 15-20 Minuten in den leicht vorgeheizten Ofen legen (ca. 120 Grad, nicht backen!). Kartoffeln pellen.
Auf der Arbeitsplatte Mehl verteilen. Die noch heißen Kartoffeln über dem Mehl durch eine Kartoffelpresse drücken. In die Kartoffelmasse mit den Fingern eine Mulde in die Mitte drücken und 2 Eier, 1/2 TL Speisestärke, 1 gute Prise Salz, etwas weißen Pfeffer und ein wenig gemahlenen Muskat hineingeben. In den Teig das Mehl einarbeiten und so lange kneten, bis er glatt ist (Hilfreich: am Anfang mit einer Teigkarte arbeiten und dann die Hände gut mit Speisestärke einreiben, damit der Teig nicht klebt).*

Eine Teigrolle formen und in ein Zentimeter dicke Stücke teilen. Daraus werden längliche Schupfnudeln (Buabaspitzle) geformt.
In einem großen Topf in siedendem Salzwasser garen. Wenn sie gar sind, steigen sie an die Oberfläche – das dauert, je nach Größe, fünf bis zehn Minuten.
Buabaspitzle werden z.B. mit deftigem Filderkraut gemischt oder auch zu einem schönen Braten (»Broda«) gegessen. Dazu werden sie vorher goldbraun angebraten.
Buabaspitzle lassen sich hervorragend vorbereiten und im Kühlschrank zwischenlagern (z.B. wenn man ein großes Menü vorbereiten will). Einfrieren ist ebenfalls möglich.

Filderkraut
(deftiges Sauerkraut mit Schinkenwürfeln)

Zutaten:
1 große Dose (oder Glas) Sauerkraut, abgetropft oder 400 g »offenes« Sauerkraut vom Händler (Kraut von »den Fildern« ist stilecht, aber nicht Bedingung)
2 EL Zucker (brauner Zucker ist besonders aromatisch)
2 TL Butterschmalz oder Albaöl (=Rapsöl mit Buttergeschmack)
2-3 Zwiebeln (nicht bei Apfel-, Trauben oder Ananas-Variation)
ca. 100 g Schinkenwürfel
1/8 l Weißwein, Sekt oder Champagner
1/8 l Bouillon (selbstgemacht oder gekörnte Brühe)
1 kleines Lorbeerblatt
3 getrocknete Wachholderbeeren
2 schwarze Pfefferkörner
Kümmel (nicht bei Apfel-, Trauben oder Ananas-Variation)
Salz, weißer Pfeffer (am besten frisch gemahlen)

Zubereitung:

Das Sauerkraut gut abtropfen und den Saft auffangen. In einem Topf den Zucker sanft goldbraun karamellisieren lassen und Schmalz zugeben.

Die halbierten und in dünne Scheiben geschnittenen Zwiebeln anbraten (nicht bei Apfel-, Trauben oder Ananas-Variation). Den gewürfelten Schinkenspeck zugeben und mit anbraten (nicht zu dunkel).

Das Sauerkraut zugeben, unter Rühren leicht anziehen lassen. Mit Wein (oder Sekt, oder Champagner) und der Bouillon ablöschen (wenn Kinder mitessen, den Wein weglassen und doppelte Menge Bouillon verwenden). Lorbeerblatt, Wacholderbeeren und Pfefferkörner beigeben.

Dazugegeben werden können zusätzlich: Kleine, halbierte weiße Weintrauben oder Apfelstückchen oder Ananasstücke (gerne auch aus der Dose, etwas Saft aufheben zum Abschmecken!).

Das Sauerkraut mindestens 1 Std. schmoren. Wird das Kraut während des Kochens zu trocken, kann Wasser oder Bouillon nachgegossen werden.

Zum Schluss mit Salz und Pfeffer abschmecken. Wenn Säure fehlt, etwas vom aufgefangenen Sauerkrautsaft beigeben. Ist es zu sauer, eine Prise Zucker zugeben (bei der Ananasversion auch Saft aus der Dose).

Mitgekocht werden können typischerweise »Ripple« und / oder Kasseler, oder »Leber- ond Gribeworschd (Blonsa)« (Leber- und Blutwurst in einer Kochversion). Die Fleischstücke dürfen gerne 30-40 Min. sanft mitköcheln. Die Würste erst ca. 15 Min. vor dem Servieren beigeben und sanft mitgaren, auf keinen Fall bei hoher Temperatur kochen, sie platzen sonst!

Champagner-Apfel-Kraut: *tolle Beilage zu Entenbrust*
Sektkraut mit Trauben: *schön zu Rebhuhn oder Perlhuhnbrüstchen*
Ananaskraut *(mit Wein, Sekt oder Champagner) passt zu allem*

Ursula Schmid-Spreer

Helferengel

Stuttgart

Die Frau servierte Saure Kutteln.

»Ich hoffe, es hat dir geschmeckt. Noch ein kleines Verdauungsschnäpschen?« Ihr Gegenüber bejahte, hatte Mühe die Augen offenzuhalten.

»Danke, dass ich deine Küche benutzen durfte. Du bist ja bestens ausgerüstet. Wollen wir es uns auf der Couch gemütlich machen?«

Der Mann nickte, torkelte ein wenig die paar Schritte bis zum Sofa. Die Frau öffnete den oberen Knopf ihrer Bluse, fuhr sich lasziv mit der Zunge über die Lippen.

»Jetzt erzähl doch mal, du hattest bei unserem Kennenlernen angedeutet, dass dir deine Frau davongelaufen ist. Das kann ich gar nicht verstehen, bei einem Mann wie dir.« Sie hauchte ihm ein Küsschen entgegen.

»Die verdammte Schlampe. Ist es zu viel verlangt, dass man sein Essen pünktlich auf dem Tisch haben will?«

»Noch dazu, wenn man müde von der Arbeit kommt, nicht wahr, Schätzelchen«, sagte die Frau honigsüß.

»Hm«, war die Antwort. Die Hand griff nach dem vollen Schnapsglas, er stürzte den Inhalt in einem Zug hinunter.

»Mach es dir doch mal bequem, am besten ziehst du dich schon mal aus.« Es klang wie eine Frage.

Nun fuhr der Mann mit der Zunge über die Lippen. Genau so hatte er sich das vorgestellt. Erst sein Lieblingsessen Saure Kutteln und dann den restlichen Abend im Bett mit der Lady, die er erst gestern aufgerissen und sich ihm als Isabell vorgestellt hatte.

»Ich mache nur schnell etwas Ordnung in der Küche«, sagte Isabell, »bin gleich bei dir. Wärm das Bett schon mal an«.

Sie öffnete den Reißverschluss ihrer Hose, ließ sie fallen, zeigte ihm schöne Beine, indem sie ihren Fuß auf seinen

Oberschenkel stellte. Der Mann grapschte danach, hielt sie brutal fest. Dann presste er unbeherrscht die Lippen auf ihren Mund.

»Nicht so schnell mein Lieber.« Sie entwand sich. »Ich komme gleich!«

Isabell tänzelte in die Küche. Schon während des Kochens wusch sie das nicht mehr gebrauchte Geschirr ab und stellte es zurück in den Schrank. Die Zutaten verpackte sie ordentlich in Stanniol und verstaute sie in einer Tüte. Es dauerte nur wenige Minuten und die Küche sah aus wie geleckt. Gerade so, als wenn sie nie benutzt worden wäre.

Sie schlich ins Wohnzimmer, lächelte. Der Mann röchelte. Sie schlüpfte in ihre Hose. Das Röcheln wurde leiser, um dann ganz zu verstummen. Sie hielt ihr Ohr an seinen Mund. Die Atemzüge hörten ganz auf.

»Du wirst niemandem mehr weh tun.«

***

»Isabell wo bleibst du denn? Ich habe mir schon schreckliche Sorgen gemacht.«

»Aber warum denn, Liebes? Ich musste ein paar Dinge erledigen. Ich glaube, du bist jetzt so weit.«

»Was täte ich nur ohne meinen Helferengel!

***

Die Frau servierte Saure Kutteln.

»Es ist so heiß hier, hast du was dagegen, wenn ich mein T-Shirt ausziehe?«

Die Augen des Mannes blitzten lüstern.

»Hübsche Unterwäsche«, meinte er anerkennend.

»Noch ein Schnäpschen zur Verdauung? Was hast du denn da?«

»I drink' Whisky. Dort hinten im Regal steht die Flasch'. Hol mir no oin.« Die Stimme des Mannes klang verwaschen, aber immer noch herrisch.

Die Frau beeilte sich, goss einen Fingerbreit Whisky in das Glas und reichte es ihm. Er trank einen großen Schluck, nestelte an ihrem BH herum und biss zu. Sie zuckte zusammen. Ein gequältes Lächeln lag auf ihren Lippen.

»Zieh schon mal deine Hose aus. Ich will mich nur noch schnell frisch machen.«

Vom Bad aus beobachtete sie, wie er torkelte, als er sich unbeholfen die Hose herunterzog. Sie zog sich wieder an, schlich zu ihm hin. Er atmete noch. Sie ging in die Küche, um Ordnung zu machen. Als Isabell das Haus verließ, wies nichts darauf hin, dass sie jemals hier gewesen war.

* * *

Stuttgart ist so eine schöne Stadt und so ein Abschaum, den sie beherbergt, dachte sie. Es war fast Mitternacht, als sie die Heilbronner Straße entlangfuhr, kurz vor dem Pragfriedhof verweilte und sich den Heimatkundeunterricht ins Gedächtnis rief. Früher war sie gerne hier spazieren gegangen, genoss die Ruhe und den Frieden, den der Friedhof ausstrahlte. Betrachtete die Gräber, las die Inschriften. Sie hatte noch die Stimme ihrer Religionslehrerin im Kopf, die erzählte, dass der Gottesacker aus einem allgemeinen Teil für alle Religionen und einem israelitischen Teil besteht.

»Überall Abfall.« Sie machte eine wegwerfende Handbewegung. Achtete peinlich genau darauf, dass sie niemand sah und ihr niemand folgte. Ging im Schatten der Bäume. Als sie zu Hause ankam, schlief ihr Schützling zum Glück tief und fest.

* * *

»Ich glaube, du bist jetzt so weit. Ich habe einen Job für dich.«

»Was täte ich nur ohne meinen Helferengel!«

* * *

Kommissar Krummbiegel ließ seine Faust auf den Schreibtisch fallen, sodass die Mitarbeiter erschrocken aufsahen.

»Das ist jetzt schon der fünfte Tote, der angeblich friedlich auf dem Sofa für immer eingeschlafen ist.«

»Die rochen nach Alkohol«, warf sein Assistent, Richi Sander ein. »Laut Obduktion hatten die alle ein Alkoholproblem.«

»Laut Obduktion ergab der Mageninhalt, dass sie alle das Gleiche gegessen haben, nämlich Saure Kutteln. Das kann doch kein Zufall sein. Was haben diese Männer getan?«

Der Kommissar schnappte sich seinen Becher auf dem stand: „Ich bin der Boss" - und ging steifbeinig zur Kaffeemaschine.

»Der ist noch nicht ganz durch. Habe eben frischen Kaffee aufgesetzt«, rief Richi. Er stand ebenfalls auf, füllte drei gehäufte Löffel Zucker in die Tasse und gab einen großen Schuss Milch hinein. Dann rührte er hingebungsvoll um.

»Bäh, wie kann man nur so eine Pampe trinken.« Krummbiegel schüttelte sich. Der Ekel stand ihm ins Gesicht geschrieben. »Nur weil du Kaffee schwarz wie deine Seele trinkst, muss das nicht das Gelbe vom Ei sein.« Es war ein Ritual, was sich Kommissar Krummbiegel und sein Assistent Richi da jeden Morgen lieferten. »Was wissen wir bisher?«

»Nicht viel, Chef, nur dass alle Männer vom Körperbau her sehr kräftig und Alkis waren. Zieh deine Jacke an, wir machen einen Spaziergang zum Max-Eyth-See.«

»Jetzt? So früh? Außerdem bläst ein starker Wind.«

»Das wird dir gut tun, pustet deine Ansichten durch."

Richi wusste, dass sein Chef gerne spazieren ging, dabei seine Gedanken sortierte und dass ihm beim Laufen am See oft die besten Einfälle kamen. So hielt Richi auch immer einen Block und einen Stift bereit, um die Gedanken seines Chefs sofort zu notieren.

»Solange du nicht mit mir Inlineskaten willst, Chef, komme ich mit.«

»Waren die Männer verheiratet? Wenn ja, wo sind die Frauen?«

»Ich weiß«, fiel ihm Richi ins Wort. »Abchecken!«

Krummbiegel grinste. So liebte er das, wenn sein Assi mitdachte. Ein fähiger Mann.

»Was machen die Männer beruflich? Versuche, was über sie herauszubringen.«

»Ist schon so gut wie abgecheckt.« Es hätte nur noch gefehlt, dass Richi vor Krummbiegel salutierte.

»Dann hast du ja jetzt einiges zu tun. Und damit du mir nicht verhungerst, holen wir uns jetzt schwäbische Spitzbuben. Die hast du dir verdient.«

***

Bei der täglichen Konferenz platzte eine gepflegte Frau, Krummbiegel schätzte sie auf Mitte dreißig, in die Unterredung. Der Rock hatte genau die richtige Länge, um ihre langen Beine schön zur Geltung zu bringen. Sein Blick blieb an den seidig schimmernden Strümpfen hängen. Der rote Lippenstift kontrastierte gekonnt mit ihren dunklen Augen und dem braunen Haar.

»Was fällt Ihnen ein, Herr Kommissar, unseren mühsam aufrecht erhaltenen Schutz zu gefährden?« Sie hatte sich instinktiv gleich an Krummbiegel gewandt. Ihre Augen blitzten zornig. »Wissen Sie, wie schwierig es ist, ein geheimes Haus zu führen? Bei uns fühlen sich die Frauen sicher. Und Sie haben nichts anderes zu tun, als mit einem Polizeiwagen vor dem Haus aufzutauchen!« Die Frau zitterte vor Zorn. »Damit haben Sie Arbeit von Jahren kaputt gemacht.«

»Ich nehme an, Sie sind die Leiterin des Frauenhauses, Frau …?«

»Richter«, ergänzte sie.

Krummbiegel ließ sich nicht aus der Ruhe bringen. Frau Richter lief aufgeregt im Büro umher.

»Das tut mir leid. Wir ermitteln in mehreren Mordfällen.« Er zeigte auf einen Stuhl und bot ihr einen Platz an.

»Alle fünf getöteten Männer sind von ihren Frauen verlassen worden und die Spur führt zu Ihnen ins Frauenhaus.«

»Dann haben diese Brutalos ja ihre gerechte Strafe bekommen.«

»Da bin ich anderer Meinung, Frau Richter. Jeder Mensch, auch wenn er ein Verbrecher ist, hat das Recht auf einen fairen Gerichtsprozess.«

Frau Richter hatte die Aufforderung sich zu setzen ignoriert. Nun meinte sie etwas ruhiger, indem sie sich mit beiden Händen am Schreibtisch Krummbiegels aufstützte: »Bitte fahren Sie doch das nächste Mal – ich hoffe, es wird kein nächstes Mal geben – mit einem Zivilfahrzeug vor. Es muss ja nicht die ganze Nachbarschaft mitbekommen, dass wir ein sogenanntes sicheres Haus führen. Guten Tag.«

***

Die Frau servierte Saure Kutteln.

»Was bist du doch für ein muskulöser Adonis. Ich mag solche Männer. Keine Weicheier. Hat es dir geschmeckt? Schnäpschen?«

Der Mann nickte und zog die Frau heftig an sich. Dabei öffnete er die Schlaufen der Schürze, die sie trug. Darunter war sie fast nackt. Nur ein Paar halterlose Strümpfe kleideten ihre wohlgeformten Beine.

»So etwas trägt meine Alte nie«, lallte der Mann. »Außerdem gibt's nie was Leckeres zum Essen, immer nur Einheitsfraß aus der Dose.«

»Dann mach dich mal bereit. Husch, husch ins Körbchen. Ich komme gleich. Dann gibt's Nachtisch.«

In aller Ruhe räumte die Frau die Küche auf. Nichts erinnerte daran, dass vor Kurzem hier gekocht worden war. Als sie ins Schlafzimmer trat, atmete der Mann nur noch schwach. Sie kleidete sich wieder an, sah sich vorsichtig um, bevor sie die Wohnung verließ.

»Du tust niemand mehr weh.«

***

Einige Tage später bat Kommissar Krummbiegel Frau Richter, Platz zu nehmen.

»Wir haben mittlerweile einen sechsten Toten gefunden. Auch ihm ist die Frau davongelaufen. Sie haben sie aufgenommen.«

Frau Richter zuckte teilnahmslos mit den Achseln.

»Sie sind ein sogenannter Helferengel, gnädige Frau.«

»Haben Sie sich über mich erkundigt?«

»Das machen wir immer, wenn wir ermitteln.«

»Und was haben Sie herausgefunden?« Frau Richter lächelte herablassend. »Ich höre!«

»Die Männer hatten alle etwas gemeinsam. Sie waren brutale Schläger, tranken gerne mal einen über den Durst. Alle waren körperlich sehr stark. Ihre Ehefrauen konnte man in die Kategorie graue Maus einstufen, körperlich schwach, psychisch angeschlagen.«

»Ich bin froh, dass die Frauen den Weg zu uns ins Frauenhaus gefunden haben. Das kostet viel Überwindung, weil sie leider, oft seelisch gedemütigt von ihren Männern, einfach nicht die Kraft hatten, die misshandelnden Ehemänner zu verlassen.«

»Das kann ich verstehen, Frau Richter. Trotzdem haben Sie nicht das Recht darüber zu urteilen. Auch wenn Sie gerne gerichtet haben, wie ihr Name das schon verrät.«

»Wie sind Sie darauf gekommen?« Isabell Richter saß mit durchgedrücktem Rücken kerzengerade auf der äußersten Kante des Stuhls.

»Wir haben ein paar Fakten gegeneinander abgewogen. Und dann fand eine Kollegin eine Akte, in de Sie Ihren damaligen Mann wegen häuslicher Brutalität angezeigt haben.«

»Das hat mich sehr viel Mut gekostet.«

Kommissar Krummbiegel sah die Frau mitfühlend an.

»Einige Wochen später ist er im Rausch im Treppenhaus so unglücklich gestürzt, dass er sich das Genick brach.«

»Ein bedauernswerter Unglücksfall. Welch ein Glück, dass ich damals nicht zu Hause war.«

»Es konnte Ihnen nichts nachgewiesen werden, sagen wir mal so. Kurz darauf haben Sie das Haus geerbt.«

»Meine Nachbarin hat es mir vererbt. Sie hat mitbekommen, wie elendig mich mein Mann oft zusammengeschlagen hat. Was lag also näher, als ein Frauenhaus daraus zu machen?«

»Ein löblicher Gedanke, Frau Richter. Sie hätten den sechsten Mann nicht ermorden sollen.«

Isabell Richter hob die Augenbrauen fragend an.

Wir haben unter dem Küchenkästchen einen Streifen Pansen gefunden. Daraus macht man Saure Kutteln. Ein günstiges Essen, das Sie auch oft im Frauenhaus kochen und servieren. Das haben Sie wahrscheinlich nicht bemerkt, denn die Küche war sehr sauber. Selbst der Abfalleimer war leer.«

Ein Lächeln lag auf Isabell Richters Gesicht, als sie sagte: »Diese Brutalos haben es alle verdient zu sterben. Und wissen Sie was? Saure Kutteln schmecken mir noch nicht einmal besonders gut.«

Saure Kutteln

Kutteln werden aus dem gereinigten und gebrühten Pansen, dem Vormagen von Rindern zubereitet. Das Fleisch wird in Streifen geschnitten und in einer Mehlschwitze ungefähr eine Stunde lang weichgekocht. Als Gewürze werden ein Lorbeerblatt, Wacholderbeeren sowie etwas Pfeffer zugegeben. Der saure Geschmack wird durch die Zugabe von Essig oder Wein erreicht.
Übliche Beilagen sind Bratkartoffeln, Salzkartoffeln, Brot oder auch ein grüner Salat

Zutaten für 2 Personen:
500 g vorgegarte Kutteln
2 EL Öl
2 EL Mehl
300 bis 350 ml Brühe Ca. 100 ml trockener Weiß- oder Rotwein
1 große Zwiebel
1 Lorbeerblatt
4 bis 6 Wacholderbeeren
3 bis 4 EL Tomatenmark aus der Tube
Salz
Pfeffer
Etwas Essig zum Abschmecken

Zubereitung:
Zuerst eine große Zwiebel in kleine Würfel schneiden, dann Öl in einem Topf erhitzen und die Zwiebelwürfel darin goldgelb anbraten.
Den Topf zur Seite ziehen, anschließend das Mehl über die Zwiebeln streuen, mit einem Kochlöffel unterrühren. Den Topf wieder auf die Herdplatte zurückschieben und das Ganze unter ständigem Rühren etwas anrösten lassen.
Mit Brühe ablöschen und einmal gründlich aufkochen.
Trockenen Weiß- oder Rotwein oder 1 bis 2 EL Essig, sowie ein Lorbeerblatt, Wacholderbeeren und Tomatenmark mit in den Topf geben, gut umrühren.

Zuletzt die in Streifen geschnittenen Kutteln hinzugeben, erneut aufkochen lassen.
Bei zurückgedrehter Temperatur die Kutteln in der Tomatensoße gar kochen. (je nach Beschaffenheit der Kutteln 40 bis 50 Minuten)
Evtl. mit Salz und gemahlenem schwarzen Pfeffer abschmecken

Tipp
Sollte die Tomatensoße etwas zu dünn ausgefallen sein, mit 1 TL Stärkemehl in Wasser angerührt, das Gericht etwas andicken

Heidi Doll

Die blaue Rose

Stuttgart

Es war eine dieser verruchten Kneipen im Leonhardsviertel, in die sich kein Tourist auch nur zufällig verirren würde. Ich reihte meine Harley neben den anderen Motorrädern ein. Eine interessante Mischung aus skurrilen Choppern, die direkt aus der Hölle aufgestiegen sein mussten, und ein paar futuristischen Rennmaschinen.

Die Adresse hatte mir ein Informant zugeschoben und ich hatte das Gefühl, ich war hier goldrichtig. Ich setzte den Helm ab und fuhr mir mit den Fingern durchs Haar.

Über der Eingangstür hing ein flackerndes Neonschild, auf dem *Joe's Bar* zu lesen war und das von tollwütigen Nachtfaltern umschwirrt wurde. Als ich die Tür öffnete, kam mir eine Wolke Zigarettenqualm entgegen, vermischt mit dem unverkennbar süßlichen Geruch von Marihuana. Ich blieb für einen Augenblick im Türrahmen stehen und sah mich um. Welch ein Drecksloch! Die Scheiben rußgetrübt, die Wände, von denen bereits der Putz bröckelte, gelb vom Tabakrauch. Und noch etwas anderes lag in der Luft: der Geruch von dubiosen Geschäften.

Als ich die finsteren Typen am Tresen sah, war ich mir nicht mehr so sicher, ob ich die Bude wieder lebendig verlassen würde. Misstrauische Blicke durchbohrten mich und sie sagten ganz deutlich: *Verpiss dich!*

Die etwa zwanzig Gäste an den Tischen unterbrachen ihre Unterhaltungen und sahen mich abschätzend an. Nichts als das gleichmäßige Surren des Deckenventilators war zu hören. Plötzlich plärrte die Musikbox am anderen Ende des Raums auf und das Gerede setzte wieder ein. Das war der Moment, als ich sie das erste Mal sah.

Ihr Anblick haute mich um. Für einen kurzen Augenblick versank die restliche Welt in trivialen, farblosen Grauschattierungen. Sie lehnte lässig am Musikautomaten, während sie neugierig zu mir herüberblickte. Die Braut trug eine Bikerjacke aus hellgrünem Leder. Ihre langen Beine steckten in schwarzen Stiefeln, die ihr bis zu den Knien reichten. Dieses Stück Leder, das sie um ihre Hüften trug, hatte den Namen Rock noch nicht einmal verdient und war nicht viel mehr als ein breiter Gürtel, der direkt unter ihren wohlgeformten Pobacken endete. Ihre glatten aschblonden Haare fielen ihr seidig über den Rücken.

Unerwartet trat mir ein breitschultriger Mann mit verschränkten Armen in den Weg. Sein langer schwarzer Ledermantel reichte bis zum Boden und ließ den Typ wie einen Schrank wirken. Der blonde Hüne überragte mich um einen Kopf. Sein gemeißeltes Gesicht war unrasiert. Auf seinem Hals konnte ich ein Tattoo erkennen. Es sah aus wie das Fadenkreuz eines Zielfernrohrs.

Er sah mich herausfordernd an. »Lass ja deine dreckigen Finger von ihr!«

Ich war nicht auf Ärger aus, sondern auf Informationen. Also setzte ich mich an die Bar.

»Whisky!« Meine Stimme klang tief und heiser.

Der Barkeeper, ein Widerling mit verfilztem Vollbart, stellte mir den Drink wortlos auf die klebrige Theke. Wenigstens war das Glas halbwegs sauber.

»Sagt dir der Name ›Trigger‹ etwas?«

Der Mann hinter der Bar zog eine Braue hoch. »Wer will das wissen?«

»Mein Name ist Ric Marini.«

Seine Lippen kräuselten sich verächtlich. »Scheiß Bulle, verzieh dich!«

Ich schob ihm zusammen mit meiner Visitenkarte einen 50-Euroschein über den Tresen.

Der Mann griff nach der Kohle und warf einen kurzen Blick auf die Karte, bevor er sie verächtlich vom Tresen wischte. »Ein Dreckskerl von Schnüffler also. Mach dich vom Acker, bevor es zu spät ist.«

»Trigger? Wo finde ich den Typ?« Ich klemmte einen Hunni zwischen Zeige- und Mittelfinger.

Er beugte sich zu mir rüber. »Nie gehört!«

Blitzschnell schnappte ich ihn am Kragen. In diesem Moment spürte ich einen heißen Atem in meinem Nacken. Ich ließ den Barkeeper wieder los, drehte mich um und bereitete mich innerlich bereits auf den Tumult vor, der zwangsläufig kommen würde.

Der Mann trug eine Kapuze, die seine Augen verdeckte und ihn wie einen Preisboxer wirken ließ. Er sprach, ohne aufzublicken, mit einer rauen, bösartigen Stimme. »Wir mögen hier keine Fremden. Und schon gar keine verpissten Schnüffler wie dich.«

Hinter ihm tauchte ein kahlrasierter Herkules auf, der auf der Stirn eine hässliche Narbe hatte. Als wollte er ihn aufwärmen, hauchte er auf den Schlagring in seiner rechten Hand. »Warum tust du dir nicht selbst einen Gefallen und verschwindest, solange du noch auf zwei Beinen stehen kannst?«

Ein zweiter Mann, mit blauem Irokesenschnitt und einem fiesen Rattengesicht, erschien neben Herkules. Er trug eine schwarze ärmellose Lederweste, schwarze Lederhosen und schwere Lederstiefel. Arme, Hände und sein Kopf waren tätowiert.

»Gibt's Probleme, Dasher?« Seine Stimme klang wie Donald Duck auf Drogen. Ein dreckiges Grinsen breitete sich in seiner hässlichen, von Piercings verunstalteten, Visage aus. Ich war mir sicher, dass er in jeder Geisterbahn einen Job gefunden hätte. Ein irres Lachen entblößte eine Reihe schwarzer Zähne und eine gespaltene Zunge, während er blitzschnell ein Butterflymesser zog.

Oh Mann, dieser Kinderschreck brauchte dringend seine Pillen und eine Zahnbehandlung.

Ich ließ meinen Blick erneut durch die Bar wandern. Hier waren gut 100 Jahre Knast versammelt. Auch wenn die meisten dieser Hurensöhne wie versoffene, abgewrackte Penner wirkten, die Maschinen vor dem Laden erzählten eine andere Geschichte.

»Das Arschloch wollte gerade heim zu Mama.« Dashers drohende Stimme war kalt wie Eis.

Mir war klar, dass an seinen Händen schon jede Menge Blut klebte. Aber noch wollte ich nicht aufgeben.

»Mein Name ist Ric. Ich bin auf der Suche nach Trigger. Hab gehört ...«

Das Klicken eines sich spannenden Hahns gehörte zu einem großkalibrigen Revolver.

»Es ist scheißegal, was du gehört hast. Raus hier!«

Ich ballte die Fäuste. Die Schlacht war verloren. Zum Sterben fühlte ich mich definitiv zu jung. Vorsichtig hob ich meinen Hintern vom Hocker.

»Macht mal halblang, Jungs! Wegen der halben Portion machen wir uns doch nicht die Hände schmutzig. Ich begleite den Gentleman nach draußen, wenn ihr nichts dagegen habt.«

Dem zustimmenden Gemurmel folgte Gelächter. Die blonde Schönheit hakte mich unter und führte mich zielstrebig zum Ausgang.

Vor der Tür flüsterte sie mir ins Ohr: »Möglicherweise kann ich dir etwas über Trigger erzählen. Aber nicht hier. Wo wohnst du?«

Sie schwang sich auf die giftgrüne Kawasaki und setzte sich ihren ebenso grünen Helm auf. Ihr Miniröckchen rutschte noch etwas höher. Mein Blick blieb nicht unbemerkt.

»Gefällt dir, was du siehst?«

»Hey Lady, wenn das Ding noch zwei Millimeter kürzer wäre, würde man deine Unterwäsche sehen.«

»Wer sagt denn, dass ich welche anhabe.« Ihre faszinierenden mintgrünen Augen funkelten und ließen mich jeden Argwohn verwerfen. »Mein Name ist Mia und ich bin sicher keine Lady.«

Mir blieb die Spucke weg. »Okay, Mia, ich schlage vor, dass wir in mein Büro fahren.«

»In Ordnung, wohin geht's?«

»Alexanderstraße 175, Möhringen. Du kannst mir einfach hinterherfahren.«

Sie warf einen mitleidigen Blick auf mein Motorrad. »Das glaub ich kaum. Wir sehen uns.«

Sie schloss das Visier ihres Helms und drückte auf den Starter. Der Motor ihrer Kawa schnurrte auf wie ein Tiger. Noch ehe ich meine Harley anlassen konnte, hatte sie die Nacht verschluckt. Was suchte eine bildhübsche junge Frau in so einem Laden?

Ich folgte Mia in die schwüle Dunkelheit. Die Häuserschluchten jagten an mir vorbei. Stuttgart pulsierte in hungrigem Leben und die Luft roch nach wilder Leidenschaft. Ich liebte diese Stadt, auch wenn sie ihre Unschuld längst verloren hatte und sie Nacht für Nacht mit ihren eigenen Dämonen kämpfte.

Als ich vor meinem Büro ankam, lehnte Mia an ihrem Bike, als würde sie für ein Modemagazin posieren. Ihre Anmut verschlug mir den Atem. Sie war die reinste Versuchung und alles, was ein Mann sich wünschte: bildhübsch, sexy, sinnlich und vor allem furchtlos.

Durch einen dunklen Nebeneingang betraten wir das Gebäude. Ich öffnete die Bürotür. Fahles Mondlicht flutete durch die Buntglasfenster und warf Muster an die weiße Wand. Vorsichtig tastete ich nach dem Lichtschalter und ließ Mia eintreten. Wie zufällig streifte ihre Hand die meine und ihr langes Haar kam mir ganz nah. Mias Duft war wie ein süßes Versprechen.

Ich zog meine Motorradjacke aus und warf sie über den Garderobenständer. Das Schulterholster mit der 38er hängte ich daneben. Es war schon lange keine Frau mehr in meinem Arbeitszimmer gewesen und schon gar keine, die so aussah wie Mia. Allein ihre Anwesenheit weckte ein bebendes Verlangen und trieb mir den Schweiß auf die Stirn. Ich spürte wie sich die Hitze in meinen Körper ausbreitete. Elektrisierte Luft lag plötzlich im Raum.

»Möchtest du dich setzen?« Ich wies auf einen Stuhl, der vor dem schweren hölzernen Schreibtisch stand.

Sie schenkte mir ein Lächeln und entblößte dabei eine kleine bezaubernde Zahnlücke zwischen den vorderen Schneidezähnen. »Hast du was zum Trinken da?«

»Selbstverständlich, was möchtest du? Kaffee, Tequila, Whisky, Wodka?«

»Wodka wäre gut!«

Ich öffnete den Wandschrank, in dem eine kleine Bar verborgen lag. Dann füllte ich zwei Gläser mit Eis und übergoss es.

»Erzähl mir was über Trigger!«

Ich setzte mich ihr gegenüber auf die Kante meines Schreibtisches und reichte ihr den Drink. Für einen unendlichen Moment verlor ich mich in ihren grünen Augen. Ich war mir sicher, sie verbargen mehr, als Mia bereit war preiszugeben.

Sie trank einen Schluck aus ihrem Glas, stand auf und stellte es neben mich. Mia war gut 1,80 Meter groß und in den hochhackigen Stiefeln nicht viel kleiner als ich.

Ihr Lächeln wurde breiter. Zwei Grübchen bildeten sich auf ihrem ebenmäßigen Gesicht. »Zuerst das Vergnügen!«

Sie setzte einen ihrer Füße auf den Stuhl. Oh, mein Gott! Sie trug tatsächlich keine Wäsche unter ihrem Röckchen. Was für eine Wildkatze. In meinem Leben hatte ich schon viel erlebt, doch das war selbst für mich eine Überraschung. Ich sog hörbar die Luft ein, als sie mir in den Schritt fasste.

»Entspann dich!«

Ohne von mir abzulassen, zog sie langsam den Reißverschluss ihrer Jacke auf und ließ sie über ihre Schultern rutschen. Darunter trug sie nicht mehr als einen schwarzen Spitzenbüstenhalter. Ihre prallen Brüste versuchten offenbar, ihm mit aller Macht zu entkommen.

Zwei gekreuzte rauchende Colts auf ihrem linken Rippenbogen und eine blaue Rose darunter schienen mich an etwas erinnern zu wollen. Doch meine Sinne waren viel zu vernebelt, als dass ich über das Tattoo nachdenken konnte. Mein Herz begann zu rasen. Explosionsartig durchströmte Feuer meine Lenden.

Als sie spürte, wie die größer werdende Beule in meiner Hose langsam ihre Hand ausfüllte, machte sich auf Mias Gesicht ein vielsagendes Lächeln breit.

Ihre dunklen Augenbrauen wanderten in die Höhe und sie lachte kehlig. »Na, wer sagt's denn?«

Ohne ihren Griff zu lösen, bewegte sie ihre Hand auf und ab. Heilige Scheiße. Brennendes Verlangen durchflutete meinen Körper. Sie roch so verdammt gut nach Leder und wilden Akazien. Ihre Jacke glitt zu Boden. Dann öffnete sie die Knöpfe meiner Jeans. Wie eine Liebesgöttin bewegte sie sich im Gleichklang einer imaginären Musik. Sie ließ keinen Zweifel offen, was sie wollte, und ich war allzu bereit es ihr zu geben.

Mia schlang die Arme um meinen Hals. Ihre Hände gruben sich in mein Haar, während sie ihren erhitzen Körper an mich schmiegte. Ich strich mit dem Finger über die Linie ihres Kinns. Ein Zittern durchlief ihren Körper. Kokett warf sie ihren Kopf zurück. Diese Frau brachte mein Blut in Wallung und es glühte wie Lava in meinen Adern.

»Oh Gott, Mia.« Die Worte rollten mir in einem weichen Ton über die Lippen.

»Ric«, erwiderte sie und mein Name aus ihrem Mund ließ einen lustvollen Schauer über meinen Rücken fließen. Sie presste ihre Lippen auf meinen geöffneten Mund. Ihre Zunge berührte neckend die meine.

Mit einer Hand öffnete ich ihren BH, streifte vorsichtig seine Träger ab und entblößte so ihre Brust. Ich strich mit den Fingerspitzen über ihre Kurven. Mein Gesicht vergrub ich in ihren Haaren und sog noch einmal den Geruch dieser Frau in mich auf. Ich spürte, dass auch ihr Puls sich beschleunigt hatte.

Mia küsste mich erneut. Diesmal heiß und fordernd. Ihre feuchte Zunge raubte mir die Luft und entlockte mir ein genussvolles Stöhnen. Sie zog mir das T-Shirt über den Kopf und warf es auf den Dielenboden. Sanft legte sie eine Hand auf meine Bauchmuskeln, die sich durch mein heftiges Atmen hoben und senkten. Für einen Moment hielt sie inne. Dann streifte sie mir die Hosen herunter und befreite meine Männlichkeit.

Ich küsste ihren Hals, ihr Schlüsselbein und wanderte tiefer zu ihren Brüsten. Ihre Nippel sprangen mir entgegen. Ein genussvolles Wimmern entstieg ihrer Kehle.

Meine Hände glitten hinunter zu dem Stück schwarzen Leder, das ihre Scham bedeckte und schoben es über ihre Hüften. In ihren Augen brannte Lust, während meine Hände über ihren wohlgeformten Hintern glitten. Er war fest und vibrierte unter meiner Berührung.

Ihr Körper drängte sich an meinen und ihre Hüften rieben sich an mir. Ich gab mich ganz dem heißen Gefühl der Erregung hin und ließ mich von der Lust überfluten. In meinem Schädel dröhnte zunehmend der fiebrige Rhythmus meines Pulses. Ihre Fingernägel zogen über meinen Rücken und hinterließen einen feurigen Pfad auf meiner Haut, der die Begierde in mir noch anfachte. Der süße Schmerz ließ mich aufstöhnen.

Abrupt löste ich mich von ihr, drehte mich um und fegte mit beiden Händen hastig den mit Akten beladenen Schreibtisch leer. Das Telefon fiel scheppernd zu Boden. Das Wodkaglas klirrte. Nur den Laptop verschonte ich, in dem ich ihn grob auf dem Stuhl deponierte.

Als ich mich zu Mia umdrehte, sah ich in ihren Augen die pure Gier. Meine Hände krallten sich an ihren Hintern und hoben sie auf die Tischplatte. Sie öffnete mir ihre Beine und ich drang in sie.

Mia war heiß und feucht. Als sie ihre glühenden Schenkel keuchend um meine Lenden schlang, verlor ich fast das Bewusstsein. Sie konnte nicht genug bekommen und zog mich auf sich. Wir waren nur noch ein wirres Knäul aus Körperteilen und tauchten ein in die Lust des Augenblickes. Eine ekstatische Begierde erfasste Mia und tief aus ihrer Kehle kam ein gebrochener Schrei. Immer wieder bäumte sie sich mir hemmungslos entgegen. Keuchend vor unsäglichem Verlangen. Atemlos, nackt, Haut an Haut. Entflammt, bebend, überwältigt von den eigenen Trieben krallten sich unsere Körper aneinander. Auf einer brennenden Welle preschten wir gemeinsam auf den Höhepunkt zu.

***

Ich zog meine Hosen an und öffnete das Fenster. Eine kühle Brise strich über meinen erhitzten Oberkörper. Mia räkelte sich auf dem Schreibtisch. Was für eine verrückte Frau. Was für eine verrückte Nacht.

Noch immer war mein Verstand süßlich vernebelt, doch langsam drängten sich Erinnerungen in mein Bewusstsein. Ich brauchte dringend einen Kaffee.

Ich drückte auf die grüne Taste des Vollautomaten. »Möchtest du vielleicht auch eine Tasse?« Ich reichte ihr den dampfenden Becher und eine Schale mit schwäbischen Wibele, die ich am Morgen in der Bäckerei mitgenommen hatte.

Mia schüttelte den Kopf und ihre Stirn legte sich in Falten. »Ich geh jetzt. Ich bin schon viel zu lange geblieben.«

»Was? Nein!«

Sie hob abwehrend die Hand. »Bin schon weg.«

»Warte, erzähl mir wenigstens was du über diesen Trigger weißt.«

Sie verzog ihr Gesicht zu einem halben Lächeln. »Ric, ich weiß gar nichts über Trigger.«

Mit drei Schritten durchquerte ich das Zimmer und drückte die Tür wieder zu, die Mia gerade öffnen wollte. »Du weißt etwas und ich will, dass du's mir sagst.«

Sie drehte sich um und ihre mintgrünen Augen erglühten. »Mein Gott, Ric! Das habe ich nur gesagt, um dir deinen verdammten, knackigen Arsch zu retten. Die hätten dir eine Kugel durch deinen hübschen Schädel gejagt. Was wäre das für eine Verschwendung gewesen.«

»Verarsch mich nicht. Rück schon raus! Was weißt du?«

Sie ließ die Schulter sinken, drückte sich an mir vorbei und setzte sich wieder auf den Schreibtisch. »Na gut, aber erst erzählst du mir, was du schon weißt.«

»Einverstanden.« Ich fuhr mit der Hand über meine Stirn um meine Gedanken zu ordnen. »Wenn ich ehrlich bin, weiß ich noch nicht viel. Es sind vier oder fünf Typen. Sie sind verflucht schnell, präzise und schrecken auch nicht vor roher Gewalt zurück. Sie haben Firmendaten gestohlen. Zudem zwei Banken, einen Geldtransporter und einen Juwelier überfallen. Letzterer hat mich beauftragt nach dem Säckchen Diamanten zu suchen, das ihm gestohlen wurde. Hehlerware, du verstehst? Damit kenn ich mich besser aus als die Polizei. Ich vermute, dass sie mit einem versierten Hacker zusammenarbeiten, denn wie von Geisterhand öffnen sich Türen und schalten sich Kameras im richtigen Moment aus. Selbst vom Fluchtwagen gibt es keine Bilder. Sie sind wie Phantome. Die wenigen Zeugen berichten, dass die Kerle blaue Nadelstreifenanzüge und Skimasken tragen. Ich habe mich ein wenig in der Stuttgarter Unterwelt umgehört. Ein Informant, hat den Namen Trigger fallen lassen. Er soll der Anführer dieser Bande sein. Das ist alles was ich habe.«

Ich ging zum Fenster um es wieder zu schließen. Mein Blick fiel auf die grüne Kawasaki und ein Gedanke formte sich in meinen Gehirnwindungen.

»Was ist wenn die Bande ihr Auto gegen Motorräder tauscht und deshalb immer so schnell weg ist? Sie teilen sich auf und verschwinden in den dunklen Straßen Stuttgarts. – Wie Phantome. Was hatte der Informant noch geflüstert?«

»Ja genau.« Mia klang auf einmal aufgekratzt. »Und wer sagt eigentlich, dass unter den Masken nur Männer stecken?«

»Blaue Rose«, beantwortete ich meine eigene Frage. Hatte er nicht gesagt, dass sich die Gang »Blaue Rose« nannte? Und Mia trug so ein verfluchtes Tattoo unter ihrer Brust.

Ich hörte das schon vertraute Klicken in meinem Rücken. Langsam drehte ich mich um. Mia stand breitbeinig hinter mir und hatte meine eigene Waffe auf mich gerichtet.

»Du bist Trigger.«

Sie schenkte mir das Lächeln eines Todesengels, das wieder ihre kleine Zahnlücke entblößte. Dann legte sich ein Schatten über ihr Gesicht. »Ganz recht und du bist tot.«

Mit einem ohrenbetäubenden Knall ging die Pistole los. Die Kugel schlug in meine linke Schulter und riss mich von den Beinen. Eine halbe Sekunde später explodierte der Schmerz in meinem Körper. Schwarze Punkte tanzten vor meinem Gesichtsfeld.

Ich hörte sie fluchen, als ich mich hinter meinen Schreibtisch wälzte. Ihre Stiefel klackten auf den Dielen, als sie näher kam.

Mit einem Aufschrei riss ich die Waffe, die ich wegen meines zwielichtigen Klientels unter der Tischplatte befestigt hatte, aus ihrer Halterung. Ich gab drei Schüsse auf Mia ab.

Ihre Augen starrten mich ungläubig an und ihr Mund formte ein stummes »Oh!«. Dann ließ sie die Waffe fallen und brach zusammen.

Blut lief mir heiß über meinen Körper. Ich presste die Hand auf die Wunde. Langsam und schwer atmend stand ich auf. Mias Augen blickten ins Leere. Selbst der Tod hatte ihrer Schönheit nicht anhaben können. Mit schmerzverzerrtem Gesicht wandte ich mich ab, hob das Telefon auf und rief die Bullen.

Schwäbische Wibele

Zutaten für 4 Personen:
5 Eiweiß
250 g gesiebter Puderzucker
1 Päckchen Vanillezucker
200 g gesiebtes Mehl

Zubereitung:
Zuerst die 5 Eiklar zu sehr steifem Eischnee schlagen. Puderzucker und Mehl darüber sieben, Vanillezucker aufstreuen und leicht unter den Wibele Teig unterheben. Den Teig in einen Spritzbeutel füllen. Auf ein mit Backpapier ausgelegtes Blech jeweils zwei erbsengroße Klecks aneinander setzen so das die typische Wibele Form entsteht. Die Wibele über Nacht unbedeckt stehen lassen, damit sie an der Oberseite etwas abtrocknen. Den Backofen auf 175 Grad vorgeheizten. Auf mittlerer Schiene mit Ober/Unterhitze ca. 7 Minuten backen.

Toni Feller und Sabrina Hellmann

Hengste morden nicht

Stuttgart

»Uran an alle, Uran an alle«, plärrte es mechanisch aus dem Lautsprecher des Dienstwagens. Kriminalhauptkommissar Willi Scharff schreckte abrupt aus seinen Gedanken hoch. Seit Tagen zermarterte er sich schon den Kopf über seinen jüngsten Mordfall.

Vergangene Woche war nachts in *Sophie's Brauhaus* in der Innenstadt von Stuttgart eingebrochen worden. Die rustikale Brauerei in der Marienstraße zählte zu Scharffs Lieblingsorten. Stundenlang sah er manchmal dem Braumeister an der offenen Sudanlage bei seiner Arbeit zu.

Offensichtlich wurde der Täter von einem Wachmann gestört. Nach Spurenlage muss es im Büro von Frau Semmelmeier zu einem erbitterten Kampf gekommen sein, in dessen Verlauf der Wachmann zu Tode kam. Die Angestellte selbst sah als erstes am Morgen danach den ermordeten Nachtwächter in einer riesigen Blutlache liegen.

Dem Mann wurde der Schädel eingeschlagen. Ebenso wies sein geschundener Körper mehrere Messerstiche auf.

Wie der Systemadministrator der Brauerei herausfinden konnte, wurden von dem Mörder sämtliche Daten, die sich auf dem Rechner der Buchhalterin befanden, kopiert.

Scharff hatte keine Vorstellung davon, welch immenser Schaden der Brauerei durch einen Datendiebstahl entstehen konnte. Computer – seine Mutter würde es als »Deiflszeig« verfluchen – das war nicht seine Welt. Doch der Kommissar, der kurz vor der Pensionierung stand, hatte blankes Entsetzen in den Augen des Geschäftsführers gesehen, als er ihn befragte. Der Schweiß floss Ismailovski in Strömen übers Gesicht, während er hypernervös an dem Stoff seines Jacketts zerrte. Er war leichenblass und hatte Tränen in den Augen.

»Wenn die Daten in die Hände unserer Konkurrenten gelangen, sind wir ruiniert! Dann können wir den Laden dicht machen.«

Scharff stellte sich dumm. Mit dieser Methode hatte er oft Erfolg.

»Welche Daten? Von was reden Sie eigentlich?«

»Ich rede von der revolutionären und streng geheimen Rezeptur des neuen Bieres – *Sophie's Bestes* –, den Kontakten zu Händlern auf der ganzen Welt und anderen wichtigen Interna unserer Firma. Wenn diese Dateien in die Hände unserer Konkurrenten kommen, ist das vergleichbar mit dem Super-Gau von Fukushima. Es wäre der Untergang unseres Unternehmens.«

»Meinen Sie wirklich?« In der Frage des Kommissars schwang ehrliche Entrüstung mit, denn Willi Scharff liebte das würzige Hausbier über alles. Kaum vorstellbar, dass es das von jetzt auf nachher nicht mehr geben sollte.

Ismailovski stöhnte laut und tupfte sich mit einem blütenweißen Taschentuch die Stirn ab.

»Sie müssen mit allen Mitteln verhindern, dass die gestohlenen Dateien in falsche Hände gelangen! Wie Sie das anstellen ist mir egal. Ihr Präsident hat mir versichert, dass Sie der Beste Ihres Faches sind.« Der Geschäftsführer musterte den dickleibigen Scharff, während er zweifelnd die Augenbrauen nach oben zog.

Nach dem Gespräch mit Ismailovski hatte der Kommissar alle Hebel in Bewegung gesetzt. Nicht etwa wegen des Datenklaus, sondern einzig und allein wegen des Mordes an dem Wachmann, der Frau und drei Kinder hinterließ.

Scharff gab den Kriminaltechnikern Anweisungen, auf kleinste Spuren zu achten. Und obwohl er das in seiner langen Laufbahn fast immer geschickt vermieden hatte, wohnte er dieses Mal sogar der Obduktion bei. Er wollte genau wissen, wie der Wachmann zu Tode gekommen war.

»Das Opfer hat neben den zahlreichen Messerstichen auch eine ausgeprägte Schädelfraktur mit starker Gehirnblutung. Sehen Sie selbst.« Der Gerichtsmediziner drückte mit dem Zeigefinger auf die dunkelrote Masse, die nach dem Abtrennen der Schädeldecke nun in der Gehirnschale frei lag. Scharff musste sich beherrschen, sich nicht zu übergeben. Er schwor sich augenblicklich, nie mehr in seinem Leben einen Obduktionsraum zu betreten.

Anschließend hatte er die Buchhalterin Elvira Semmelmeier zuhause aufgesucht. Eine Arbeit, die ihm nicht unangenehm war, denn diese Frau war eine Augenweide. Purpurrote Locken und dunkle Augen. Obwohl sie an dem Tag aufgrund des Schocks leichenblass war, konnte Scharff ihre sonnengeküsste Haut erahnen. Welcher Mann würde ihr wohl widerstehen können?

Der Kriminalkommissar hatte Schwierigkeiten, sich auf seinen Job zu konzentrieren. Nachdem er sich einigermaßen im Griff hatte, wollte er mit der Befragung beginnen, aber die arme Frau Semmelmeier brachte vor Schreck kaum ein Wort heraus.

»Ich wiederhole: Uran an alle, Uran an alle! Wer befindet sich im Bereich Kornwestheim – Enzstraße? Die kalte Stimme aus dem Lautsprecher holte Scharff wieder zurück in die Realität. Er riss den Hörer des Funkgeräts aus der Halterung und meldete sich.

»Ja, hier Uran 33. Wir sind in der Nähe der Enzstraße. Fahren gerade auf der Zeppelinstraße. Was liegt an?«

»Uran 33, fahren sie zur Enzstraße 24. Dort befindet sich die neue Zweigstelle von Sophie's Brauhaus. Jemand vom Wachpersonal hat gemeldet, dass er in einem Lagerschuppen verdächtige Geräusche gehört hat. Der Geschäftsführer wurde ebenfalls verständigt. Bitte beachten Sie die Eigensicherung! Vor ein paar Tagen wurde in der Hauptstelle ein Mord verübt. Da müssen ganz schwere Jungs am Werk sein. Da läuft bestimmt ein ganz großer Coup!«

Gerade als Scharff den Funkspruch quittieren wollte, wurde die Beifahrertür aufgerissen.

Der Kommissar fuhr vor Schreck zusammen, stieß zuerst einen Schrei und danach einen kräftigen Fluch aus:

»Hergottsakrament, kannst du die Tür nicht einmal wie ein normaler Mensch aufmachen?

»Wie macht denn ein normaler Mensch die Tür auf?« Mike Finke lachte. Er war das Greenhorn des Stuttgarter Morddezernats. Für sein Alter hatte er aber schon eine Menge auf dem Kasten. Was er auch nur allzu gern immer wieder unter Beweis stellen wollte. Finke war gerne mit Scharff unterwegs, weil er wusste, dass er von dem alten Hasen noch jede Menge lernen konnte.

Der Kommissar atmete tief durch. Dann drückte er die Sprechtaste. »Hier Uran 33, wir sind ganz in der Nähe und dürften in Kürze dort sein.« Scharff legte den Hörer wieder zurück in die Halterung. Dann blickte er seinen Partner kurz, aber durchdringend an. Dessen Augen funkelten voller Tatendrang.

»Mensch Willi, vielleicht ist der Mörder jetzt in Kornwestheim zu Gange. Was will der nur von Sophie's Brauhaus? Was meinst du?«

»Schon möglich. Wäre ja nicht das erste Mal.«

Finke sah wie Scharffs Fingerknöchel weiß wurden. Das Lenkrad möchte ich jetzt nicht sein, dachte der junge Beamte. Er rieb sich die Hände. »Wir werden ihn schnappen, tot oder lebend. Mach mal hinne, großer Meister! Nicht dass er uns noch entwischt.«

Scharff, der sich ganz auf das Fahren konzentrierte, gab keine Antwort. Seine Nerven waren bis zum Zerreißen gespannt. Finke sah Scharff von der Seite an. Der Kommissar kniff die Augen zu schmalen Schlitzen zusammen. Seine Kiefermuskulatur mahlte ununterbrochen.

Als sie von der Zeppelinstraße in die Neckarstraße fuhren, die dann nach wenigen Metern in die Enzstraße überging, ließ Scharff den Wagen im Leerlauf rollen. Dann stiegen sie lautlos aus dem Auto. Der Mann von der Wach- und Schließgesellschaft, der zusammen mit dem schon anwesenden Geschäftsführer in einer dunklen Ecke Deckung gesucht hatte, machte sich bemerkbar.

»Ich ... ich war auf Kontrollgang und da habe ich ... im alten Flachbau, da ... da habe ich eindeutige Geräusche gehört. Es müssen mindestens ... mindestens zwei sein, das konnte ich genau hören. Ich ... ich habe über Funk sofort die Zen ... Zentrale alarmiert.«

Ismailovski sah die beiden Polizisten vorwurfsvoll ansah. Sie hielten ihre Pistolen in den Händen.

»Wieso habe Sie keine Maschinenpistolen? Und überhaupt. Warum sind nur Sie beide gekommen? Da muss unbedingt ein Sondereinsatzkommando her. Dieser Mörder darf auf keinen Fall entkommen!«

Scharff ignorierte Ismailovskis Bemerkungen. Er wandte sich dem Wachmann zu. »Haben Sie die Täter gesehen?«

»Nein, nur gehört! Ich habe das Gebäude dann nicht mehr aus den Augen gelassen. Kommen Sie mit, ich führe Sie hin.«

»Sie bleiben schön hier und rühren sich nicht vom Fleck. Wir regeln das alleine.«, herrschte Scharff den Wachmann an. »Mike, du sicherst von rechts und ich schleiche mich von links heran!«

»Okay, Willi.« Seine Stimme klang heiser. Sie entsicherten ihre Dienstwaffen und schlichen sich jeweils in einem Bogen von rechts und links zum Eingang des Lagerschuppens. An der großen Holztür war in der Dunkelheit überhaupt nichts zu erkennen. Scharff drückte vorsichtig die Türklinke nach unten.

»Verdammt, die Tür ist abgeschlossen«, flüsterte er Finke zu. In dem Moment hörten sie von drinnen ganz deutlich ein Knacken und Rascheln. Finkes Adamsapfel hüpfte zweimal rauf und runter.

»Hast du das auch gehört, Willi?«

»Ich bin doch nicht taub«, zischte Scharff.

»Es hört sich an, als ob die da drinnen Schwerstarbeit verrichten. In dem alten Bau wird doch kein Tresor versteckt sein, oder?«

»Der Teufel weiß, was in dem Schuppen lagert. Heutzutage wird doch alles geklaut. Und vielleicht sucht der Mörder noch etwas anderes als Daten von einem PC der Buchhaltung?«

»Jetzt wieder«, flüsterte Finke. »Mein Gott, dieses Stöhnen! Das ist nicht nur einer. Es hört sich an, als ob jemand vergewaltigt wird.«

»Du hast vielleicht eine Fantasie! In so einem Schuppen und um diese Zeit? Wenn du mich fragst, werden da drinnen ganz schön schwere Sachen bewegt«, presste Scharff zwischen den Zähnen hervor.

»Nimm mal deine Taschenlampe und leuchte in das Fenster da vorne! Ich kenne mich hier auf dem Gelände aus. Meine Eltern wohnen in der Nähe und als kleiner Bub habe ich oft am Gänsbach gespielt, der hier in der Nähe fließt. Den Lagerschuppen hier gibt es schon ewig. Es gibt nur diese Tür, und die Fenster sind alle vergittert. Der oder die Mörder sitzen in der Falle. Ich bleibe hier und fange die Kerle ab. Los, mach schon!«

Geschmeidig wie eine Raubkatze schlich sich Finke die paar Meter zum nächsten Fenster und schaute an der linken unteren Ecke vorsichtig hinein. Gleichzeitig knipste er an der rechten unteren Ecke seine Taschenlampe an, machte sie jedoch schnell wieder aus und duckte sich. Den Vorgang wiederholte er noch zweimal. Aber leider erfolglos. Er sah absolut nichts. Doch dafür hörte er umso mehr. Es war wieder ein lautes Rascheln, Stöhnen und jetzt noch ein undefinierbares Grunzen.

Finke nahm all seinen Mut zusammen, atmete tief durch und leuchtete dann voll ins Fenster. Was er dann sah, verschlug ihm buchstäblich die Sprache.

»Willi, komm mal her!«, rief Finke. »So was hast du noch nicht gesehen.«

»Schrei doch nicht so, die könnten uns hören.« Vorsichtig und in gespannter Erwartung schlich Scharff zum Fenster. Als er dann mit größter Vorsicht ins Innere des Schuppens lugte, klappte sein Unterkiefer wie die Schaufel eines Radladers nach unten.

»Das ist doch … das darf doch nicht wahr sein!«

Mitten im Schuppen, in dem Gabelstapler und andere Gerätschaften gelagert wurden, fand ein Schauspiel statt, das die beiden wohl ihr Leben lang nicht mehr vergessen würden. Ein Igelpärchen vergnügte sich dort lautstark nach allen Regeln der Kunst. Die zwei grunzten und gebärdeten sich dabei wie junge Schweine. Vom Schein der Taschenlampe ließen sie sich überhaupt nicht stören.

Plötzlich gesellte sich ein dritter Igel zu dem Liebespaar, der sofort nach den anderen beiden schnappte. Während der kleinere Igel ängstlich und erschrocken zurückwich, wehrte sich der Größere und jagte den Angreifer in die Flucht. Danach setzte das Igelpärchen ihr lautstarkes Rendezvous fort.

Die Kommissare schauten sich eine Sekunde lang entgeistert an. Dann prusteten sie beide los. Ihr Lachen war bis zum anderen Ende der Stadt zu hören.

Kurze Zeit später saßen sie wieder in ihrem Dienstwagen.

»Du Willi, mich hat schon immer mal interessiert, wie das die Igel mit ihren Stacheln so machen.«

»Mike, jetzt hör aber auf!«

»Sag jetzt nur nicht, das hast du schon gewusst!«

»Selbstverständlich! So etwas gehört zur Allgemeinbildung, mit der du, wie mir scheint, nicht gerade üppig ausgestattet bist.« Scharff lachte.

»Das ist Beamtenbeleidigung! Die zwei liebestollen Igel schienen ja auf frischer Tat ertappt worden zu sein. Fragt sich jetzt nur, wer der treue Ehemann und wer Geliebter war.«

»Aber mal im Ernst. Halt mich nicht für deppert, klar? An irgendwen oder irgendetwas haben mich die verdammten Igel erinnert. Ich komm bloß nicht drauf.« Scharff schlug aufs Lenkrad.

Finke prustete wieder los. »Die Igel? Erinnert? An frühere Zeiten etwa?« Erneut blähten sich Finkes Wangen auf. Er presste mit aller Gewalt die Lippen zusammen. Vergeblich.

Scharff schlug sich mit der flachen Hand gegen die Stirn. »Ich Dussel dachte schon, wir hätten den Mörder in der Falle! Anstatt dessen werden wir Zeuge bei einer Igel-Affäre.«

Finke stupste ihn kameradschaftlich an der Schulter. Er konnte jedoch nicht das Lachen unterdrücken.

»Auf den Schreck haben wir uns doch ein gepflegtes Bier verdient. Was meinst du?«

»Da hast du ausnahmsweise mal recht.«

Kaum eine halbe Stunde später saßen sie im *Murphy's Law*. Während sie genüsslich ihr Blondes tranken, unterhielten sie sich über den Mordfall. Scharff gestand, dass er von Computer und Datentransfer nichts, aber auch gar nichts wusste.

»Hey Alter, kein Problem. Ist mein Spezialgebiet. Wenn du willst, kümmere ich mich darum und du erledigst alles, was nicht mit EDV zu tun hat.«

»Das ist mal ein Angebot. Da höre ich mich nicht nein sagen. Prost Kollege!«

Scharff nahm einen extra großen Schluck und wischte sich den Schaum von den Lippen. »In diesem Fall ist irgendwie der Wurm drin. Der Mörder scheint ein Phantom zu sein. Trotz intensiver Suche haben die Kriminaltechniker keine einzige verwertbare Spur am Tatort gefunden. Weder Fingerabdrücke noch Einbruchspuren.« Scharff ließ mutlos den Kopf hängen.

»Das gibt's doch nicht. Wirklich gar nichts? Ist ja unglaublich!« Finkes Augen wurden immer größer.

»Nur der Schreibtisch von Frau Semmelmeier war durchwühlt, und dabei hat der Mörder wohl die Passwörter gefunden. Den Zettel mit den Zugangsdaten hat er leichtsinnigerweise nicht mehr an seinen Platz zurückgelegt.« Willi nahm einen tiefen Schluck.

»Du warst doch bei der Semmelmeier, oder?«

»Ja, schon zweimal. Das erste Mal stand die Dame noch sichtlich unter Schock. Sie hatte ein kräftiges Veilchen am rechten Auge und gab lallend an, sie sei in der Wohnung gestürzt. Entweder hatte sie sich vor Schreck einen hinter die Binde gekippt oder die Beruhigungsspritze wirkte nach. Heute Nachmittag war ich nochmal bei ihr. Ist aber nicht viel dabei herausgekommen. Sie hatte keinerlei Erklärung dafür, weshalb der Mörder ausgerechnet ihren PC im Visier hatte.«

»Hhm, verflixt und zugenäht.« Mike schlug mit der Faust auf den Tisch.

»Moment mal! Jetzt fällt mir ein, dass mir im Treppenhaus so ein muskelbepackter Typ mit superkurzen Haaren entgegengekommen ist. Der hatte es verdammt eilig. Frau Semmelmeiers Tür war nur angelehnt. Ein Indiz dafür, dass der Bodybuilder die Wohnung überhastet verlassen haben könnte. Ich ging rein und fand in der Diele ein blutbeflecktes Handtuch. Gerade als ich die Wohnung wieder verlassen wollte, kam Frau Semmelmeier zurück. Nach dem blutgetränkten Handtuch befragt, sagte sie aus, sie hätte wegen der ganzen Aufregung Nasenbluten bekommen.«

»Und, hast du das geglaubt?«

»Es sprach nichts dagegen. Morgen bekomme ich Bescheid, ob das Blut tatsächlich von ihr stammt.«

»Wenn du mich fragst, das Ganze schreit zum Himmel. Wir müssen gleich morgen früh das große Programm anfahren: Krisenstab, Großfahndung, Sonderkommission und das ganze Gedöns.«

»Nur mal langsam mit der Mutter. Warten wir erst mal ab, wessen Blut sich auf dem Handtuch befindet.«

»Wenn es ihres ist, ist erst mal ‚Game Over'. Wenn es aber das des Wachmannes ist, haben wir die Dame am Haken.« Finke rieb sich die Hände.

»So sehe ich das auch!«

Es war bereits das dritte Feierabendbier, das sich die beiden Kommissare genehmigten, als Scharff plötzlich sein Bierglas hart auf den Tisch knallte. Die Hälfte des Inhalts aus dem Glas schwappte.

»Hey, Willi, bist du hacke? Wegen dem bisschen Bier! Hätte dir eigentlich mehr zugetraut.«

»Papperlapapp Mike, mir ist gerade eingefallen, an wen mich die Igel erinnerten.«

»Ach ja und an wen?« Mike beäugte seinen Kollegen misstrauisch.

»Ich muss nochmal drüber schlafen. Wir sehen uns morgen halb zehn im Präsidium.« Wortlos legte Scharff einen 20-Euroschein auf den Tresen und verschwand.

Finkes Neugier wurde auf eine harte Probe gestellt. Er kam wesentlich früher zum Dienst als sonst. Doch Scharff ließ auf sich warten. Als er endlich kam, grüßte er kurz und hüllte sich erst einmal in Schweigen.

»Willi, du machst mich verrückt! Rück schon raus, welche Erleuchtung hattest du gestern Abend?«

»Erleuchtung klingt so religiös, meinst du nicht auch?«

»Sag jetzt endlich, was los ist, oder ich trinke nie mehr ein Bier mit dir.«

»Übertreib mal nicht so! Als erstes fahren wir zu Sophie's Brauhaus. Dort werden wir zusammen mit diesem ... ähm ... diesem System-Dingens ...«

»Systemadministrator schimpft sich der Gute.«

»Hab ich doch gesagt. Wir werden also mit ..., er heißt Gäitz, mit dem werden wir den Computer der Semmelmeier durchforsten. Ich bin mir fast sicher, dass wir da etwas finden, was uns auf die Spur des Mörders bringt. Anschließend statten wir der Buchhalterin einen Besuch ab.«

»Aber da warst du doch schon zweimal. Und was zum Teufel hat das überhaupt mit den Igeln zu tun?«

»Ich hab dir doch von dem Muskelmann im Treppenhaus erzählt. Der hatte es verdammt eilig. Mir sind zwei Dinge an dem Typen aufgefallen: Erstens seine Igelfrisur und zweitens seine Hände. Er hatte wunde Fingerknöchel als ob er ohne Handschuhe mit Klitschko geboxt hätte. Vielleicht verrenne ich mich da total in etwas, aber ich habe so ein komisches Gefühl. Ich weiß, ich kann total daneben liegen, aber ich muss es riskieren.«

»Du glaubst, der Igelkopf ist der Mörder? Die Semmelmeier ist doch noch am Leben. Sie hätte bestimmt etwas gesagt, wenn er ihr auf den Leib gerückt wäre.« Finke zog skeptisch eine Augenbraue hoch.

»Lass dich überraschen, junger Kollege.«

Finke platzte vor Neugier. Aber er hielt sich zurück. »Aye, aye, Willi. Du bist der Boss. Auf geht's!«

Die Nachforschungen in der Brauerei dauerten länger als erwartet. Das lag daran, dass die gesuchte Datei mit unzähligen Mails geschickt getarnt war.

Als es endlich soweit war, verbeugte sich Finke theatralisch. »Alle Achtung Willi! Du hattest den richtigen Riecher. Wir haben genügend Munition, um die Herrschaften sturmreif zu schießen!«

Es war früher Nachmittag, als die beiden Kommissare vor Frau Semmelmeiers Haus standen. Finke schnalzte vor Aufregung mit der Zunge. »Packen wir es an!«

Die Hauseingangstür stand zum Glück offen. So konnten sie gleich zur Wohnung der Zielperson hochgehen. Finke wollte gerade den Klingelknopf drücken. Doch Scharff schlug ihm unsanft auf die Hand.

»Haben sie dir auf der Polizeischule nichts beigebracht? Erst hören, dann stören!«

Finke legte sein Ohr an die Tür. In diesem Augenblick drang aus der Wohnung ein lautes Stöhnen und der spitze Schrei einer Frau. Keine Frage. Hier war ein Mensch in höchster Lebensgefahr.

Scharff zog blitzschnell seine Waffe und trat unvermittelt zwei Schritte zurück. Finke hatte nicht einmal Zeit zu staunen. Willi warf sich mit voller Wucht gegen die Tür. Holz splitterte, und die Tür flog mit einem lauten Krachen auf. Willi landete langgestreckt im dunklen Flur. Finke zog ebenfalls seine Pistole.

»Polizei, kommen Sie mit erhobenen Händen heraus!« Seine Stimme überschlug sich. Er spürte wie das Adrenalin durch seinen Körper jagte.

Nichts rührte sich. Gespenstische Stille. Endlose Sekunden vergingen.

Finke hörte aus dem Dunkel zuerst ein Flüstern und dann einen ängstlichen Ruf: »Nicht schießen! Bitte ... bitte nicht schießen!«

Irgendwer schaltete das Licht ein. Scharff rappelte sich fluchend auf. Frau Semmelmeier erschien mit erhobenen Händen im Türrahmen. Sie war in ein rotes Negligé gehüllt. Der transparente Stoff, der sich sanft an ihren Körper schmiegte, der Ausschnitt, der einen Blick auf mehr erlaubte – es war der Stoff, aus dem Traumfrauen gemacht werden. Ihre Haare waren völlig zerzaust. Wie bei einem Kind, das rote Grütze gegessen hat, war ihr Mund von grellrotem Lippenstift verschmiert. Zusammen mit einem lilaroten Veilchen am rechten Auge gab die Frau ein groteskes Bild ab. Scharffs Blick saugte sich für einen schwachen Moment auf den unteren Bereich ihres Körpers fest, bevor er dienstlich wurde.

»Was ist hier los? Wer ist noch in der Wohnung?«

»Vikto...« Sie biss sich auf die Lippen. »Ich meine... ich habe Besuch.«

»Verarschen Sie mich nicht! Sie haben doch eben um Hilfe geschrien! Wer hat Sie bedroht?«

Finke steckte seine Pistole weg und, räusperte sich laut. »Willi, ich glaube die Dame hat aus einem anderen Grund geschrien.«

»Was für einen Grund?«

»Frau Semmelmeier sagen Sie's ihm! Sie wissen es besser als ich«, herrschte Finke die Buchhalterin an.

Obwohl Frau Semmelmeiers Gesicht von den vorangegangenen Ereignissen schon sichtbar gerötet war, legte es noch zwei Farbstufen zu. Sie sah verlegen zu Boden. »Na ja, ich bin ... ich bin manchmal ... ich meine mein Temperament ... Sie verstehen?«

»Natürlich verstehe ich. Bin doch nicht blöd!«, raunzte Scharff, während auch er jetzt seine Waffe ins Schulterhalfter schob. »Und nun raus mit der Wahrheit!«

»Welche Wahrheit? Ich weiß nicht, was sie meinen.«

Finke schaltete sich ein. »Dann werden wir Ihnen mal auf die Sprünge helfen, Frau Semmelmeier! Sie sind doch verheiratet, oder? Trifft es zu, dass Ihr Mann beruflich oft tagelang unterwegs ist?«

»Was geht Sie das an?«

Scharff übernahm wieder das Wort. Geduld gehörte noch nie zu seinen Tugenden. »Bitte beantworten Sie einfach die Frage! Ist Ihr Mann oft von zu Hause weg?«

»Ja, aber was soll ...?«

»Ihnen ist dann sicher manchmal sehr langweilig?«

»Worauf wollen Sie hinaus?«

»Das sage ich Ihnen: Sie haben einen Geliebten, stimmt's?«

»Ich ... ich ...«

Es war paradox. Erst jetzt versuchte Elvira Semmelmeier mit den Händen ihre üppigen, nur durch die hauchdünne Seide äußerst spärlich bedeckten Brüste und ihr dunkel durchschimmerndes Dreieck zwischen den Beinen vor den Blicken der Beamten zu schützen.

»Und Ihr Mann ist sehr eifersüchtig, oder? Manchmal auch ein bisschen gewalttätig, stimmt's? Vor vier Jahren hat er sie schon einmal geschlagen.«

»Woher wissen Sie das schon wieder?«

»Tut nichts zur Sache«, gab Scharff einsilbig zurück.

Aus dem Hintergrund ertönte eine drohende Bassstimme. »Gibt es Probleme, Schatz?«

Finke musste zweimal schlucken, als er den Hünen sah, der sich neben Frau Semmelmeier stellte und schützend den Arm um sie legte. Das ist also Mister Igelkopf, dachte Finke. Der, den die Buchhalterin in ihren E-Mails als »meinen geilen Hengst« bezeichnete.

Er trug nur Boxershorts. Der massige, muskelbepackte Körper füllte fast die gesamte Breite der Diele aus. Er musterte die beiden Beamten von oben bis unten.

Frau Semmelmeier sah zu ihrem Beschützer auf. »Nein, mein Bärchen, es gibt keine Probleme. Die beiden Herren sind von der Kriminalpolizei und wollten nur eine Auskunft haben.«

»Und hast du sie ihnen gegeben?«

»Ja, das habe ich.«

»Dann kannst du ja wieder ins Schlafzimmer kommen.«

Zu Scharff und Finke gewandt: »Es war mir eine Ehre, meine Herren!«

Der 100-Kilo-Muskelmann blieb abwartend stehen. Scharff musste eine Entscheidung treffen. Ein falsches Wort, und alles konnte aus dem Ruder laufen. Wenn dieser *Arnold Schwarzenegger* in dem engen Flur einmal loslegen würde, könnte es Mord und Totschlag geben.

»Ach Entschuldigung, da Sie offensichtlich nicht Herr Semmelmeier sind, schlagen Sie auch keine Frauen, oder?

»Was soll das heißen?«

»Das soll heißen, dass ein Mann wie Sie es nicht nötig hat, Frauen Gewalt anzutun.«

»Männer, die Frauen schlagen, sind Abschaum!« Der Muskelmann zog die Mundwinkel verächtlich nach unten.

»Lassen Sie mich raten: Ihr Name ist Viktor Prokopp, und Herr Semmelmeier befindet sich wieder mal auf Geschäftsreise, stimmt`s?«

Der Bodybuilder zog scharf die Luft ein. »Punkt eins, ja. Punkt zwei, nein.«

»Lassen Sie mich mit raten«, schaltete sich Finke ein. »Wenn Herr Semmelmeier nicht auf Geschäftsreise ist, liegt er jetzt mit gebrochenem Kiefer in der Klinik, richtig?«

Viktor Prokopp grinste breit. »Sie sind ein kluges Kerlchen. Aus Ihnen könnte noch etwas werden.«

»Die Blessuren an ihren Fingerknöcheln sind ja nicht zu übersehen.«

Scharff übernahm wieder das Kommando. »Herr Prokopp, ich schlage Ihnen ein Geschäft vor und ich bin sicher, wir werden alle davon profitieren. Auch Sie.«

Prokopp sah den Kommissar argwöhnisch an. »Was soll das für ein Deal sein?«

»Eine Hand wäscht die andere. Sie geben uns das, was wir suchen, und wir haben dafür nie etwas von einem Kieferbruch gehört.«

»Und wenn ich noch ein gebrochenes Nasenbein sowie eine ausgekugelte Schulter dazu packe?«

Scharff überlegte kurz. »Sofern Herr Semmelmeier keine Anzeige erstattet, wovon ich ausgehe, kann man im Interesse der Aufklärung eines Mordes von weiteren Ermittlungen in Sachen Körperverletzung absehen.«

»Ihr Wort, Herr Kommissar?«

»Mein Wort!«

Prokopp wandte sich seiner Geliebten zu. »Schatz, holst du mal bitte die Festplatte, die mir dein Herr Gemahl freundlicherweise ausgehändigt hat!«

Elvira Semmelmeier verschwand in einem Zimmer und kam Sekunden später wieder mit der Festplatte heraus. Finke nahm sie entgegen.

»Was wollte er damit?«

»Mein Mann ist, wie Sie bereits wissen, sehr eifersüchtig. Er ahnte wohl etwas. Ich habe seit jeher ein Faible für schöne Liebesbriefe. Als unsere Ehe noch intakt war, hat mir mein Mann fast täglich glühende E-Mails geschickt, die ich ebenso glühend beantworte. Für ihn lag es nahe, dass Viktor und ich ... ich meine, dass wir beide auch eifrig miteinander mailen.«

»Und auf Ihrem PC im Büro suchte er den Beweis«, ergänzte Finke.

»Ja, ich habe sämtliche Mails von Viktor auf der Festplatte meines Rechners gespeichert. Als persönliches Andenken. Damals, als Karlheinz mir noch glühende Nachrichten schrieb, habe ich das auch so gemacht. Die habe und werde ich auch nie löschen. Alles ist noch da drauf!« Elvira Semmelmeier deutete auf die Festplatte, die Finke in der Hand hielt.

»Wusste Ihr Mann, dass Sie seine Mails abgespeichert haben?«

»Natürlich. Ich hatte früher keine Geheimnisse vor ihm. Da er mich schon etliche Male bei der Brauerei besucht hatte, wusste er auch genau, wo mein PC stand. Die E-Mails von Viktor... von Herrn Prokopp habe ich jedoch gut versteckt. Damit er nicht lange suchen musste, hat Karlheinz einfach die gesamte Festplatte kopiert.«

»Und wie verschaffte er sich Zutritt zu Ihrem Büro?«

»Während ich schlief, nahm er den Schlüssel aus meiner Handtasche und schlich sich aus der Wohnung. Er wusste, dass ich in meinem Schreibtisch die Passwörter aufbewahrte. Den Rest können Sie sich sicher denken.«

»Hm, deshalb gab es an den Türen keine Einbruchspuren«, brummte Scharff. »Wann kam es denn zu der kleinen, aber folgenreichen Diskussion zwischen Ihnen und Ihrem Mann?« Scharff deutete auf Frau Semmelmeiers Veilchen.

»Als ich vom Mord an dem Wachmann hörte und dabei auch erfuhr, dass mein PC geknackt war, vermutete ich sofort, dass Karlheinz dahinter steckte. Aber Karlheinz ein Mörder? Ich bekam einen regelrechten Schock, als mir die Konsequenzen des Ganzen bewusst wurden. Im Grunde genommen war alles meine Schuld. Deshalb wollte ich meinen Mann auch nicht verraten. Obwohl er mich in der Vergangenheit oft geschlagen hat, wollte ich nicht, dass er lebenslang ins Gefängnis muss.«

»Wann haben Sie von dem Mord erfahren?«

»Ich ging wie immer morgens zur Arbeit. Als ich meine Bürotür aufschloss, fand ich den Wachmann in seinem Blut liegen. Man erzählte mir später, dass ich laut geschrien habe und dann ohnmächtig wurde. Der Notarzt gab mir eine Beruhigungsspritze und danach haben mich zwei Kollegen nachhause gebracht. Karlheinz hatte in der Wohnung auf mich gewartet. Ich dachte ja, er sei wieder auf Geschäftsreise. Kaum waren die Kollegen weg, ging er auf mich los. Er schlug ohne Vorwarnung so heftig auf mich ein, dass ich an dem Tag das zweite Mal das Bewusstsein verlor. Als ich wieder zu mir kam, war Karlheinz verschwunden. Ich rief sofort Viktor an. Zusammen warteten wir auf die Rückkehr meines Mannes. Leicht angetrunken kam er drei Stunden später heim.«

»Lernen durch Schmerzen sage ich nur. Eine Lektion, die er nie mehr vergessen wird.« Prokopp grinste.

»Den Rest kennen Sie ja. Jetzt wird man mich wohl entlassen.« Frau Semmelmeier senkte betroffen den Kopf.

»Ich muss Herrn Ismailovski selbstverständlich über alles informieren. Die Presse wird auch wissen wollen, wer den Mord begangen hat. Aber der Geschäftsführer wird froh sein, dass die Konkurrenz nicht die Finger im Spiel hatte. Warten wir ab, was dabei herauskommt.«

»Was wird aus meinem Mann?«

»Der wird Sie in den nächsten 15 Jahren nicht mehr schlagen. Wir fahren gleich in die Klinik, verhaften ihn und lassen ihn unverzüglich in das Gefängniskrankenhaus nach Hohenasberg bringen.

***

Scharff und Finke gaben sich alle Mühe, aber ihren Stolz konnten sie nicht ganz verbergen, als sie dem Geschäftsführer von *Sophie's Brauhaus* in dessen Büro gegenübersaßen. Nachdem die Sekretärin Kaffee serviert und anschließend diskret den Raum verlassen hatte, berichtete Scharff in allen Einzelheiten über die Aufklärung des Falles. Ismailovski atmete mehrmals tief durch und seufzte erleichtert.

»Ich hätte nie zu träumen gewagt, dass die Sache solch ein gutes Ende nimmt«, sagte er zum Schluss. »Ich bin Ihnen und Ihrem Partner sehr dankbar, Herr Scharff. Sie haben unserer Brauerei einen großen Dienst erwiesen. Wie kann ich mich erkenntlich zeigen?«

Scharff überlegte. Bis an sein Lebensende einen Kasten Hausbier pro Woche frei geliefert zu bekommen, wäre nicht schlecht und sicher angebracht.

Er kämpfte mich sich. »Wenn Sie vielleicht ... ich meine, es wäre schön, wenn Sie den Hinterbliebenen des Wachmannes zumindest eine Zeitlang finanziell unter die Arme greifen könnten.«

»Das wurde bereits veranlasst.«

»Dann hätte ich noch eine Bitte: Wenn Sie bei Frau Semmelmeier ausnahmsweise ein Auge zudrücken und von einer fristlosen Kündigung absehen könnten, wären mein Kollege und ich Ihnen sehr verbunden.«

»Sehr!«, pflichtete Finke bei.

Ismailovski verschränkte die Arme vor der Brust. »Die Frau hat während der Arbeitszeit hunderte private E-Mails erhalten und verschickt und damit nicht unerheblich gegen innerbetriebliche Vorschriften verstoßen. Aber dass sie auch noch einen Mörder deckt, ist der Gipfel.«

»Ein kluger Mann hat einmal gesagt, wer ohne Sünde ist, der werfe den ersten Stein.« Scharff stieß Finke in die Seite und flüsterte ihm zu: »Weißt du, wer das nochmal war?«

»Das sagt ausgerechnet ein Polizist.« Ismailovski erhob sich von seinem ledernen Bürostuhl. Die Hände hinter dem Rücken, ging er mit gesenktem Kopf zweimal hin und her.

Dann hielt er abrupt inne und hob seinen Kopf. »Angesichts dessen, dass Frau Semmelmeier bislang eine hochgeschätzte Mitarbeiterin war und in Ihnen einen derart vehementen Fürsprecher hat, komme ich Ihrer Bitte nach. Es wird für die Dame keine weiteren Konsequenzen haben.«

»Ich danke Ihnen, Herr Ismailovski.« Scharff und Finke standen auf und streckten dem Geschäftsführer die Hand entgegen.

»Ich habe zu danken, und ich werde Sie bei der nächsten Gelegenheit an allerhöchster Stelle loben.«

»Das ist wirklich nicht nötig«, erwiderte Scharff süßsauer. Er dachte noch einmal an den wöchentlichen Kasten Bier, den er wahrscheinlich nicht angenommen, aber als echte Anerkennung doch sehr geschätzt hätte.

Scharff blieb draußen vor dem Bürogebäude stehen. »Mike, hast du eben das grummelnde Geräusch gehört? Das war mein Magen.«

»Bist du sicher? Hat sich eher angehört, als wäre es ein anderes Körperteil gewesen.«

»Okay, dann eben nicht.«

»Was, dann nicht?«

»Ich wollte dich gerade in die Brauereigaststätte einladen. Dort gibt es eine traumhafte schwäbische Flädlesupp – fast so lecker wie die von meiner Oma - und natürlich ein frischgezapftes Bier von Sophie. Aber wer so respektlos zu mir ist, der hat meine Großzügigkeit nicht verdient.«

»Man kann sich ja mal täuschen. Riechen tut man auf jeden Fall nichts. Es war wohl doch dein Magen. Bitte vielmals um Entschuldigung, verehrter Herr Kollege.«

Schwäbische Flädlesupp

Zutaten für vier Portionen:
500 g Rindfleisch
500 g Knochen (am besten vom Rind)
1 Zwiebel (mittelgroß)
1 Gewürznelke, 1 Lorbeerblatt
1 Bund Suppengrün
1 Karotte
2 l Wasser
½ l Milch
200 g Weizenmehl
3 Eier
frischer Schnittlauch
Pfeffer und Salz

Zubereitung:
Fleischbrühe
Das Fleisch und die Knochen abspülen. Die Zwiebel schälen und anschließend die Gewürznelke in die Zwiebel stecken. Das Fleisch, die Knochen, die Zwiebel, das Lorbeerblatt mit dem Wasser und einer Prise Salz in einem Topf bei milder Hitze zum Kochen bringen. 2 - 3 Stunden bei milder Hitze ohne Deckel siedend garen. Regelmäßig den Eiweißschaum abschöpfen. Durch die Verdampfung der Flüssigkeit ergibt sich am Ende ca. 1 ½ Liter Fleischbrühe.
Das Suppengrün sowie die Karotte waschen, putzen, grob zerkleinern und ½ Stunde vor Ende der Garzeit der Suppe zugeben.
Die Fleischbrühe durchsieben. Die klare Brühe ist für die Flädlesupp.

Flädle
Die Milch und die Eier verrühren und dabei nach und nach das Mehl einstreuen. Eine Prise Salz verfeinert den Teig, der nun für ½ Stunde quellen soll. Dabei ab und zu mit dem Rührgerät durchrühren.

*So lange Milch zufügen, bis ein dünner Teig entsteht.
In eine beschichtete Pfanne etwas Fett erhitzen. Portionsweise den Teig eingießen, bis der Boden vollständig bedeckt ist. Den Pfannkuchen auf beiden Seiten goldbraun backen und noch heiß aufrollen. Den Teig restlos aufbrauchen. Eventuell das Fett immer wieder nachfüllen. Die aufgerollten Pfannkuchen abkühlen lassen und in feine Streifen schneiden.*

Zum Anrichten die Flädlestreifen in Suppenteller legen, heiße Fleischbrühe darüber gießen und mit frischem Schnittlauch garnieren.

*Guten Appetit!
An Guada!*

Jutta Schönberg

Gute Nachbarschaft

Tübingen

Margarete Nessel schaute auf die Küchenuhr. Sieben Minuten nach neun.

»Na, Peterle, hast du Durst?« Margarete füllte sorgfältig eine Schüssel mit frischem Wasser und stellte sie vor ihren Kater. Sie hatte richtig gelegen. Ihr Liebling trank zügig.

Margarete linste durch die Gardine zu dem Haus ihrer jungen Nachbarn. Vielleicht konnte sie Herrn Kapf erspähen. Ein Blick auf so ein kräftiges Mannsbild würde sie zusätzlich zu ihrem Ingwertee erwärmen. Zu gerne wäre Margarete hinter das Geheimnis der Ehe der Kapfs gekommen. Sie waren so unterschiedlich.

Vor einiger Zeit hatte Frau Kapf bei Margarete angefragt, ob sie ab und an für eine Stunde mit Peterle spielen dürfe. Margarete hatte sich gefreut, dass die Frau mal etwas aus sich herausging. Sie hatte nichts dagegen gehabt und den kleinen Kater der Nachbarin mitgegeben. Aber beim dritten Mal klingelte nach einer Stunde anstelle von Frau Kapf ihr Mann bei Margarete.

»Peterle hat sich hinter einer Kommode verkrochen und kommt nicht wieder heraus«, sagte er. »Können Sie uns helfen?«

Aufgeregt folgte Margarete ihm.

Frau Kapf saß am Wohnzimmertisch und sah ganz grau aus. Um die Hand und das Handgelenk hatte sie einen dicken Verband.

»Peterle hat mich gekratzt«, erklärte sie leise.

Margarete schüttelte den Kopf. Das klang ganz und gar nicht nach ihrem Peterle. Sie hockte sich neben die Kommode, redete beruhigend auf den Kater ein und rief ihn. Doch auch all ihr Locken half nichts. Peterle blieb hinter dem schweren Möbelstück hocken. Da kam Herrn Kapf die Idee, die Kommode zu verschieben. Er musste alle seine Kräfte aufbieten, damit es gelang. Kaum hatte er ein bisschen gerückt, schoss Peterle hervor. Margarete konnte ihn gerade noch am Kragen packen, bevor er sich erneut verstecken konnte. Das Tier war verstört und klammerte sich an Margarete. Sie trat auf Herrn Kapf zu, damit auch er Peterle streicheln konnte, doch der kleine Kater fauchte den Nachbarn an.

»Na, Peterle, was ist denn? Das ist doch der nette Herr Kapf. Jetzt ist alles gut«, sprach Margarete auf ihn ein.

Frau Kapf hatte sich derweil nicht von ihrem Platz gerührt.

Margarete sah ihre Nachbarin danach eine Weile lang nicht. Auch von weiteren Besuchen des Katers war nicht mehr die Rede.

Das tat Margarete leid, denn es wäre eine schöne Abwechslung für Peterle gewesen. Natürlich wusste sie, dass die meisten Katzenbesitzer in der Tübinger Südstadt ihre Katzen frei laufen ließen, aber sie fürchtete die B28, die wenige Häuserblocks von hier entfernt vorbeiführte. Wenn die Katzen ihr Revier erweitern wollten, versuchten sie, die Schnellstraße zu überqueren. Und das endete oft mit ihrem Tod. So behielt sie Peterle lieber in der Wohnung. Er war ein richtiger Stubentiger geworden.

»Was machen wir denn heute, Peterle?«, fragte sie den Kater. »Ach, ich glaube, ich sehe mal bei der Frau Kapf vorbei, bevor ich einkaufen gehe. Da kann ich sie gleich fragen, ob ich ihr etwas mitbringen kann und wie die Rieslingtorte war.« Peterle stolzierte davon, ohne einen Kommentar abzugeben.

Ja, die Schwäbische Rieslingtorte! Margarete backte für ihr Leben gern, und so hatte sie sich gestern entschlossen, ihren Lieblingskuchen herzustellen. Sie hatte nur keine Abnehmer mehr im Haus, die ihre Werke würdigen konnten. Ihr Sohn war Anwalt in Freiburg und ihre Tochter Ärztin in Konstanz. Beide schauten nur noch selten vorbei. Ihr Mann war schon vor drei Jahren gestorben.

Da sie ihre Kuchen aber nicht alleine essen konnte, versorgte sie regelmäßig die Nachbarn damit, und so hatte sie gestern dem Ehepaar Kapf ein paar Stücke von der Rieslingtorte gebracht. Margarete legte Wert auf eine gute Nachbarschaft.

Margarete schaute noch kurz in den Spiegel, bevor sie ging. Sie hatte sich doch ganz gut gehalten. Sie hatte nur wenige Falten, die überdies nicht tief waren. Ihre Augen hatten noch ihren alten Glanz. Und graue Locken waren jetzt ja sogar modern. Sie war zufrieden mit ihrer Erscheinung. So konnte sie sich der Welt präsentieren. Sie schlüpfte in ihren Kamelhaarmantel. Der war zwar schon ein bisschen alt, aber Mäntel von dieser Qualität bekam man heute einfach nicht mehr. Und in Daunenmänteln, die es jetzt fast ausschließlich gab, sah sie aus wie eine Wurst.

Endlich machte sie sich auf den Weg zu ihren Nachbarn, deren Vorgarten picobello gepflegt war. Das war Herrn Kapfs Reich. Er hatte vor einiger Zeit junge Koniferen angepflanzt, die schon ein ganzes Stück gewachsen waren. Na, wenn die ihnen nicht eines Tages das ganze Licht nahmen.

Margarete klingelte. Nichts rührte sich. Sie klingelte erneut. Sie wollte schon enttäuscht wieder umdrehen, da hörte sie ein Geräusch aus der Garage, die etwas zurückgesetzt, aber direkt neben dem Haus lag.

* * *

Ulrich Kapf rieb sich die Hände, nicht nur wegen der Kälte, die in die geräumige Garage zog, sondern auch aus Tatendrang. Er wollte die Winterreifen aufziehen. Es war an der Zeit, nicht nur wegen des Wetters. Die Sommerreifen waren völlig abgefahren, und einer verlor bedenklich an Luft. Er wollte nicht gerade heute eine Panne haben.

Ulrich legte sich das Radkreuz zurecht und setzte den Wagenheber an. Er zuckte zusammen, als es laut an die Garagentür klopfte.

»Frau Kapf, sind Sie da drin?«, tönte es.

Ulrich empfand die Stimme als unerträglich schrill. Verdammt, die alte, aufdringliche Vettel von nebenan. Die hatte ihn offenbar gehört. Nun würde er sie nicht eher loswerden, bis er sich zeigte. Er machte das Garagentor auf.

»Oh, Sie sind es, Herr Kapf! Guten Morgen!«

Die Alte lief doch tatsächlich rot an.

»Guten Morgen, Frau Nessel!« Ulrich überwand sich, sie anzulächeln. »Wie geht es Ihnen? Kann ich etwas für Sie tun?«

»Ich wollte einkaufen gehen und Ihre Frau nur fragen, ob sie etwas braucht. Wo ist sie denn?« Die Alte versuchte, über die breiten Schultern von Ulrich zu spähen. »Ich habe geklingelt, aber sie hat nicht aufgemacht. Sie ist doch wohl nicht wieder krank?«

»Nein, nein, es geht ihr gut. Sie ist schon einkaufen. Sie brauchen ihr nichts mitzubringen«

»Ach, vielleicht treffe ich sie ja da.«

»Ja, sicher.« Ulrich wollte sich nicht in ein Gespräch verwickeln lassen. Er drehte der Alten den Rücken zu und wühlte in seiner Werkzeugkiste. Aber die aufdringliche Nachbarin ließ sich nicht beeindrucken.

»Hat die Rieslingtorte Ihnen denn geschmeckt?«, fragte sie.

Ausgerechnet das, dachte Ulrich. »Ja, danke«, antwortete er schließlich schroff.

Doch die Alte ließ sich nicht abschrecken. Offenbar wartete sie immer noch auf etwas. Doch Ulrich schwieg verbissen.

»Ja, dann will ich nicht länger stören.«

Ulrich seufzte innerlich erleichtert auf und machte sich daran, einen Autoreifen umzuwuchten. Aber so schnell verabschiedete sich die Alte dann doch nicht.

»Ach, diese Kälte«, jammerte sie. »Erst Ende Oktober und ein Frost wie im Januar. Jetzt haben wir bereits über eine Woche Minusgrade. Sogar der Boden ist schon gefroren.«

Das war gut, dachte Ulrich. Einerseits, denn dann würde es keine Reifenspuren geben. Andererseits bedeutete es mehr Arbeit.

* * *

Wieder zu Hause suchte Margarete nach ihrem Portemonnaie. »Was wohl mit dem Herrn Kapf heute los ist?«, fragte sie ihren Kater. »Normalerweise sagt er immer: ›Köstlich, ganz köstlich‹ zu meinen Kuchen. Aber mit der Rieslingtorte hat doch alles gestimmt. Ich habe sie selbst probiert. Ich hatte das Gefühl, der Herr Kapf wollte mich schnell abservieren. Dabei ist der sonst so nett.« Manchmal schäkerte er sogar mit ihr. Aber das verriet sie Peterle nicht. »Na, vielleicht hat er es nur eilig.«

Umsichtig war er, der Herr Kapf. Vor allem mit seinem Auto. Umsichtig, verlässlich und stark. Manchmal beneidete Margarete ihre Nachbarin sogar ein bisschen um diesen Mann. Sie müsste sich eigentlich geborgen fühlen in so kräftigen Armen. Aber sie wirkte ihm gegenüber immer ein wenig kühl. Jedenfalls in der Öffentlichkeit. Vielleicht war sie ja in ihren eigenen vier Wänden leidenschaftlicher. Doch Margarete untersagte es sich, weiter zu fantasieren.

»Vielleicht nehme ich dich mal wieder mit zu den Kapfs«, sagte Margarete zu Peterle. »Auch du solltest dich doch gut mit unseren Nachbarn verstehen.«

* * *

Ulrich hatte die Winterreifen aus der Ecke der Garage geholt. Nun setzte er das Radkreuz an die Schrauben der Sommerreifen an.

Er liebte körperliche Betätigung. Er joggte. Er ging ins Fitnessstudio. Er mochte es einfach, seine Kraft zu spüren. Er war eben ein ganzer Mann. Ulrich genoss es, Frauen zu beeindrucken, und das gelang ihm auch gewöhnlich, nicht nur bei so alten wie der von nebenan. Wann allerdings seine eigene Frau aufgehört hatte, ihn zu bewundern, wusste er nicht mehr.

* * *

Margarete hatte ihr Portemonnaie gefunden und ging einkaufen. Sie hatte Zeit, denn außer Peterle wartete niemand auf sie. Margarete schätzte die reichen Einkaufsmöglichkeiten in der Südstadt. Sie hatte die Auswahl zwischen mehreren großen Supermärkten. Auch in die Stadt war es nicht weit. Dort holte Margarete an Markttagen frisches Obst und Gemüse aus der Region. Margarete war immer stolz auf ihre Stadt, wenn sie über die Neckarbrücke ging und die berühmte Neckarfront mit dem Hölderlinturm sah. Und auf dem Markt mit dem alten Rathaus fühlte sie sich in eine andere Zeit versetzt.

Aber jetzt kaufte sie in ihrem Lieblingssupermarkt in der Südstadt ein. Während sie so an den Regalen entlangschlenderte, ging ihr Frau Kapf nicht aus dem Sinn.

Die junge Frau war so empfindlich, so anfällig. Öfter mal war sie krank. Dann ging sie nicht aus dem Haus, machte noch nicht mal die Tür auf, wenn Margarete klingelte. Das konnte mehrere Tage so gehen. Und fröstelig war sie. Es kam sogar im Sommer vor, dass sie lange Ärmel trug. Dann hatte sie Ränder unter den Augen und war blass. In letzter Zeit war es Margarete aufgefallen, dass sie immer bleicher und elender aussah.

»Sie müssten mal zur Kur gehen«, sagte Margarete stets zu der Armen. »Das wird Ihnen gut tun. Sie müssen sich mal richtig aufpäppeln lassen.«

Doch Frau Kapf lächelte - nur mühsam, wie es schien - und schüttelte den Kopf. »Ich möchte meinen Mann nicht so lange allein lassen.«

»Dann nehmen Sie ihn eben mit. Das gibt es doch heute: Kurlaub.«

Aber Frau Kapf zog sich zurück in ihr Schneckenhaus. Trotzdem brachte Margarete ihr manchmal etwas Gesundes mit: seltene Südfrüchte, besonderen Fruchtsaft oder auch einmal Brottrunk. Frau Kapf bedankte sich immer artig, aber nicht überschwänglich. Sie war eben ein zurückhaltender Mensch.

Margarete kam an die Reformhausecke des Supermarkts. Wieder eine Gelegenheit, Frau Kapf etwas auszusuchen. Margarete prüfte sorgfältig das Warenangebot. Da – Pepsinwein, das war etwas. Das hatte ihre Mutter immer zur Herzstärkung eingenommen. Da konnte sie Frau Kapf gleich ein paar Geschichten von ihrer Mutter erzählen, wenn sie den Wein brachte. Vielleicht würde das die junge Frau dazu bringen, etwas aus sich herauszugehen und auch einmal ein bisschen von sich zu reden. Margarete hätte zu gern gewusst, wie die Kapfs sich kennen und lieben gelernt hatten.

***

Ulrich zog die letzten Schrauben fest und rollte die Sommerreifen in die Garagenecke. Er reckte sich zufrieden.

Nicht nur für sein handwerkliches Geschick hätte er zumindest Respekt von seiner Frau erwarten können. Doch der war schon lange ausgeblieben. Warum nur? Ulrich hatte sogar an Männergeschichten gedacht.

»Wehe, du schreist«, sagte er zu ihr, wenn er sie schlug. »Wenn du schreist, bring ich dich um!« Und sie presste Augen und Mund zu. Dafür schlug er sie nicht ins Gesicht.

Ulrich zuckte mit den Schultern. Selber Schuld hatte sie.

Gerne hätte er auch der Alten, der Nessel mal eine Abreibung verpasst. Einmal wäre er beinahe wenigstens an ihren Kater herangekommen. Den hatte sich seine Frau, um Freude zu haben, unerlaubt ausgeliehen. Er hatte versucht, ihn zu fangen, um ihm das Rückgrat zu brechen, doch kaum hatte er das Mistvieh am Schwanz gepackt, da ging seine Frau dazwischen. Der hatte er dann zur Strafe ordentlich das Handgelenk verdreht. Aber dann musste er doch zu der Alten gehen, um sie um Hilfe zu bitten, den Kater wieder einzufangen. Das würden ihm die Alte und das Katzenvieh noch büßen.

Ulrich öffnete den Kofferraum, um das Werkzeug wieder zu verstauen. Er sah auf die Leiche seiner Frau.

***

»Wieder von der Nessel, dieser alten Kuh?«, hatte er gefragt, als er aus dem Fitnessstudio nach Hause gekommen war und den Teller mit der verdammten Torte gesehen hatte.
»Ja«, hatte seine Frau geantwortet. »Schwäbische Rieslingtorte. Die ist bestimmt lecker.«
»Bäh. Dies widerlich klebrige Zeug immer von der. Wirf das sofort in den Müll.«
»Nein.«
»Was? Widerspruch? Diese alte Schwätzerin hetzt dich wohl gegen mich auf? Ich will nicht, dass du noch mal mit ihr sprichst.«
»Aber sie ist nett.«
»Verdammte Klatschbase. Diese blöden Nachbarn um uns herum nerven mich. Wenn ich geahnt hätte, dass ich hier beäugt und ausgehorcht werde wie auf dem Dorf, wäre ich nie hierhergezogen. Ich verbiete dir, noch mit irgendeinem von denen zu reden. Und jetzt wirf sofort den Kuchen in den Müll.«
Aber sie hatte plötzlich mit beiden Händen in die Torte gegriffen und sie sich in den Mund gestopft. Er war auf sie zugestürzt ...
Er hatte wohl aus Versehen zu fest oder zu viel zugeschlagen. Ein Unfall eben. Aber er wusste, dass die Polizei das anders sehen würde. Doch er kannte ein versteckt gelegenes Waldstück, das trotzdem gut mit dem Auto zu erreichen war. Seine Frau hatte dort in den letzten Wochen Pilze gesammelt. Auf Reifenspuren oder Erdrückstände im Profil würde er ja dank des gefrorenen Bodens nicht achten müssen. Er glaubte ohnehin nicht, dass die Polizei eine große Suchaktion starten würde. Schließlich war seine Frau kein Kind. Er würde einfach sagen, sie sei nicht vom Einkaufen zurückgekommen, und ein Koffer fehle. Er würde den geknickten und ratlosen Ehemann herauskehren. Solche Sachen kamen vor. Schauspielern konnte er ja gut. Und ohne Leiche konnten sie gar nichts machen.
Er starrte auf seine tote Frau. Miststück! Selbst jetzt musste sie ihm noch Ärger machen. Er würde eine Spitz-

hacke brauchen, um den Boden für ihr Grab aufzubrechen. Ulrich ballte die Faust. Am liebsten hätte er sie noch einmal geschlagen. Niemand konnte ihm etwas, niemand würde ihn stoppen.

Da ertönte hinter ihm ein Schrei. Die Flasche Pepsinwein zerschellte auf dem Boden. Peterle sprang aus Margaretes Armen Ulrich ins Genick und krallte sich laut fauchend in dessen Haare. Jetzt schrie auch Ulrich.

Die Fenster der Nachbarhäuser öffneten sich.

Schwäbische Rieslingtorte

Zutaten:
1 Tortenboden (selbstgebacken als Biskuit oder gekauft)
Für die Creme:
250 g Butter
125 g Zucker
4 Eigelb
4-5 EL Rum
40 Löffelbiskuits
½ l Riesling
1 EL Zucker
Verzierung:
½ l Sahne
1 Packung geröstete Mandeln

Zubereitung:
Creme herstellen: Butter mit Zucker schaumig rühren, Rum und Eigelb dazu. Tortenboden mit Creme bestreichen. Riesling mit Zucker aufkochen, abkühlen lassen. Löffelbiskuits darin drehen und auf den Tortenboden legen, Creme darüber streichen und nochmal eine Schicht Löffelbiskuit mit Creme darauf legen. Tortenbodendeckel obenauf. Sahne steif schlagen, Torte mit Sahne bestreichen, auch am Tortenrand. Mandelblättchen mit Zucker rösten und auf den Deckel streuen, mit Sahnetuffs verzieren.

FRIEDERIKE STEIN

Blutstreiflinge

Tübingen

»Da muss man etwas tun!«

»Allerdings!« Der Mann gegenüber bekräftigte seine Zustimmung mit einem Schlag der flachen Hand auf den Esstisch, dass die Biergläser zitterten.

»Wieviel Einbrüche waren das jetzt?«, fragte ein Dritter mit Bierbauch und Halbglatze und verzog missmutig das Gesicht, während er die Spielkarten in seiner Hand auffächerte.

»Drei«, sagte der Tischhauer und nahm ebenfalls seine Karten auf.

»Noi, vier, mit dem gestern«, sagte Hans, der Erste, und steckte zwei Karten in seiner Hand um. »Erwin, reich mir doch noch ein Weizen.«

»Vier Einbrüche in einem halben Jahr!«, empörte sich der Angesprochene, der mit dem Bierbauch, und legte seinen Kartenfächer umgedreht auf den Tisch. »Kristall oder Hefe?«

»In achteinhalb Monaten«, korrigierte Martin, der Jüngste der Runde, ohne von seinen Karten aufzusehen, die er sorgfältig eine hinter die andere schob. »Der erste war Anfang Februar, jetzt haben wir Mitte Oktober.«

»Ja, so halt«, brummte Erwin. »Was denn jetzt, Hans?«

»Hefe.«

»Ich hab neulich erst zur Lisbeth gesagt«, hub Gottfried an, wurde aber von Erwin unterbrochen, der noch einmal empört »Viere!« ausrief, und von einem gemurmelten »Scheißdreck« von Hans, dem das Hefeweizen aus der Flasche entgegenschäumte, halb auf den Tisch und halb auf die braune Cordhose.

»Und es waren nur versuchte Einbrüche«, berichtigte Martin noch einmal, schob seine Karten zusammen und fächerte sie akkurat wieder auf.

»Der vorletzte nicht«, sagte Hans und tupfte mit einem Taschentuch erst auf dem Tisch, dann auf seiner Hose herum.

»Und Schaden hat's trotzdem gegeben«, ergänzte Gottfried vorwurfsvoll und erhob sich behäbig. »Was meinst du, was mich der hier gekostet hat?« Mehrmals schlug er mit der flachen Hand gegen den Rahmen eines der Fenster, der sich frisch und hell von der übrigen Täfelung des Partyraums abhob.

»Kimmigs haben an die tausenddreihundert für ihre Kellertür gezahlt!«, sagte Erwin. »Nur für die Tür!«

»Ha, wenn man sich auch gleich eine Tresortür de luxe einbauen lässt!«, brummte Hans und warf den nassen Papiertaschentuchklumpen in das Glas, das als Tischmülleimer für die Kronkorken diente.

»Hätte ich auch gemacht«, sagte Gottfried, der sich wieder am Tisch niederließ, »wenn's bei mir eine Tür gewesen wär.«

»Und die Versicherung es zahlt, was?«

»Ich tät's auch«, stimmte Erwin zu. »Da ist man ja seines Lebens nicht sicher!« Mit einem tiefen Zug trank er sein Bier aus.

»Wo's versuchte Einbrüche gibt, gibt's auch bald gelungene«, warf Hermann ein, der beim Binokeln immer nur zuschaute. »Und das nächste Mal holt sich der Dieb nicht bloß Gartengeräte!«

»Wo Hermann recht hat, hat er recht«, sagte Hans und nickte.

Erwin nickte ebenfalls, sagte aber nichts, weil er sich gerade wieder zum Bierkasten hinüberbeugte.

»Das sagst du mal!« Gottfried schlug erneut auf die Tischplatte. »Lisbeth sagt, die Riegers Maline hätt neulich einen herumschleichen sehen, nachts.«

Erwin fuhr auf. »Wo?«

Er atmete heftig, wohl weniger wegen der Beobachtungen, die Maline Rieger gemacht hatte, als wegen der Anstrengung, ein Bier aus dem Kasten zu angeln, ohne dabei aufstehen zu müssen.

»Gleich hier nebenan, bei der Apfelwiese.«

»Da fragt man sich, was die Riegersche nachts bei der Apfelwiese zu tun hat«, sagte Hans und wischte eine biernasse Karte an seiner Hose ab. »Ist wohl wieder spät geworden in der Disko?«

»Maline spielt im Orchester!«, warf Martin ein, ohne von seinen Karten aufzublicken. »Sie hat abends oft noch Probe!«

»Wenn du es sagst«, brummte Hans, und Erwin, der endlich an das Bier gekommen war, kicherte.

Martins Faible für Maline war des Öfteren Ziel freundschaftlichen Spottes in der Runde.

»Da ist man sich ja seines Lebens nicht sicher!«, seufzte Erwin noch einmal. Gewarnt von Hans' Malheur, öffnete er die Flasche gleich über seinem Bierglas. Nur ein winziger Schaumklecks tropfte heraus.

»Da muss etwas getan werden!«, stellte Hans noch einmal fest. »So geht das nicht weiter!«

Alle nickten zustimmend, Martin ein wenig abwesend, den Blick fest auf die Karten geheftet.

»Früher«, erinnerte sich Gottfried, »wurde hier zweimal nachts Streife gegangen. Da gab's so was nicht.«

»Bis auf den Schweinediebstahl«, sagte Martin und blickte erstmals auf. »Davon hast du selber oft genug erzählt.«

»Und die Sache mit den Rimbergs«, sagte Erwin und musste husten, weil er das Glas zu hastig angesetzt hatte.

Der frisch eingesäte Rasen vor dem Rimbergschen Einfamilienhaus mit riesiger Terrasse und Glasfront statt Vorderwand hatte gerade zu keimen begonnen, da war bereits ein Kellerfenster aufgestemmt und die Stereoanlage, ein Ledermantel und Frau Rimbergs gesamter Schmuck gestohlen worden. Bis auf den, den sie an dem Abend zum Ausgehen getragen hatte, natürlich.

»Das war was ganz anderes«, sagte Gottfried. »Und nicht so oft wie jetzt.«

»Wir sollten nochmal mit Rudolf reden«, schlug Hans vor.

»Der kann da auch nichts machen«, sagte Erwin, ließ eine Karte fallen und nahm sie hastig wieder auf. »Ortsvorsteher hin oder her. Du weißt doch, dass er schon zweimal nach Stuttgart geschrieben hat, dass der Polizeiposten hier wieder besetzt wird!«

Er reichte Martin unaufgefordert noch ein Bier, das dieser aber ablehnte: »Ich muss noch fahren.«

»Vielleicht, wenn wir alle einen Brief aufsetzen und unterschreiben«, sagte Hans. »Vielleicht ...«

»Genau, eine Bürgerinitiative!«, sagte Martin und ließ seine Karten sinken.

Oder ein Brief an den Ministerpräsidenten, überlegten sie. Oder wenigstens an den Justizminister oder wer da eben zuständig war. Oder eben doch Gitter an alle Fenster, aber wer sollte das zahlen? Oder ...

»Nein, da muss man schon selber Streife gehen«, warf Hermann ein, aber alle protestierten, denn wo sollte das hinführen? Wer konnte sich das leisten, alle paar Nächte nicht zu schlafen? Und was, wenn die Einbrecher bewaffnet waren?

»Alarmanlagen«, schlug Erwin vor, vernetzte, er hatte gehört, dass es so etwas gab. Man musste natürlich Angebote einholen. Und einen Fond gründen.

»Fundraising«, sagte Hans und hob dabei den Zeigefinger, »dann wäre das auch bezahlbar. Also, auf jeden Fall muss da mal was getan werden!«

***

Hermann tat etwas. Er konnte ohnehin oft nicht schlafen, und so setzte er sich noch am selben Abend ans Fenster, von dem aus er tagsüber die Nachbarn beobachtete. Auch am folgenden Abend hielt er Wache und, nach kurzem Schläfchen, die Nacht darauf.

Ein Feldstecher lag immer griffbereit. Am Tag benutzte er ihn selten, aber sicher war sicher, fand er. Wieder einmal bereute er, sein altes Jagdgewehr verkauft zu haben, als die ganze Hysterie mit Kontrollen, Waffenschein und all dem losging. Er hätte ja niemanden erschießen wollen, aber ein Warnschuss dann und wann konnte nicht schaden.

Vier Nachbargrundstücke überblickte er von seinem Logenplatz im ersten Stock aus, dazu die Straße und den Zaun der benachbarten Apfelwiese. Aus dem Fenster der Kammer nebenan sah er die gesamte Wiese, bis auf das, was der Schuppen und der Holunderbusch auf seinem eigenen Grundstück verdeckten.

Gern schaute er nicht dort hinaus. Eine Schande war das, wie die Äpfel unter den Bäumen verfaulten. Dem alten Meinegger seine Erben kamen zwar manchmal, um sich eine Klappkiste voll zu holen. Dann konnten auch Nachbarn gerne zugreifen. Aber den Schlüssel zum Zauntor gaben sie Hermann nicht, obwohl er das schon mehrmals vorgeschlagen hatte.

Ein Maschendrahtzaun umgab die Wiese, darüber war Stacheldraht gespannt. Der alte Meinegger hatte noch von der Landwirtschaft gelebt, auch von den Äpfeln, und es sich nicht leisten können, immer mehr an Selbstbediener aus der Stadt zu verlieren. Nach der Ernte hatte es immer Most für die Helfer gegeben, dazu Leberkäswecken. Er, Hermann, war noch bis zuletzt selber dabei gewesen. Immer hatte er alte Wecken und angeschlagene Äpfel mitnehmen dürfen, da gab's dann tagelang »Ofaschlupfa« mit Milch. Bis Änne, seine Frau, starb. Er selbst bekam den Apfelauflauf nicht so recht hin, jedenfalls schmeckte er ihm nicht mehr, mit nur einem Teller auf dem Tisch und bloß H-Milch dazu.

Dann war der alte Meinegger ebenfalls gestorben, der Hof verkauft worden, ein Teil der Felder gehörte jetzt zum Neubaugebiet. Nur die Apfelwiese hatten die Erben behalten, anfangs auch immer noch zu pflegen versucht, mit herumtollenden Kindern und Picknick und Schneidwerkzeug, das für Rosen taugte, aber nicht für alte Apfelbäume. Blutstreiflinge, fiel ihm ein, Öhringer Blutstreiflinge. Eine schöne alte Sorte. Im dritten oder vierten Jahr waren die Sommerfrischler jedenfalls ausgeblieben, so eine Obstwiese machte eben doch mehr Arbeit als Spaß. Und jetzt verfaulte das meiste Obst unter den Bäumen und nährte die Wespen.

War da nicht was? Unter dem linken Baum? Hermann schaute durch den Feldstecher, was in der Dunkelheit nicht viel half. Etwas schlüpfte unterm Zaun durch und lief über die Straße. Eine Katze.

***

Noch jemand anderes beobachtete die alte Obstwiese in dieser Nacht. Er wusste nichts von den Diskussionen drei Tage zuvor oder dem Brief nach Stuttgart mit der Bitte um mehr Polizeipräsenz, über dem die Binokelrunde seit zwei Tagen brütete. Ganz und gar nichts ahnte er von dem Beobachter am unbeleuchteten Fenster schräg gegenüber. Er wartete, bis er den letzten Bus weiterfahren hörte, zog dicke Socken, Turnschuhe und Parka an. Die Nächte waren schon richtig kalt, nein, wie hieß das hier? Frisch.

Schefflers, seine Vermieter, sahen fern, wie immer recht laut. Auch in anderen Fenstern flackerten die Lichter von Late-Night-Shows oder Actionthrillern. Ein anderer Mann schlenderte die Straße entlang, schwer atmend, nicht allzu gut zu Fuß. Seltsam, dachte der Mann im Parka, so spät noch? Vielleicht einer, der Streit mit seiner Frau hatte und dem Wortwechsel entflohen war. Er wich in den Hauseingang zurück, wartete, bis der nächtliche Spaziergänger vorüber war.

Früher, als der Vorort noch Dorf gewesen war, hatte es auch eine Gaststätte gegeben und ein Haus für den Sportverein. So hatten es ihm die Schefflers erzählt. Da war nachts mehr los gewesen. Im »Hirschen« wohnte jetzt einer aus der IT-Branche mit Familie, alles umgebaut, modernisiert, »aber richtig schee«, wie Frau Scheffler sagte. Das Vereinshaus war dem Neubaugebiet gewichen. Kartenspielrunden und der kleine Startrek-Club trafen sich privat, wer ausgehen wollte, fuhr nach Tübingen. Heute zum Beispiel gab es dort gleich drei Veranstaltungen: ein Konzert in der Neuen Aula, eine Dichterlesung im Uhlandturm und einen »Full Moon Dance« im Sudhaus.

Eine Katze strich am Zaun vorbei, miaute den im Hauseingang Wartenden an und lief weiter. Auch der Spaziergänger war fort. Der Weg war frei.

* * *

Hermann schrak auf. Er war eingenickt und sein Ellenbogen vom Fensterbrett gerutscht. Straße und Gärten lagen still unter ihm in der Dunkelheit. Bald sank sein Kopf auf den Feldstecher, und er begann leise zu schnarchen. Er sah nicht den Schatten in den Schatten, viel größer als eine Katze, auch nicht den dünnen Stablampenstrahl, der die Umgebung abtastete und gleich wieder erlosch. Ohne aufzuwachen, bettete Hermann seinen Kopf auf den Arm, das Schnarchen verstummte. Kurz darauf fing er im Traum leise an zu schmatzen.

* * *

Das ferne Zuknallen einer Autotür alarmierte den Mann in den Schatten. Zeit, den Rückzug anzutreten. Er hatte ohnehin mehr als genug ergattert, vor ihm lagen Wiese, Zaun und Straße, und das mit vollen Taschen. Die er absetzen musste, um im Strahl der Stablampe die richtige Stelle zu finden, wo der Stacheldraht durchschnitten war. Und dann noch einmal, um die Drahtenden wieder zu verbinden, damit es nicht auffiel. Stöckelschuhe klapperten durchs Dorf. Noch jemand um diese Zeit unterwegs, noch dazu eine Frau?

* * *

Diesmal sah Hermann den schmalen Lichtkegel der Stablampe. Er schlief nie lange an einem Stück, und hätte ihn jemand gefragt, hätte er geschworen, gar nicht eingeschlafen zu sein.

Anrufen, dachte er. Aber wen? Um diese Zeit? Bis dahin war der Verbrecher auch schon über alle Berge. Jetzt das Jagdgewehr noch haben! Vorsichtig öffnete er das Fenster.

Eine Frau schrie, schrill und kurz. Dann ein hohes »Hmmm! Hmmm!«, als hielte ihr jemand den Mund zu. Dann: »Du Schwein! Hau ab! Du Schwein!«

»Stehen bleiben oder ich schieße!«, brüllte Hermann aus dem Fenster, hustete und rief noch einmal: »Ich schieße!«

Dabei hielt er den Feldstecher wie ein Gewehr, meinte, den langen Lauf und den Kolben zu spüren, und hätte das Fernglas beinahe fallen lassen, weil es kein Widerlager an seiner Wange fand.

In der Nachbarschaft gingen Fenster auf. »Was ist los?!«

»Ruhe!«

»Brauchet Se Hilfe?«

Und von ferner her: »Maline!«

Martin, dachte Hermann, das war doch Martin?

Männer rannten die Straße entlang, einer her, einer weg, einer aus dem Nachbarhaus in den Garten.

»Robert, pass auf!«, schrie seine Frau hinter ihm her. Den Geräuschen nach liefen aber noch andere herum, auf der Straße, durch einen Garten, durch ein Gebüsch.

Auch von jenseits der Obstwiese kam jetzt jemand aus dem Haus, Schefflers Lisbeth, mit einem Schrubber, den sie zum Schlag hochriss, als aus dem Garten gegenüber Licht von einem Strahler über die Szene flutete. Plastik knisterte, Dinge kollerten zu Boden.

»Stehen bleiben! Ich schieße!«, brüllte Hermann noch einmal. So schnell kam er gar nicht die Treppe hinunter, besser, er blieb am Fenster.

»Ich hab ihn!«, brüllte jemand anderes. Hermann erkannte Erwin. Tüchtig, das hätte er dem behäbigen Kameraden gar nicht zugetraut, dass er einen Verbrecher fing.

* * *

Der Erwischte, ein junger dunkelhaariger Mann in Parka, hatte die Hände gehoben und war vor Erwin an den Maschenzaun des Obstgartens zurückgewichen. Er hatte zwei Plastiktüten fallen lassen, eine war gerissen, daneben lag eine Stablampe, und überall lagen Äpfel am Boden.

Lisbeth hielt den Mann mit dem Schrubber in Schach. Erwin hob die Hände und machte eine beschwichtigende Geste, wie er es tat, wenn die Binokelrunde zu laut wurde. Als Polizist hätte er gewusst, was zu tun war: dem Verbrecher die Arme auf den Rücken drehen, ihn ans nächste Auto schubsen. Oder eben an den Zaun, auch gut. Durchsuchen, Handschellen, Sie-sind-verhaftet. Aber was machte man als einfacher Bürger?

»Ha, sind Sie des?«, rief Lisbeth.

Erwin drehte sich verwirrt um. »Ha-noi, Lisbeth, i bin's, der Erwin. I dacht, i lauf a weng Streife ...«

Er war aber gar nicht gemeint, sondern der Kerl am Zaun, der immer noch die Hände erhoben hielt.

»Herr Jantschek!«, rief Lisbeth. »Ha, das henn i net denkt! Dass Sie ...«

Robert, der Nachbar von jenseits der Straße, der für das Licht gesorgt hatte, kam jetzt ebenfalls. »Haben Sie ihn?«

»Ja«, sagte Erwin, »ja, glaub scho'.«

»Noi! Von Ihne henn i das net denkt, Herr Jantschek!«, ließ sich Lisbeth erneut hören. Sie senkte den Schrubber.

»Was ist los?«, rief von schräg hinten eine Frau aus dem Fenster. »Soll man die Polizei rufen?«

»Nicht Polizei!«, meldete sich erstmals der Gestellte, mit eindeutig ausländischem Zungenschlag. Polnisch, dachte Erwin. »Ich zahl auch ...«

»Ha, so einfach kommet Sie hier nicht davon!«

»... Herr Jantschek!«

»Ist das der Einbrecher?«, rief die Frau aus dem Fenster.

»... gleich abliefern!«

Handytasten piepten. »Ja, hier Meierhoff. Spreche ich mit der Polizei? Ja, hier ...« Robert, das Handy am Ohr, ging ein Stück beiseite.

»So a netter junger Maa, henn i immer denkt!«

»Die Epfel ...«, sagte der Gestellte leise. »Die scheenen Epfel ...«

»Die Polizei kommt gleich!«, rief Robert den Versammelten zu.

Wieder das Klappern von Stöckelschuhen, langsamer jetzt. Eine junge Frau mit zerzaustem Haar und Anorak über langem Abendkleid kam heran, einen Geigenkasten fest an ihre Brust gedrückt, geführt von einem jungen Mann. Erwin erkannte Riegers Maline und ...

»Martin!«, rief er. »Was machscht denn du hier?«

Malines Begleiter stockte, zwinkerte im hellen Schein der Gartenlampe, schaute auf die Äpfel am Boden, auf die Frau mit dem Schrubber, auf Erwin, auf den Gestellten.

»Hallo«, grüßte er unsicher, erkannte seinen Binokel-Kollegen und setzte ein »Erwin« hinzu. »Ist es der?« Er wies auf den Mann am Zaun. »Maline, ist es der?«

Er führte seine Begleiterin ein paar Schritte näher heran.

Die junge Frau schüttelte den Kopf, stutzte und schaute noch einmal genauer auf den Mann, der immer noch mit erhobenen Händen da stand. »Karel?«, fragte sie verblüfft.

»Fraulein Maline!«, rief der junge Mann, ließ die Arme ein Stück sinken und machte einen Schritt auf sie zu. »Helfen Sie mir ...!«

Erwin versuchte ihn aufzuhalten, verlor aber auf den zertretenen Äpfeln den Halt. Mit einer Hand griff er in die Luft, mit der anderen krallte er sich an Karels Parka fest, und beide gingen zu Boden.

***

Als fünfunddreißig Minuten später mit Blaulicht die Polizei eintraf, durchforsteten Anwohner bereits die Gärten, um den wahren Übeltäter zur Strecke zu bringen. Andere standen noch immer im Flutlicht des Gartenstrahlers beisammen und besprachen das Geschehen. Inmitten zertretener Äpfel lag die zerrissene Plastiktüte.

Hermann hatte es mitsamt seinem Feldstecher endlich ebenfalls auf die Straße geschafft und den Gestellten als den Mieter von Scheffler Gottfried und Lisbeth identifiziert: Karel Jantschek, Pole.

»Tscheche!«, hatten Karel und Maline fast gleichzeitig protestiert. Als ob das so ein Unterschied sei.

Lisbeth hatte alle zu sich ins Haus gelotst, wo ihr Mann im Morgenmantel herumschlurfte und Zwetschenwasser anbot.

»Oder lieber ein Mirabell? Ich hätt auch ein Mirabell. Erwin? Martin?«

»Noi, noi. Zwetsch ist gut.« Erwin hinkte zu einem Stuhl und ließ sich darauf fallen.

»Mir auch«, sagte Maline leise, immer noch den Geigenkasten an sich gedrückt.

Sie leerte zwei Stumpen, bevor sie sich von Martin, der nicht von ihrer Seite wich, den Geigenkasten abnehmen ließ und den Anorak auszog. Dann leerte sie noch einen dritten, aber mehr auf den Tisch als die Kehle hinunter, weil sie so heftig zitterte.

»Sollen wir einen Arzt kommen lassen?«, fragte Martin.

Maline schüttelte den Kopf. »Geht schon«, flüsterte sie und ließ sich von Martin den Anorak wieder um die Schultern legen.

Ein Kratzer im Gesicht, ein blauer Fleck am Handgelenk; Schlimmeres hatte wahrscheinlich Martin verhindert. Er hatte sie vom Konzert mitgenommen und hätte sie auch vor die Haustür gefahren, wenn sie nicht darauf bestanden hätte, das letzte Stück zu laufen. In der Garage fand er Malines Schal noch auf dem Sitz liegen, ein willkommener Grund, hinter ihr herzugehen.

Maline war noch ganz in die Musik versunken gewesen und hätte sich daher nicht viel gedacht, als sie jemanden sah, der sich bei Warneckes in den Hauseingang drückte. Oder vielmehr, sie hatte gedacht, es sei der junge Warnecke, der ja manchmal, nun ja ...

»Besoffen heimkommt«, sprach Erwin aus, was ohnehin alle wussten.

»Ich glaube, ich habe ihn gefragt, was er da macht, oder ob ich helfen soll oder so was«, sagte Maline.

Da habe der Mann – ganz sicher nicht der junge Warnecke, aber noch viel weniger Karel – sie gepackt und ihr den

Mund zugehalten. Sie hatte ihn gebissen und um sich getreten, dann war jemand angelaufen gekommen – Martin –, und der Fremde hatte sie weggestoßen und war davongerannt.

Martin hatte sich sofort um Maline, weniger um den Angreifer gekümmert. Er hatte nur noch gesehen, dass er in Richtung Apfelwiese floh. Als er den Ruf »Ich hab ihn!« hörte, hatte er Maline gleich hingeführt, zwecks Identifizierung. Aber der Herr Jantschek – dabei musterte er den jungen Tschechen, der sich die Hand hielt, misstrauisch – sei es ja offenbar nicht gewesen.

Maline schüttelte heftig den Kopf. »Nein, Karel war's nicht. Ich kenne ihn von Jimmys Musiklädle. Er ist da Verkäufer.« Sie lächelte dem Tschechen zu.

»Was habet Sie denn überhaupt gemacht, da draußen?«, fragte Lisbeth ihren Mieter.

»Ein Apfeldieb!«, mischte sich Hermann ein. »Er hat Äpfel gestohlen!«

»Ja, Epfel«, gab der Beschuldigte zu. »Sind so scheen. Ich seh aus meinem Fenster«, er deutete nach oben. »Bisschen gelb, viel rot. So scheen! Fallen runter und werden schlecht. Und ich hab gehabt so Lust auf Epfelbaba und gedacht: ist so schade um Epfel!«

»Wo er recht hat, hat er recht«, stimmte Erwin zu, während Lisbeth unwillkürlich nickte.

»Was ist Baba?«, fragte Maline. »Apfelmus?«

»Nicht Mus!«, sagte Karel und schüttelte heftig den Kopf. »Ist wie ... Also, macht man aus Epfel und Weckle, Milch, Ei und Zucker. Und Rosinky ... weiß nicht, wie man nennt. Was man macht in Weihnachtskuchen. Aber eins übers andere.« Mit den flachen Händen zeigte er das Schichten der Zutaten. »Dann backen, dann mit Milch ...«

»Ofaschlupfa!«, entfuhr es Hermann, der immer noch sein Fernglas umklammerte.

»Schlupfer?«, fragte Karel misstrauisch. »Nicht Schlupfer. Hat mein Babitschka immer gemacht, mein Großmutter! War sehr anständige Frau! Nicht mit ... so was!«

Einen Moment lang schwiegen alle verwirrt, dann lachten Erwin und Maline gleichzeitig los.

»Nicht Schlüpfer!«, rief Maline und schrie fast vor Lachen und nachlassender Anspannung. »Schlupfer! Wie schlupfen! Kriechen! Ofenkriecher!«

»Kriecht in Ofen?«, fragte Karel zögernd. »Ja, das schon. Und kriecht wieder raus. Dann ist gut.«

»Mit Milch?«, fragte Hermann.

Karel nickte. »Mit Vanilka. Aber nicht Soße. Gute Milch mit Vanilka.«

»Ja«, sagte Hermann, »so ist er am besten.«

* * *

Der Einbrecher, der von Maline überrascht worden war und sie angegriffen hatte, wurde in dieser Nacht nicht mehr gestellt. Immerhin hatte jemand mitbekommen, dass er mit einem Moped davongefahren war, und vor dem Haus der Werneckes lag noch ein Stemmeisen.

Als die Polizei bei der leicht angeheiterten Runde im Haus der Schefflers eintraf, war vom Apfeldiebstahl keine Rede mehr. Stattdessen diskutierte man über Zeit und Ort der großen Probe, die Karel Jantschek abzulegen hatte: ob der Apfelbaba seiner Großmutter dem Ofenschlupfer der seligen Änne ebenbürtig war.

Ofenschlupfer

Zutaten für vier Personen:
4 alte Weckle (oder entsprechend Weißbrot)
500 g Äpfel
50 g Butter
70 – 100 g Rosinen
1/2 l Milch
2 Eier
50 g Zucker
2 EL Semmelbrösel

Zubereitung:
Weckle in dünne Scheiben schneiden.
Äpfel schälen, Kerngehäuse entfernen, Fruchtfleisch in kleine Stücke schneiden.
Auflaufform mit der Hälfte der Butter einfetten, mit einem Teil der Wecklescheiben auslegen. Darauf eine Schicht Apfelstücke und Rosinen geben. Schichtung ggf. wiederholen. Die letzte Schicht sollen Wecklescheiben bilden.
Milch, Eier und Zucker verquirlen, über den Auflauf gießen. Semmelbrösel darüber streuen, restliche Butter in Flöckchen darauf verteilen.
Bei 210 Grad etwa 1 Stunde backen. Das Ei-Milch-Gemisch muss gut gestockt, der Auflauf leicht gebräunt sein.
Dazu Vanillesoße oder Milch mit Vanillezucker reichen.
Man kann auch Vollkornbrötchen verwenden und die Rosinen weglassen.

Michael Wanner

Kalt gestellt

Tübingen

Elisabeth Bäuerle hatte die Haustür kaum geöffnet, als ihr die fünfjährige Anna-Lena stürmisch um den Hals fiel.
»Hallo, Oma!«
Sie drückte Elisabeth Küsschen auf beide Wangen und schnupperte dann genießerisch.
»Oma! Hast du deine tollen Springerle im Ofen?«
Elisabeth nickte. »Als ob ich geahnt hätte, dass mein kleiner Schatz mich heute besuchen kommt.«
»Super! Sind sie bald fertig?«
»Ja, Anna-Lena. Es dauert bestimmt nicht mehr lange.«
Elisabeth wandte sich an ihre Tochter, die in der offenen Tür stehen geblieben war. »Sybille, komm schnell rein! Damit ich endlich die Tür wieder zumachen kann!«
Elisabeth Bäuerle mochte es, wenn es im ganzen Haus mollig warm war. Ein Zustand, der im Moment nur mit größerem Aufwand zu erreichen war. Seit fast zwei Wochen hatte der Winter ganz Baden-Württemberg fest im Griff. Nachts zeigte das Thermometer bis zu minus 18 Grad, und auch tagsüber blieben die Temperaturen deutlich unter dem Gefrierpunkt. Aber Elisabeth sorgte dafür, dass immer genügend Holz vor den Öfen bereit lag, auch wenn sie jedes einzelne Scheit mühsam vom Schuppen neben dem Haus hereintragen musste. Eigentlich wäre ihrer Ansicht nach das Herbeischaffen des Holzes ja Ludwigs Aufgabe gewesen. Aber irgendwie schaffte der Mann, mit dem Elisabeth seit acht Jahren zusammenlebte, es immer wieder, sich vor dieser schweißtreibenden Arbeit zu drücken.
Sybille sog gierig den Duft der Springerle ein, während sie den beiden anderen ins Wohnzimmer folgte. Auf den ersten Blick sah dieses Wohnzimmer aus wie tausend andere. Die Einrichtung bestand aus einer cremefarbigen Sitzgruppe mit einem kleinen Tisch, auf dem ein Advents-

kranz stand, einem großen Flachbildschirm, sowie einem weiteren Tisch mit vier Stühlen. Dort allerdings, wo man eine der üblichen Schrankwände erwartet hätte, erstreckte sich über die gesamte Länge des Raumes ein Terrarium. Mehrere dicke, abgestorbene Äste, die aus dem mit Mulch bedeckten Boden herausragten, zahlreiche Farne, einige größere, teils runde, teils plattenförmige Steine, sowie je eine große Schale für Futter und Wasser ließen an eine tropische Landschaft denken.

Anna-Lena lief eifrig zur die Glasscheibe und blickte hinein.

»Wo ist Hansi?«, fragte sie. Statt einer Antwort kam ihre Großmutter auf sie zu und nahm sie in die Arme.

»Hansi ist gestorben.« Elisabeths Stimme klang brüchig. Offensichtlich musste sie sich beherrschen, um vor ihrer Enkelin nicht in Tränen auszubrechen. Neben Ludwig war Hansi das Wesen, um das sie sich jeden Tag hatte kümmern können, nachdem Sybille vor zehn Jahren endgültig ausgezogen war. »Er ist abgehauen. Nach zwei Tagen habe ich ihn gefunden. Im Garten. Erfroren.«

»Ist er jetzt im Leguanhimmel?«, erkundigte sich Anna-Lena leise.

»Ja, Anna-Lena, das ist er. Ganz bestimmt.«

»Dann hat er ja jetzt viel mehr Platz und kann endlich richtig rumtoben.«

Sybille war froh, dass Anna-Lena so unbefangen mit Hansis Ableben umgehen konnte. Sie wartete trotzdem noch einige Augenblicke, bevor sie sich an ihre Mutter wandte.

»Kann Anna-Lena vielleicht rauf in dein Zimmer? Zum Fernsehen?«

Anna-Lena glaubte, nicht richtig gehört zu haben. Zuhause musste sie schon nachmittags um jede Minute vor dem TV-Gerät kämpfen. Und jetzt, am frühen Abend, durfte sie plötzlich? Ohne auch nur gefragt zu haben? Auch Elisabeth zeigte sich überrascht. »Ja ... von mir aus gerne. Aber du bist doch sonst so strikt dagegen, dass Anna-Lena ...«

»Mutter! Bitte!« Sybilles verschwörerischer Blick ließ Elisabeth verstummen.

»Also gut, Anna-Lena. Geh rauf. Aber lass um Gottes willen die Finger von den blauen Dragees, die in dem kleinen weißen Döschen mit den gemalten Rosen liegen. Das sind keine Bonbons. Hörst du, Anna-Lena? Das sind Schlaftabletten!

»Ja, Oma«, beeilte sich Anna-Lena zu antworten. Sie wollte aus dem Zimmer sein, bevor ihre Mutter es sich anders überlegte. »Und bleib vor allem in meinem Zimmer!«, mahnte Elisabeth weiter. »Komm bloß nicht auf die Idee, auf der Bühne in den Säcken mit meinen alten Kleidern zu wühlen! Wie du das sonst so gerne machst. Du holst dir den Tod bei den Temperaturen dort oben!«

»Kein Problem, Oma.«

Als Anna-Lena außer Hörweite war, sah Elisabeth ihrer Tochter in die Augen. »Also? Was ist los? Was soll Anna-Lena nicht hören?«

»Kai hat seit zwei Monaten eine Freundin und will sich so schnell wie möglich scheiden lassen!«

»Gratuliere. Das müssen wir feiern!«

»Stimmt! Ich bin wirklich heilfroh, wenn ich ihn endlich und für immer los bin. Es gibt da ...« Sybille zuckte mit den Schultern und machte eine kleine Pause, »... nur ein winzig kleines Problem.«

»Was für ein Problem soll es geben, wenn du diesen Trauerkloß nicht länger auf deinem Sofa sitzen hast?«, fragte Elisabeth, als Sybille nicht weiterredete.

»Anna-Lena. Er will unbedingt das Sorgerecht.«

»Wenn es weiter nichts ist. Ich will auch viel, wenn der Tag lang ist.«

»Na ja ...« »Wie man's nimmt. Seine neue Tussi wird den lieben langen Tag nichts anderes tun als Däumchen drehen. Sie hätte alle Zeit der Welt, sich um Anna-Lena zu kümmern. Ich dagegen muss oft genug zehn, elf Stunden am Tag arbeiten.«

»Na und? Alle eure Nachbarn haben einen Narren an Anna-Lena gefressen. Da kann sie überall jederzeit hingehen. Und außerdem: Die Familiengerichte geben die Kinder doch sowieso immer der Mutter.«

»Nicht, wenn der Richter der Busenfreund des Vaters ist. Kai kennt den zuständigen Typen seit dem Jurastudium. Da habe ich mit Sicherheit ganz miserable Karten.«

»Wie sieht der Richter aus?«

»Wie? ,Wie sieht der Richter aus?'«

»Na ja, ist er wenigstens einigermaßen attraktiv?«

»Definitiv nein!«

»Fang trotzdem ein Verhältnis mit ihm an! Seiner Geliebten wird er kaum das Kind wegnehmen.«

»Mama!«

»Meine Güte! Stell dich doch nicht so an! Und außergewöhnliche Situationen erfordern außergewöhnliche Maßnahmen.«

»Ich weiß nicht ... nein ... ich meine ... glaub mir, er sieht genauso aus, wie alles, was er je zu unserer Unterhaltung beigetragen hat: ster-bens-lang-wei-lig.«

»Du willst Anna-Lena behalten. Oder etwa nicht? Natürlich willst du! Also: Es reicht ja völlig, wenn du ihn bei Laune hältst, bis er entschieden hat, dass das Kind bei dir bleibt.«

»Vielleicht hast du recht. Wenn ich Anna-Lena haben will, darf ich mich nicht hinsetzen und Däumchen drehen. Es muss etwas geschehen!«

Statt einer Antwort schlug Elisabeth sich mit der rechten Hand gegen ihre Stirn. »Allmächtiger, ich habe meine Springerle vergessen!« Mit einer Geschwindigkeit, die ihr Sybille nicht mehr zugetraut hätte, verschwand Elisabeth in der Küche. Kurz darauf erschien sie mit einem heißen Blech, auf dem die kleinen, blassgelben Schmuckstücke in Reih' und Glied lagen.

»Na, was sagst du? Sehen die nicht prächtig aus?«

»Ja, ja ... prächtig ...« Sybille starrte auf die leicht gelbliche Oberfläche des Gebäcks. »Sag mal ...«, begann sie nach einer kurzen Pause, »... Springerle müssen doch vor dem Backen eine Nacht lang getrocknet werden?

»Ja, schon ...«

»Und dazu bringst du sie auf den Dachboden?«
»Ja, natürlich. Aber was soll ...«
»Dort ist es ziemlich kalt, nicht wahr?«
Elisabeth schüttelte verständnislos den Kopf.
»Ich meine, ... wenn jemand längere Zeit ... oder sagen wir einmal ganz lange Zeit da oben bleibt ... ich meine, wenn es so kalt ist wie jetzt gerade ... was passiert dann?«
»Das Dach ist überhaupt nicht isoliert. Nur der Boden nach unten wurde gedämmt. Wer sich da oben lange genug aufhält, wird mit Sicherheit erfrie... Sybille?! Was hast du vor?!«
Sybille ließ sich nicht beirren. »Die Tür zum Dachboden ist doch massiv Eiche?«
»Ja, schon. Aber ...«
»Und als ihr im obersten Stockwerk noch eure Mieter hattet, war sie mit einem sehr soliden Vorhängeschloss versehen? Gibt es dieses Schloss noch?«
»Ja. Wir haben es nach dem Auszug der Mieter zwar nicht mehr benutzt. Aber es hängt immer noch an seinem Platz.«
»Perfekt! Wenn man die Tür also zusätzlich mit dem Schloss sichern würde, könnte sie doch niemand vom Dachboden aus wieder öffnen, oder?«
»Sybille, das kannst du nicht machen!«
»Wieso nicht? Dein Haus steht am Waldrand. Es ist drei Stockwerke hoch. Und weit genug weg von den Nachbarn. Kein Mensch würde etwas hören. Selbst wenn sich jemand längere Zeit die Lunge aus dem Leib brüllt. Wir müssten nur die Wäscheleine verschwinden lassen. Damit er sich nicht abseilen kann.«
»Das wäre nicht einmal nötig. Die habe ich schon vor ein paar Tagen heruntergeholt.« Elisabeths Gesicht nahm plötzlich einen entschlossenen Ausdruck an. »Aber was rede ich denn da?! Wir können Kai doch nicht ...«
»Mama!«, unterbrach Sybille. »Willst du, dass ich Anna-Lena einmal im Monat für einen halben Tag sehen darf? Und wie oft, glaubst du, wird sie noch hierher dürfen? Wenn Kai allein darüber zu bestimmen hat?«

Elisabeth antwortete nicht. Aber es war ihr anzusehen, dass sie einen schweren Kampf mit sich selbst ausfocht. »Nein und nochmal nein!«, warf sie ihrer Tochter schließlich entgegen.

»Mama, stell es dir vor! Du bist bei ihrer Einschulung nicht dabei. Du siehst sie nicht in ihrem Kommunionskleidchen. Beim ersten Liebeskummer kannst du sie nicht in den Arm nehmen. Und ihr Abi-Ball findet ohne dich statt. Ist es das, was du willst?

Elisabeth starrte regungslos in die Luft.

»Sag: Ist es das?«, insistierte Sybille lautstark.

Elisabeth antwortete immer noch nicht. Sybille überlegte gerade, wie sie ihre Mutter vielleicht doch noch umstimmen könnte, als Elisabeth hörbar ausatmete, ihre Wirbelsäule durchdrückte und den Kopf hochnahm. »Wie kriegen wir Kai dazu, auf die Bühne zu steigen?«, fragte sie in dem Tonfall, in dem sie sich danach erkundigt hätte, wie eine neue Sorte Weihnachtsplätzchen am besten zu backen sei.

»Das überlege ich auch schon die ganze Zeit«, antwortete Sybille erleichtert. »Freiwillig wird er da auf gar keinen Fall raufgehen.«

Die beiden Frauen schwiegen längere Zeit. Dann meldete sich Sybille erneut zu Wort. »War da nicht vorher die Rede von Schlaftabletten?«

»Du meinst ...«

»Ich rufe ihn an und erzähle, Anna-Lena sei etwas passiert. Er wird sofort alles stehen und liegen lassen und hierherfahren. Dann sagen wir, dass wir nicht weg können, weil wir auf einen Anruf des Krankenhauses warten.«

»Und du machst ihm eine Tasse von seinem Lieblingstee ...«

»... in der ich die Tabletten auflöse. Und viel Zucker, damit er keinen Verdacht schöpft.«

»Dann müssen wir ihn nur noch zusammen nach oben schleppen, das Vorhängeschloss einschnappen lassen und abwarten.«

»Was ist mit Anna-Lena? Wenn sie etwas mitbekommt ...«

»Ausgeschlossen! Wenn die vorm Fernsehapparat sitzt, kann unmittelbar daneben eine Bombe platzen, ohne dass sie es auch nur bemerken würde. Wenn sie nicht ohnehin längst eingeschlafen ist.«

Elisabeth nickte zustimmend.

»Aber Ludwig«, fuhr Sybille fort. »Das könnte ein Problem sein.«

Nach dem frühen Tod von Sybilles Vater war Elisabeth lange Zeit allein geblieben. Erst vor sechs Jahren hatte sie Ludwig kennengelernt. Zwei weitere Jahre hatte es gedauert, bis er bei ihr eingezogen war.

»Nein. Ludwig ist kein Thema«, widersprach Elisabeth. »Der ist … ja, ich weiß gar nicht genau, wo. Einer von seinen Kumpels hat ihn abgeholt. Kurz bevor ihr gekommen seid. Sie wollten sich ein Spiel anschauen. Fußball. Handball. Was weiß ich! Danach gehen sie immer noch einen trinken. Das dauert. Wir sind ungestört.«

»Na dann … beginnen wir mit der Aktion ›Sorgerecht für Anna-Lena‹!« Sybille nahm ihr Handy aus der Handtasche und drückte die Kurzwahltaste für Kais Anschluss.

***

Mit vereinten Kräften gelang es Mutter und Tochter, den tief und fest schlafenden Kai an Anna-Lena vorbei auf den Dachboden zu hieven. Seine Kleider lagen gut versteckt in Elisabeths Wäscheschrank. Sie hatte vorgeschlagen, ihn sicherheitshalber bis auf die Unterwäsche auszuziehen.

»Komm, wir legen ihn dahin«, schlug Elisabeth vor und deutete auf die linke Dachschräge.

»Unsinn«, erwiderte Sybille und begann bereits, den riesigen Karton zur Seite schieben, der vor der gegenüberliegenden Schräge stand. »Hier ist doch der perfekte Platz. Da sieht man nur etwas, wenn man das schwere Monstrum beiseiteschiebt. Und das macht freiwillig doch kein Mensch!«

Elisabeth protestierte heftig: »Nein! Nicht dahin! Auf keinen Fall!«

»Warum nicht?«, erkundigte sich Sybille erstaunt und schob weiter. Sekundenbruchteile später stieß sie einen markerschütternden Schrei aus. »Mama, da liegt schon einer!«

Unter der Dachschräge kauerte ein Mann. Bekleidet war er lediglich mit einer dünnen Jogginghose und einem Feinrippunterhemd. In seinem Haar sowie auf den Armen glänzten Eiskristalle. Sybille konnte ihren Blick nicht abwenden. Es dauerte nur kurz, bis sie begriffen hatte, wer da vor ihr lag. »Mama, das ist ... das ist ja Ludwig!«

Elisabeth hielt sich an einem Dachbalken fest. Sybille blickte sie fassungslos an.

»Guck nicht so! Glaub mir: Ich konnte einfach nicht mehr. Seit ich ihn kennengelernt habe, mäkelt er Jahr für Jahr an meinen Springerle herum! Zu hart. Zu weich. Zu flach. Zu hoch. Zu süß. Nicht süß genug. Es war kaum auszuhalten! Und dann ...« Wieder musste Elisabeth mit den Tränen kämpfen. »Das mit Hansi. Ludwig ... er hat es ... mit Absicht getan«, wisperte sie kaum noch hörbar. »Ließ das Terrarium und die Terrassentür mit Absicht offen. Ludwig wusste nämlich ganz genau, wie sehr ich an dem Tier hing. Und wie entdeckungsfreudig mein kleiner Hansi immer war.«

»Und da hast du ihn ...?«

»Ja, dann habe ich ihn ... an dem Tag trieb er es auf die Spitze. ‚Jetzt zeige ich dir mal, wie man richtige Springerle macht!', sagte er. Und fing tatsächlich an, Puderzucker und Eier zusammenzurühren. Dabei zog er sich auch noch demonstrativ bis aufs Unterhemd aus. Weil ich angeblich immer viel zu viel heize.«

»Und wie ...?«

»Ich musste nur warten, bis er die Springerle zum Trocknen auf die Bühne brachte. Tür zumachen, Schloss einschnappen lassen, fertig.«

Nach einer kurzen Phase des Schweigens begann Elisabeth von Neuem. »Das musst du doch verstehen! Er hat noch auf dem Weg zum Dachboden vor sich hingemurmelt, dass meine Springerle immer nach Backpulver schmecken. Backpulver! Wo doch jeder Idiot weiß, dass man für Springerle Hirschhornsalz nimmt!«

Rezept für die Springerle:

Zutaten:
4 große Eier
500 g Puderzucker
500 g Weizenmehl Typ 405
Anis
1 Messerspitze Hirschhornsalz

Zubereitung:
Eier und Zucker mindestens 20 Minuten schaumig rühren.
Mehl zugeben und gut durchkneten.
Teig einige Zeit ruhen lassen und dann fingerdick auswellen. Bemehltes Model in den Teig drücken. Ränder abschneiden.
Spingerle eine Nacht lang kühl, aber nicht im Eisschrank lagern.
Unterseite mit Wasser benetzen. Anis auf die Unterseite streuen. Springerle je nach Größe 18 bis 22 Minuten bei 150 bis 160 Grad backen.

Anita Konstandin

Käsespätzle, und sonst nichts

Ulm

Als der Polizist an ihrer Tür klingelte, war Luise Schurr noch im Nachthemd. Sie hatte das hummerfarbene mit den Spitzenbordüren an. Es war schon fast dreißig Jahre alt, aber immer noch recht ansehnlich.

Sie spähte durch den Spion. Der junge Polizist mit den schwarzen Haaren und dem akkurat geschnittenen Bart war das Hinterletzte, was sie sehen wollte. Er war der Typ, der in einen Menschen hineinschauen konnte, mit seinen misstrauischen Augen, wie in ein Bilderbuch oder in einen Film. Sie durfte ihm auf keinen Fall länger als fünf Sekunden in die Iris blicken. Denn sonst würde er sehen, wie sie am 10. November frühmorgens über die Vaterunsergasse gesprungen war. Und er würde hören, wie sie einer flüchtenden Frau hinterhergerufen hatte: »Sie haben was verloren!« Im dichten Nebel war die Frau kaum sichtbar gewesen. Luise hob das dicke braune Kuvert auf und schrie: »Bei uns in Ulm schmeißt man nicht einfach seinen Krempel auf die Straße, gell?« Aber die Fremde rannte weiter in ihrem dunklen Regenmantel, der sich im Gassenwind gewaltig aufblähte. Ihre schnellen Schritte hallten an den Wänden wider. Und in der Schwörhausgasse, auf dem Kopfsteinpflaster, klapperten ihre Absätze wie Ponyhufschlag. Luise sprang der Frau geräuschlos hinterher, denn ab Herbst trug sie immer Schuhe mit Gummisohlen. Durchs ganze Fischerviertel verfolgte sie die Unbekannte, im Henkersgraben verlor sie dann ihre Spur. Keuchend blieb sie stehen und schaute in das Kuvert. Das haute sie nun wirklich um.

Sie überlegte hin und her, was sie mit 48.750 Euro alles machen konnte. Sie sah sich fürs Erste eine Außenkabine auf der »Aida« beziehen, und wenn das Traumschiff durch das historische Zentrum von Venedig führe, würde sie an Deck stehen mit flatternden Haaren. Aber ganz für sich allein würde sie das viele Geld nun auch wieder nicht ausgeben wollen. In ihrem Inneren war Luise eine Wohltäterin, und so würde sie zehn Prozent der Ulmer Caritas geben und genauso viel der Tierherberge Donzdorf. Der Rest gehörte ihr und nur ihr.

Zunächst traute sie sich nicht, die Scheine auszugeben. Vielleicht waren sie registriert oder präpariert, wie frisch von der Bank sahen sie jedenfalls nicht aus. Die meisten waren sogar richtig schmutzig. Als ob einer sie extra durch den Dreck gezogen hätte. Luise tupfte die Scheine mit Feuchttüchern ab, und die stark zerknüllten bügelte sie auf Stufe zwei wieder glatt. Es waren Zweihundert-, Einhundert- und Fünfzig-Euro-Scheine, und nach ihrem Dafürhalten sah das Ganze schwer nach Drogengeld aus.

Ein bisschen war sie schon angefixt von den Moneten. Sie lief jeden zweiten Tag in das Gassengewirr und suchte den Boden ab, um noch einmal so ein Kuvert zu finden, aber es war wohl etwas Einmaliges gewesen. Selbstverständlich kam ihr ab und zu der Gedanke, dass das Geld nicht ihr gehörte, aber nur kurz. Bei ihr war der Zaster besser aufgehoben als bei einem Drogenbaron in Mexiko. Sie erwog sogar, das Geld bei der Polizei abzugeben. Einen halben Tag ging sie mit der Idee schwanger, aber dann tat ihr der Bauch arg weh, und das war ein Omen, es besser nicht zu tun.

Wenn sie gewusst hätte, was für einen Rattenschwanz an Unannehmlichkeiten der Geldfund nach sich ziehen würde, hätte sie den dicken Umschlag möglicherweise liegenlassen. Objektiv betrachtet, verhielt sie sich ein bisschen kriminell, wenn auch mit gutem Gewissen. Auf die wirklich schiefe Bahn kam Luise erst durch ihren Untermieter.

Anfangs hatte sie den pummeligen Studenten für einen gutmütigen Kerl gehalten, doch mit der Zeit konnte sie ihn nicht mehr ausstehen. Theo Wiesing war aufreizend bieder, er hockte ständig bloß auf seinem Zimmer, aber am meisten ging ihr sein Gelbfimmel auf die Nerven. Es war geradezu grotesk, dass er Tag für Tag in einem kränklichen

Gelb gekleidet durch ihr Haus schlurfte. Hemd, Hose, Socken – alles weißlichgelb, fahlgelb, im Grunde spätzlesfarben. Dieser Farbton färbte auf alles ab, was in seinem Dunstkreis lag. Stellte sich der künftige Lehrer für Deutsch und Geschichte vor eine weiße Wand, schon war sie gelb. Setzte er sich an Luises Tisch, konnte man ihrer blütenweißen Tischdecke zusehen, wie sie vergilbte. Bald wünschte sie den faden Kerl dahin, wo der Pfeffer wächst.

Am Anfang hatte sie sich aber Mühe mit ihm gegeben. Sie sagte: »Herr Wiesing, gehen Sie auch mal an die frische Luft. Warum schlendern Sie nicht runter ans schöne Donauufer oder spazieren über die Stadtmauer?« Da hüstelte er verschämt in seine Faust und sagte gar nichts.

Als Nächstes schlug sie ihm einen Kneipenbummel vor, anstatt den Abend am Schreibtisch zu verbrüten. (Sie schaute gelegentlich durch sein Schlüsselloch und wusste, was er trieb, nämlich nichts.) Sie riet ihm also, öfter einmal auszugehen.

»Sie sind doch noch jung!«, rief sie ohne Überzeugung. »Gehen Sie ins Fischer- und Gerberviertel, eine größere Kneipendichte finden sie in Deutschland nirgends.«

»Vielleicht ein andermal«, sagte darauf die Tranfunzel von einem Untermieter.

An einem Sonntag kam sie ihm mit dem Ulmer Münster, das ihm aber zu hoch war. 768 Stufen bis zur Galerie hinaufzusteigen, bloß um einmal hinunterzuschauen? Oh Schreck. Luise war der Ansicht, zumindest *ebenerdig* könne er einmal hineinwatscheln. »Beim Eingang«, lockte sie, »sitzt in einer Vitrine der Original-Spatz von 1858.« Da legte Wiesing den Kopf schief, seinerseits nun wie ein Vogel, der überlegt, ob er den Wurm aus dem Boden zupfen soll oder nicht.

»Da kann ich ja immer noch hin«, erklärte er, »das läuft mir ja nicht weg.«

Luise sah ein, dass dem Banausen wohl nicht zu helfen war. Doch eines schönen Mittags, während er an ihrem Küchentisch vier Tage alte Bratenreste verputzte, unternahm sie einen letzten Versuch: »Wissen Sie eigentlich, in welcher Stadt das schiefste Hotel der Welt steht?« Er *erriet* noch nicht mal die Antwort. Resigniert wandte sie sich ihrer Spüle zu und kratzte im Bratentopf umher. »Keine 500 Meter von hier«, eröffnete sie ihm schon fast beleidigt, »da steht das *Schiefe Hotel* und streckt seine Nase über die Blau. Ich denk immer, das alte Fachwerkhäuschen fällt noch mal ins Wasser.« Sie kicherte ein bisschen bei der Vorstellung und drehte den Kopf. Da bemerkte sie, dass Wiesing, dieser Leisetreter, aus der Küche geschlichen war.

Zwei Wochen nach dem Geldfund inspizierte Luise rein gewohnheitsmäßig wieder einmal das Untermieterzimmer. Das heißt, sie sah nach, ob noch alles in Ordnung war. War es natürlich nicht. In dem schönen großen Zimmer herrschte ein fürchterliches Durcheinander, vor allem auf dem Schreibtisch und darunter. Was da alles herumlag, Blätter, Zettelchen, Schnipsel, Farbstifte, Klebstoff, zwei lange glänzende Papierscheren, als ob eine nicht reichte, und der Papierkorb lief über und ein Erpresserbrief lag daneben.

Sie wusste sofort, dass das Schreiben ihr galt. Theo Wiesing, der Gelbliche, war hinter ihrem Geld her. Er hatte Wörter und Buchstaben aus der *Schwäbischen Zeitung* ausgeschnitten, sie kannte die Typografie, außerdem legte sie ihm ja jeden Morgen das ausgelesene Blatt vor die Tür.

Er hatte mehrere Versuche gestartet, sie fand noch zwei Entwürfe. Die Briefe unterschieden sich nur im gewünschten Betrag: Bei einem ging es um eine halbe Million, beim andern hatte er »halbe« weggelassen. Heißt: Der Untermieter forderte eine Million Euro von ihr. Und sie hatte gedacht, sie sei allein gewesen, als sie in der nebligen Vaterunsergasse hinter der Drogenkurierin hergesprungen war an jenem frühen Morgen. Gut möglich, dass sich der Heimlichtuer Wiesing in einem Hauseingang versteckt und die Szene beobachtet hatte. Sah er, wie sie den Umschlag aufklappte? Wie sie ihre Finger hineinstieß und ein paar Scheinchen aus dem dicken Packen zog? Wenn ja, dann Mist!

Sie blickte fassungslos auf die Erpresserbriefe. Sie hatte keine Million, auch keine halbe. Sie besaß 48.750 Euro in bar und das, was auf ihrem Sparbuch in der Bank vor sich hin vegetierte, ging den Untermieter schon gleich gar nichts an. Sicher rieb er sich jeden Abend vorm Schlafengehen die Hände und malte sich aus, was er mit ihren Flocken alles anstellen könnte, der Absahner.

In der folgenden Viertelstunde konzentrierte sie sich auf die Frage: Was jetzt? Kein Problem. Sie wäre nicht Luise Schurr, wenn ihr in einer heiklen Situation nicht etwas Gescheites einfallen würde. Die erste Regel im Umgang mit Erpressern lautete: keine Diskussion. Weder über den Betrag noch über den Ort der Übergabe. Aus hunderttausend Fernsehkrimis war ihr sonnenklar, wer sich erpressen lässt, kommt in Teufels Küche. Und da fiel ihr auch gleich die Lösung zu ihrem persönlichen Fall ein:

Sie würde den Erpresser zu einem speziellen Essen einladen. Sie wusste ja, *wie* er aß. Er schlang alles ungekaut hinunter, wie ein Hund. Die Gabel schon ganz voll und immer noch ein Spätzle mit dem Messer obendrauf getürmt. Und dann ab in die öde Speiseröhre, und eine Sekunde später die nächste übervolle Gabelladung. So aß Theo Wiesing, aber bald würde er das zum letzten Mal tun.

Luise kannte seine Schwäche für Käsespätzle, und so bereitete sie ihm sein Todesmahl zu. Sie schabte den zähflüssigen, blassgelben Teig in schmalen Streifen in das kochende Wasser, sie röstete Zwiebelringe in der Pfanne und schnitt den Emmentaler (ein ganzes Pfund!) in hühnereigroße Brocken. Keine fünf Minuten später sprach sie zu dem am Tisch sitzenden Erpresser: »Essen Sie rasch, ich muss noch wohin.« Sie setzte ihm seinen Teller Käsespätzle vor und stellte ein Glas Sprudel dazu. Die Spätzle waren *sehr* heiß und der Sprudel war *sehr* kalt, es schwammen Eiswürfel darin. Der Erpresser fuhr sich mit der Zungenspitze über die Lippen. Das Folgende ist für unter Sechzehnjährige nicht auszuhalten.

Als der Arzt kam, war die Sache gegessen. Theo Wiesing war verstorben. Er hatte kaum leiden müssen, nur ein bisschen.

»Das macht man aber auch nicht«, hatte sie zu ihm gesagt, während er auf allen Vieren unterm Tisch umherkrabbelte: »Hat man Ihnen daheim nicht beigebracht, dass man anständige Leute nicht erpressen darf? Und auch noch als Lehramtsstudent! Schämen Sie sich!« Er konnte darauf nicht mehr antworten.

Doktor Scheible, Luises Hausarzt, stellte einen Herz-Kreislauf-Stillstand fest. Ein feierlicher Moment. Dann meinte er allerdings, bei solchen Anlässen müsste die Polizei gerufen werden, um einen Blick auf den Toten zu werfen, reine Routine. Luise war darauf vorbereitet. Sie hatte den Erpresserbrief und seine Varianten längst entsorgt.

Die beiden Polizisten brachten einen dürren, rothaarigen Herrn mit, der sich als Rechtsmediziner herausstellte. Er kniete sich neben die Untermieterleiche und ließ sich von Scheible genau erklären, was vorgefallen war. Mit einem beherzten Ruck zog er Wiesings Kiefer auseinander und langte ihm ihn den Schlund. Scheible hatte bereits eine Handvoll Käsespätzle herausgegrubelt, aber der Rechtsmediziner fand dann auch noch ein paar.

Nachdem ein herbeigerufener Bestatter den Studenten mit Müh und Not in einen Metallsarg hineingedrückt und hinausgeschafft hatte, stellte die Polizei ihre Fragen, vor allem der junge Beamte mit den schlauen, pechschwarzen Augen und dem dunklen, akkurat gestutzten Vollbart.

»Frau Schurr, hat Ihr Untermieter öfter bei Ihnen gegessen?«, fragte er mit maliziöser Stimme.

»Ja, und es hat ihm immer geschmeckt.« Sie warf einen Blick auf seine Kriminalmarke, er hieß Specht.

»Immer Käsespätzle?«, fragte er.

»Wenn er sie doch so mögen hat.«

»Der Rechtsmediziner sagte uns soeben, Ihre Käsespätzle müssten sehr heiß gewesen sein, quasi brodelnd.«

»So?«

»Wieso haben Sie nicht die Rettung angerufen – 112?« Specht sah sie mit säuerlicher Miene an.

»Ich hab meinen Arzt angerufen, der war auf der Stelle da.«

»Als er kam, war Ihr Untermieter aber schon ein bisschen länger tot.«

»Ich glaube nicht.« Luise blickte sich nach dem älteren Polizisten um, der soeben die Tür ihres Geschirrspülers aufklappte und die untere Lade hervorzog. Leise dampfend blickte ihr Geschirr sauber und glänzend aus dem Korb heraus.

Der junge Polizist spechtete ebenfalls zur Spülmaschine. »Wieso haben Sie das Spätzlebrett und das Kochgeschirr abgewaschen?«, fragte er. »Es weiß doch jeder, dass man einen Tatort nicht verändern darf, bevor die Polizei kommt.«

»Das hatte ich ganz vergessen!«, stieß Luise hervor. »Ich hab schon lang keinen *Tatort* mehr geschaut, Herr Hauptkommissar. Ich versteh die Schauspieler so schlecht, sie nuscheln.«

Der ältere Polizist, er hieß Bräuning, drehte sich schmunzelnd zu ihr um. Der junge aber zupfte nachdenklich an seinem Bart. Luise zeigte unter den Tisch, wo vor kurzem noch der Untermieter gelegen hatte: »Das war doch aber ein Unfall.«

»Das sagen Sie«, kam es aalglatt von Specht.

Sie blickte an seinem spitzen Ohr vorbei auf ihr Gewürzregal. Sie durfte sich jetzt nicht hängenlassen, sie musste ihre Rolle glaubwürdig weiterspielen, und so jammerte sie leise: »Ach, mir tun seine Angehörigen *so* leid.«

»Und Herr Wiesing? Tut der Ihnen auch leid?« Spechts schwarze Augenbrauen zuckten empor.

»Der junge Mann war mir ans Herz gewachsen.« Rasch legte sie eine Hand auf die mäßig klopfende Stelle. »Er hatte so eine nette Art.«

»Dürfen wir sein Zimmer sehen?« Das war die warme Stimme von Kommissar Bräuning. Seine Schultern waren so breit, dass auf jeder ein Enkelkind bequem hätte sitzen können.

»Selbstverständlich, Herr Kommissar.«

Sie verschwanden im Erpresserzimmer, und Luise observierte sie durchs Schlüsselloch. Die beiden schauten alles an, was auf Wiesings Schreibtisch herumlag. Sie gingen ein paar Leitz-Ordner durch, dann stellten sie sich breitbeinig vor das hohe Regal und studierten die Buchrücken. Der Erpresser besaß eine Menge Kriminalromane. Eine gute Basis, um sich auf das geplante Verbrechen einzustimmen.

Einmal hatte er ihr einen Krimi ausgeliehen. »Urteil in Stein« von Ruth Rendell. Da wusste man vom ersten Satz an, wer den Mord begangen hatte (die strickende Eunice Parchman – Luise liebte sie), und trotzdem war das Buch spannend bis zur letzten Seite. Aber nun hatte sie einen echten Krimi im Haus, und das war noch viel aufregender.

Nachdem die Kripo fort war, nahm sie sich zur Beruhigung eine Näharbeit vor, um genau zu sein, ihre himbeerfarbene Schürze, auf der vorne »Kitchen Queen« draufstand. Die Tasche war ausgerissen, weil der Trampel von einem Erpresser seine Finger darin verhakt hatte, bevor er zu Boden ging. Sie könnte die lumpige Schürze wegwerfen und eine neue kaufen, ach was, *eine!* Tausend!

Zwei Tage später kamen die Polizisten wieder. Das kannte Luise aus den Vorabendkrimis: *Was man nicht im Kopf hat, muss man in den Beinen haben.* Bis zu sieben Mal besuchten die Ermittler ein und dieselbe Person, weil sie ihre Fragen nicht gescheit beisammen hatten. Luise fragten sie ein Loch in den Bauch wegen der Käsespätzle. Mit wie viel Mehl haben Sie den Teig gemacht, mit wie vielen Eiern? Und noch einmal: wieso *so* heiß serviert?

»Wer will denn lauwarme Käsespätzle vorgesetzt bekommen?«, brachte sie zu ihrer Verteidigung hervor.

»Ich«, rief der unnahbare Specht. »Bevor ich an einem kochenden Klumpen Käse ersticke, esse ich lieber kalt.«

Ein gutes Stichwort. Luise hob einen Zeigefinger. »Ich wollte ihm einen grünen Salat dazu machen.« Sie steckte den Finger wieder weg. »Aber er sagte, Käsespätzle, und sonst nichts.«

Spechts Besserwisseraugen durchbohrten sie. »Man setzt doch einem Gast kein *kochendes* Gericht vor. Eins, das noch blubbert.«

»Dann gehen Sie mal in ein italienisches Restaurant«, rief Luise, »und überprüfen Sie, was eine Lasagne macht, wenn sie auf den Tisch kommt. Die blubbert nicht bloß, die schlägt Blasen.«

Der Polizist mit den Schultern wollte nun auch etwas sagen: »Und dann hat Ihr Untermieter einfach die Gabel in die Käsespätzle geschoben?«

»Ja, die Gabel«, antwortete sie aufrichtig.

»Und er nahm die köchelnden Käsespätzle in den Mund?«

»Köchelnd würde ich nicht grad sagen«, meinte Luise. »Ich rief noch: ›Langsam, Herr Wiesing‹, aber er war schneller. Es war ein Unfall.«

»Da wär ich mir nicht so sicher«, sagte Specht. »Wir haben einen Erpresserbrief in ihrem Restmüll draußen in der Tonne gefunden. Sie haben ihn zwar in kleine Fetzen gerissen und mit Gemüseabfällen in Ihre Zeitung gewickelt«, höhnte Specht, »aber für unsere Kriminaltechniker war das eine Sache von zwei, drei Minuten.«

Zwei, drei Minuten. Luise konnte Übertreiber auf den Tod nicht ausstehen. »Ich weiß gar nichts von einem Erpresserbrief.« Sie blickte zu dem älteren Polizisten, Kommissar Bräuning, und wünschte, er wäre ihr Bruder oder ein Freund, damit sie mal jemand Starkes an der Seite hätte.

Sein Gesicht war voller Sorge. »Ihr Untermieter hat sich mit Kriminologie beschäftigt, wussten Sie das nicht?«

Sie schüttelte stumm den Kopf. Der Gelbling hatte nichts Derartiges von sich gegeben.

»Wir fanden im ›Institut für Psychologie und Pädagogik‹, wo er studierte, weitere selbstgebastelte Erpresserbriefe.«

»Er bastelte?« Luise war wie betäubt.

Bräuning lächelte. »Herr Wiesing war ja in so einem *Projekt,* wo angehende Deutschlehrer für die Schüler Kriminalgeschichten schreiben.«

Hinterhältig schob sich Specht in den Vordergrund. »Es geht um die Problemlösungskompetenz der Schüler. Die fördern sie neuerdings mit Kinderkrimis. Ihr Untermieter hat sich harmlose Fälle aus den Fingern gesogen; seine Krimiserie hieß ...«, Specht zog sein Tablet aus der Tasche und las vom Display ab: »Kommissarin Luca Sonnenschein ermittelt.« Er steckte es wieder weg. »Ist Ihnen schlecht?«

»Nein, gar nicht.«

»Sie sehen so bleich aus.« Ein eigenartiger Triumph stand in seinen Augen.

Luise schaute schnell weg von dem bösen Kommissar. Jemand berührte sie leicht an der Schulter, es war Bräuning. »Schon verrückt«, sagte er aufgeräumt. »Heutzutage denken sich die Lehrer Krimis aus. Die Kinder büffeln nicht mehr in der Schule, sie spielen.« Er nickte ihr freundlich zu. »Wir beide hatten noch Frontalunterricht, gell?«

»Und haben auch was gelernt.« Luise wunderte sich, dass sie sprechen konnte.

»Nichts für ungut, Frau Schurr«, meinte Bräuning. Er gab ihr zum Abschied die Hand.

Seitdem war eine Woche vergangen. Sie hätte so glücklich werden können mit dem Geld, wäre nicht immer wieder Specht wie ein Gespenst in ihren Träumen aufgetaucht. In einem langen schwarzen Mantel sagte er ihr auf den Kopf zu, sie hätte Dreck am Stecken. Und er lächelte kalt. »Zum Teufel mit Ihrem Untermieter, mich interessiert das Verbrechen *vor* dem Verbrechen!«, stieß er hervor. Sein Mantel schwang auf und sie sah die Pistole in seinem braunen Ledergürtel. Eindringlich fuhr er fort: »Das Studentenzimmer ist sehr schön, ich suche was für meine Nichte.« Luise rief: »Verzieh dich!«, und dann löste der hellseherische Kommissar sich im Nebel auf. Doch seine harten schwarzen Augen starrten sie noch eine ganze Weile an.

Nun stand das Spechtgespenst leibhaftig vor ihrer Tür. Luise war noch im Nachthemd, dem hummerfarbenen mit den Spitzenbordüren. Sie überlegte, ob sie ins Bad gehen und den Morgenmantel überziehen sollte. Sie hatte noch nicht einmal die Zähne geputzt. Aber der Mann draußen klingelte schon zum vierten Mal, und wenn sie jetzt nicht aufmachte, würde er vielleicht ihre schöne Haustür eintreten. Sie schaute durch den Spion. Sein Gesichtsausdruck war undurchdringlich. Unter seinem Jacket trug er – sie sah zweimal hin – ein matt*gelbes* Hemd. Entweder will er das Zimmer, fuhr es Luise durch den Kopf, oder ihr Geld. Vielleicht beides. Sie atmete tief ein, nahm die Vorlegekette ab und ließ den jungen Polizisten ins Haus.

Käsespätzle für vier Personen

Zutaten:
450 g Mehl
6 Eier
3 TL Salz
200 g Emmentaler oder Bergkäse, gemahlen
Pfeffer
1/8 l Sahne
2 Zwiebeln
75 g Butter
3 EL Schnittlauch

Zubereitung:
Einen großen Kochtopf bis über die Hälfte mit Salzwasser füllen und zum Kochen bringen. Inzwischen den Teig zubereiten: Mit den Knethaken des Rührgeräts Mehl, Eier und Salz sowie etwas Wasser (oder Mineralwasser) zu einem zähflüssigen Teig mixen.
Jeweils etwas Teig auf das nasse Spätzlebrett streichen und mit einem Teigschaber (oder Messer) schmale Streifen direkt in das kochende Salzwasser schaben. (Man kann auch eine Spätzlepresse oder ein so genanntes Spätzlewunder, eine Art Sieb, verwenden.)
Die Spätzle köcheln lassen, bis sie an die Oberfläche steigen. Sofort mit einem Schaumlöffel herausheben und in eine feuerfeste Form füllen. Darauf ein paar Löffel Käse geben, pfeffern. Gleich die nächste Portion Spätzle schaben und wieder Käse und Pfeffer drauf und immer so weiter. Am Ende die Sahne darübergießen.
Im vorgeheizten Backofen etwa 15 Minuten backen. In der Zeit die Zwiebeln in Streifen schneiden und in der Butter goldbraun rösten. Die Auflaufform kurz aus dem Ofen holen, die Zwiebeln darübergeben und nochmals kurz überbacken. Am Ende Schnittlauch über das fertige Gericht streuen.

Bernd Storz

Dumm gelaufen

Reutlingen

Ungläubig ließ Dagmar Mollenkopf das Buch in den Schoß sinken und nahm ihre Lesebrille ab. Beunruhigt glitt ihr Blick vom Bett, das sie sich ans Fenster ihrer Hochhauswohnung in Sondelfingen gerückt hatte, hinab auf die schmale Gartenanlage und den tristen Garagenvorplatz. Sie unterbrach ihre Lektüre häufig nach der Anfangssequenz, nachdem die Hauptfiguren eingeführt, die Welt der Geschichte vorgestellt und der tragende Konflikt angerissen war, um die Handlung zunächst einmal selber weiterzuspinnen bis zu der Stelle ihrer Auflösung. Erst dann fuhr sie im Lesen fort, neugierig zu erfahren, was der Autor daraus gemacht hatte. Aber was sie da soeben gelesen hatte, ließ ihre Handflächen feucht werden. Satz für Satz hatte eine dunkle Vorahnung heraufbeschworen. Von Anfang an. Sollte es Zufall sein? Mit einem nachdenklichen Wiegen des Kopfes schloss sie das Buch und legte es auf das runde Tischchen neben sich. Nein. Als passionierte Krimileserin glaubte sie nicht an Zufälle.

Die Geschichte handelte von einer sechzigjährigen Frau. Sie selbst war achtundfünfzig Jahre, zwei Monate, drei Wochen und zwei Tage alt. Dagmar hatte dies so genau im Kopf, weil sie glaubte, sie würde ihren sechzigsten Geburtstag nicht mehr erleben. Zumindest legten die letzten Untersuchungen, die sie auf der onkologischen Abteilung der Universitätsklinik Tübingen hatte vornehmen lassen müssen, diesen Schluss nahe. Auch Anna litt an Krebs. Anna, die Figur in ihrem Krimi. Außerdem hatte Anna – wie sie selbst – keine Angehörigen mehr, niemanden, der sie hätte beerben können. Und auch Dagmar war vermögend. Vor drei Jahren – da ging es ihr noch gut – hatte sie das elterliche Haus in Ammerbuch auflösen müssen und verkauft. Von ihrem verstorbenen Mann bezog sie Witwenrente. Dazu kam ihre eigene, wenn auch schmale Frührente. Wie Anna hatte sie sich eine Hochhauswohnung gekauft, weil sie sich im vierten Stock eines Hochhauses sicherer fühlte als irgendwo Parterre oder Halbe Treppe. Aber das war nicht der Punkt.

Anna hatte sich mit einem jüngeren Ehepaar angefreundet. Das Ehepaar hatte es jedoch von Anfang an nur auf ihr Geld abgesehen. Merkwürdigerweise ertrank Anna in dem Augenblick in der Badewanne – vorhersehbar, was Dagmar dem Autor übelnahm –, nachdem sie dem Pärchen ihr Vermögen testamentarisch vermacht hatte.

Der Punkt war: Sie selbst stand kurz davor, in der gleichen Weise zu verfahren.

Noch während des Einzugs der Müllers in die über ihr gelegene Wohnung – es mochte etwa ein Jahr her sein – war Jadwiga eines Tages mit einem Stück Kuchen vor der Tür gestanden. Offenbar war Dagmar die Einzige im Haus, die die neue Mitbewohnerin gleich zu sich hereingebeten hatte. Aber die Offenheit ihrer grünblauen Augen, der Charme, der um ihre vollen Lippen spielte und der dunkle Klang ihrer tiefen Stimme hatten sie sofort für die junge Frau eingenommen.

Wie sich später herausstellte, stammte Jadwiga aus einem zurückgebliebenen Nest bei Warschau. Tag für Tag schwang sie sich zu unregelmäßigen Zeiten auf ihr klappriges Fahrrad, um im Dänischen Bettenlager in Pfullingen und in einem Architektenhaushalt am Reutlinger Steinenberg putzen zu gehen. Ihn sah Dagmar jeden Morgen pünktlich um sieben Uhr dreißig in einen alten, dunkelbraunen Mitsubishi steigen, in einem Anzug, dem er längst entwachsen zu sein schien. Meist kehrte er spät abends zurück, mit einer schmalen Aktentasche und hängenden Schultern. Ihr Mann arbeite im Versicherungsgewerbe, hatte Jadwiga ihr eines Tages mit einem verlegenen Grinsen verraten, und solange es ihnen wirtschaftlich nicht besser gehe, könnten sie sich leider auch keine Kinder leisten ...

Es fing damit an, dass die schöne Polin sich für kleinere Einkäufe anbot. Zwar fühlte sich Dagmar Mollenkopf noch bei Weitem nicht so geschwächt, dass sie diese nicht selbst hätte erledigen können. Aber immer häufiger vergaß sie dann doch eine Kleinigkeit im Supermarkt um die Ecke. Dann war sie froh, wenn Jadwiga bei ihr klingelte und fragte, ob sie ihr etwas mitbringen dürfe. Die Kleinigkeiten wurden größer und wuchsen sich bald zum Wochenendeinkauf aus, den das Pärchen für sie am Samstag mit dem Auto miterledigte. Das waren dann die seltenen Gelegenheiten, in denen sie Jens zu Gesicht bekam: Wenn er mit Jadwiga ihre Einkaufstüten in den vierten Stock brachte und sie auf ihrem Küchentisch abstellte. Bei diesen kurzen Begegnungen erwies sich der große, hagere Mann als äußerst charmant, wenn auch wortkarg. Sein Händedruck dauerte zu lange, aber seine Haltung ihr gegenüber war von gleichbleibender Fürsorglichkeit, wenn er auch den Kaffee, mit dem sie sich anfangs revanchierte, immer schnell austrank und sie und Jadwiga rasch wieder verließ. Die Arbeit rufe noch. Später, als sie dazu übergegangen war, ihre Dankbarkeit mit ihren Kochkünsten zu bekunden, ließ er sich immer häufiger entschuldigen.

Jadwiga hätte ihre Tochter sein können. Eine Tochter, die ihr beim Großputz half und sie pflegte, als sie mit Grippe im Bett lag und seitdem den Zweitschlüssel besaß. Eine Tochter, die ihr leid tat. Die vor ihren Augen immer mehr verblühte. Dagmar wusste, was es hieß, mit wenig Geld auskommen zu müssen. Die letzten fünf Jahre vor dem Antritt ihres Erbes war sie arbeitslos gewesen. Aber diese Leute waren noch jung – während sie dabei zusah, wie ihr Vermögen auf der Bank vor sich hinsiechte. Sie wollte es nicht anlegen, um flüssig zu bleiben, auch wenn die Zinsen unter der Teuerungsrate lagen. Doch sie würde es auch nicht mit ins Grab nehmen können, wie man so sagte. Und so hatte sie vor sechs Monaten einen Entschluss gefasst.

Eines Morgens stand ein schwarzer BMW 118i Fünftürer vor dem Hochhaus. Neu. Von einem Internet-Händler. Sie hatte Jens den Autoschlüssel ausgehändigt und ihm erklärt, mit so einem Wagen vor seinen Kunden vorzufahren sei schließlich schon die halbe Miete. Nach einigem Zögern, mit dem sie gerechnet hatte, hatte er ihr Geschenk angenommen. Welches Leuchten in Jadwigas Augen aber, als sie noch eins draufsetzte und ihr ihren nagelneuen Golf präsentierte! Außerdem schenkte sie dem Pärchen einen zweiwöchigen Urlaub in London, wo Jens angeblich Verwandte besaß, und drei Monate später hatte sie auch kurzerhand die Wohnung der Müllers gekauft und ihnen überschrieben. Wenn man fünfhunderttausend auf der Bank hatte, waren da zweihunderttausend nicht leicht zu verschmerzen?

Man konnte das natürlich alles auch anders sehen, dachte sie nun, nahm den Krimi wieder an sich und betrachtete den knallroten Blutfleck, der sich über das schwarze Cover verteilte. Trug ihre Beziehung zu der schönen Polin nicht von Anfang an romanhafte Züge? Ihre ehrlichen Augen, ihr charmantes Lächeln, ihre zarten Finger, wenn sie verlegen die Spitzen ihrer schulterlangen blonden Haare zwirbelten? Was, wenn sie sich in ihr getäuscht hatte? In Jadwiga und auch in Jens? Wenn sie die Müllers erst auf den Geschmack gebracht hatte mit ihren Zuwendungen? So wie Anna?

Der letzte, der allerletzte Schritt war noch nicht getan. Zwar hatte sie gestern den Notar aufgesucht und ihr Testament geändert – ursprünglich wollte sie ihr Vermögen dem Brustzentrum Reutlingen im Krebszentrum der Kreiskliniken vermachen. Und sie hatte angedeutet, dass sie heute eine weitere Überraschung parat und dass diese etwas mit ihrem Testament zu tun habe. Um achtzehn Uhr wollte sie es beiden feierlich nach einem kleinen Menü überreichen. Die Wildkräutersuppe – ein Rezept vom *Eichberghof Maier* in Münsingen – hatte sie schon vormittags gekocht. Aufgewärmt würde sie ihr volles Aroma entfalten. Aber nun war Anna dazwischengekommen. Annas Leiche. Und ihr war klar geworden, dass es nur einen Weg gab, einen einzigen, um die wahren Absichten der Müllers herauszufinden, und diese Frage war eine Frage auf Leben oder Tod.

Als es um achtzehn Uhr endlich klingelte, schlüpfte sie in ihre Pantoffeln und schlurfte zur Tür. Aus der geschlossenen Hand von Jadwiga nickten ihr erwartungsvoll Blütenköpfchen eines kleinen Blumenstraußes entgegen.

»Ist Jens nicht mitgekommen?«, fragte sie so beiläufig wie möglich und bat die Polin mit einer Handbewegung herein.

»Er hat noch zu tun, wie immer«, erwiderte Jadwiga und blieb abwartend stehen.

Dagmar schloss die Tür, fasste ihre Besucherin am Oberarm und dirigierte sie zu ihrem Bett.

»Hier?«, fragte Jadwiga stutzend mit einem zweifelnden Blick auf das leicht verrutschte Laken.

»Ja, bitte ...«, antwortete Dagmar und nötigte sie mit sanftem Druck zum Sitzen. »Ich muss hin und her in die Küche, und da ist es für mich einfacher vom Stuhl aus«, erklärte sie, nahm Jadwiga das Sträußchen ab, nicht ohne an den Blüten gerochen zu haben, rückte mit der anderen Hand den Stuhl heran, nahm ihre Lesebrille an sich und verschwand in der Küche.

»Es duftet schon ganz wunderbar!«, rief Jadwiga ihr hinterher.

Dagmar erwärmte die Suppe noch einmal kurz, füllte sie in einen Siphon und sprühte sie vorsichtig in zwei tiefe Porzellanteller. Sie setzte ihre Lesebrille auf, damit sie das weiße Pulver ihrer Schlaftabletten, die sie zuvor mit dem Mörser zerstoßen hatte, besser erkennen konnte und bröselte es in den linken Teller. Die doppelte Dosis, die sie gewöhnlich nahm – sie wollte die junge Frau ja nicht umbringen. Sie schob den Kochlöffel in die Flüssigkeit und rührte langsam um, dann erst verteilte sie die goldbraunen Dinkeltoast-Croûtons und garnierte mit etwas geschlagener Sahne, gehackten Wildkräutern und mit je einer orangefarbenen Kapuzinerkresseblüte, ehe sie die Lesebrille in ihre Schürzentasche schob und die Teller ins Zimmer trug.

Jadwiga hatte inzwischen den Krimi weggeräumt, das Tischchen exakt zwischen Bett und Stuhl geschoben und sah nun erwartungsvoll der dampfenden Suppe entgegen.

»Kleiner Auftakt«, lächelte Dagmar.

Jadwiga tauchte die Spitze ihres Silberlöffels – das Besteck war eines der wenigen Dinge, die Dagmar vom Erbe ihrer Eltern behalten hatte – in das Lindgrün, nahm es mit spitzen Lippen auf und schloss genussvoll die Augen.

»Wildkräuter-Espuma«, erklärte Dagmar.

»Wildkräuter?«, hakte die Besucherin nach und kräuselte die Stirn.

»Knoblauchrauke, Löwenzahn, Spitzwegerich, Frauenmantel, Schafgarbe.«

Jadwiga ließ den Löffel sinken. »Aber ich habe Ihnen doch letzten Samstag gar keine Kräuter mitgebracht vom Markt?«

»Internet«, erklärte Dagmar. »Alles ganz frisch. Ich kann Ihnen die Adresse gerne raussuchen, wenn Sie möchten ...«

Mit staunendem Kopfschütteln ließ die Polin den Löffel nun ganz eintauchen, senkte den Kopf zum Tellerrand und begann, das Espuma genüsslich auszulöffeln, nicht ohne zwischendurch die hübsche Kapuzinerkresseblüte zu würdigen. Dann senkte sich, bis auf das knisternde Geräusch der Dinkeltoast-Croûtons in den Mündern, Stille über die Essenden.

Dagmar passte sich dem Essrhythmus ihrer Besucherin an und riskierte ab und an einen Seitenblick auf ihre Armbanduhr. Bei ihr begannen die Tabletten immer nach zwanzig Minuten zu wirken, aber jeder Körper reagierte anders.

»Das Rezept« – Jadwiga hauchte das Wort mehr, als dass sie es aussprach – »Das Rezept müssen Sie mir unbedingt geben.« Sie gähnte und entschuldigte sich sogleich dafür. »Ich weiß auch nicht, warum ich so müde bin auf einmal.«

»Ist doch normal«, antwortete Dagmar. »Das Blut fließt in die Verdauungsorgane. Wenn Sie sich ein wenig ausruhen möchten? Auf dem Bett befinden Sie sich ja schon ...«

»Das kann ich doch nicht annehmen«, erwiderte die Besucherin und warf wieder einen zweifelnden Blick auf das leicht verrutschte Laken, legte jetzt jedoch den Löffel ab und versuchte vergeblich, ein weiteres Gähnen zu unterdrücken, das tief und mächtig aus dem Innersten ihres zarten Körpers zu kommen schien.

Dagmar sah auf die Uhr, dann auf Jadwiga. Fünfundzwanzig Minuten waren seit dem ersten Löffel vergangen. Jadwiga konnte sich nur mühsam aufrecht halten. Sie setzte sich auf die äußerste Kante des Bettes und zwang sich zu einem Lächeln.

»Und Ihre Überraschung?«, flüsterte sie kaum vernehmlich. Sie starrte ins Leere.

»Später«, flüsterte Dagmar zurück.

Jadwigas Oberkörper begann zu schwanken, und ehe er seitlich wegrutschte, erhob sich Dagmar, um ihn in Richtung Kopfkissen zu lenken. Jadwiga murmelte etwas Unverständliches, während Dagmar unter Aufbietung all ihrer Kräfte die Beine auf die Matratze lupfte, wo sich die Einschlafende schließlich mit einem wohligen Seufzer ausstreckte, sich zudecken ließ und in den Schlaf glitt.

Einen Moment lang blieb Dagmar noch an ihrem Bett stehen und betrachtete Jadwigas entspanntes Gesicht. Dann wandte sie sich abrupt ab, griff nach den Tellern und begab sich in die Küche, um das Geschirr gründlich abzuspülen.

Falls es heute noch zum Äußersten kommen sollte, musste sie vorbereitet sein. Ohne die Schlafende zu beachten, schlurfte sie zu ihrem Kleiderschrank. Aus der Ecke neben der Tür holte sie ihren kleinen Trolley. Als sie mit Packen fertig war, ließ sie ihr iPhone in ihre Handtasche gleiten und vergewisserte sich, dass der Umschlag mit der Kopie des Testaments in der inneren Seitentasche steckte. Ach ja, und die Lesebrille und der Krimi mit der armen Anna mussten auch mit. Und das Ladekabel natürlich. Trolley und Handtasche nahm sie mit ins Badezimmer, packte auch ihren Kulturbeutel und setzte sich auf den Klodeckel, um zu warten, bis es dunkel wurde. Um diese Jahreszeit dämmerte es schon früh ...

Natürlich würde Jens sich wundern, wo Jadwiga so lange blieb. Oder besser: Wo Jadwiga mit dem Testament blieb. Durch den schmalen Spalt der Badezimmertür, den sie noch offen gelassen hatte, lauschte sie zwischendurch nach draußen. Als alles still blieb, entschloss sie sich, per Telefonbanking ihr auf verschiedenen Konten lagerndes Vermögen auf ihr Girokonto zu überweisen, um jederzeit und von überall auf der Welt aus Geld abheben zu können.

Sie hatte ihre Transaktionen beendet, da hörte sie, wie die Wohnungstür von außen aufgeschlossen wurde. Auch wurde der Schlüsselbund offenbar nicht wieder abgezogen, sondern stecken gelassen, ganz so, wie es Müllers immer machten, wenn sie bei ihr nach dem Rechten sehen wollten. Leise schloss sie die Badezimmertür von innen ab und hielt den Atem an.

Die Wohnungstür glitt wieder ins Schloss. Das musste, das konnte nur Jens sein. Offenbar hatte er den Lichtschalter nicht betätigt. Dagmar stellte sich das von den erleuchteten Fenstern des gegenüberliegenden Hochhauses nur notdürftig erhellte Wohnzimmer vor, in dem man kaum mehr die Umrisse der Möbel wahrnehmen konnte. Der Teppichboden verschluckte jeden Schritt, doch Dagmar glaubte mit jeder Faser ihres Körpers zu spüren, wie Jens sich langsam dem Bett näherte.

Sie rieb sich die feuchten Hände an ihrem Rock ab und lauschte weiter hinaus. Totenstille war eingekehrt, die sich endlos auszudehnen schien. Nach einigen Minuten hörte sie endlich, wie im Wohnzimmer das Licht angeknipst wurde. Jetzt wird er sich dranmachen, das Testament zu suchen, vermutete sie.

Plötzlich nahm sie die leisen Piepstöne einer Handytastatur wahr. Kurz darauf klingelte ein Mobiltelefon.

»Jadwiga?«, hörte sie die gedämpfte Stimme von Jens. Und dann noch einmal, lauter: »Jadwiga?«

Offenbar hatte die Polin ihr Smartphone – wie immer – angeschaltet in ihrer Jeans, und Jens würde nun verwundert auf das Bett zugehen, um nachzusehen. Ein kurzer Augenblick noch – dann zerriss ein gequälter Aufschrei aus seiner Kehle die Stille der Wohnung. Noch einmal einige Sekunden, und der Klingelton verstummte.

»Jadwiga!«, hörte sie ihn entsetzt brüllen. »Jadwiga!«

Ihrer Auffassung nach gab es jetzt, da Jens entdeckt haben musste, dass er nicht sie, die Erblasserin getötet hatte, sondern seine eigene Frau – vermutlich hatte er sie einfach mit dem Kopfkissen erstickt –, verschiedene Möglichkeiten. Erstens: Er könnte die Polizei rufen. Das würde er allerdings bleiben lassen, wollte er sich nicht dem Verdacht aussetzen, er habe seine Frau getötet, um das ausstehende Erbe allein zu kassieren. Zweitens: Er könnte die Wohnung auf den Kopf stellen, um nach dem angekündigten Testament zu suchen. Die größte Gefahr bei dieser Variante wäre, dass er die verschlossene Badezimmertür eintreten würde, und bei diesem Gedanken spürte Dagmar plötzlich einen sehr starken Drang nach Darmentleerung. Die dritte Möglichkeit wäre, er würde verschwinden. Vielleicht für immer, vielleicht, um die Leiche später verschwinden zu lassen oder später nach dem Testament zu suchen oder was auch immer. Er könnte auch einfach aus Verzweiflung aus dem Fenster springen.

Im Wohnzimmer war es wieder still geworden. Ein Mobiltelefon klingelte. Dagmar erstarrte. Der Klingelton kam aus ihrer Handtasche. Sie hatte das Gerät die ganze Zeit über angelassen! Mit zitternden Händen kramte sie das iPhone hervor, drückte den Anruf weg und schaltete das Gerät aus. Der Notar, fiel ihr wieder ein, sie hatte ihn um Rückruf gebeten, um ihn davon zu unterrichten, dass sie ihr Erbe nun doch dem Brustzentrum vermachen wolle. Sie starrte auf die Türklinke, die sich nun langsam nach unten bewegte. Dagmar hielt den Atem an. Doch da schnappte die Türklinke wieder in ihre Ausgangsstellung zurück.

Vorsichtig rutschte sie zur Tür und lauschte wieder. Offenbar wählte Jens nun doch die dritte Möglichkeit, denn nun hörte sie die Wohnungstür aufgehen, hörte, wie sie wieder zugedrückt wurde, hörte, wie der Schlüsselbund sanft klappernd gegen die Messingfassung des Schlosses schlug.

Kurz wurde ihr schwarz vor den Augen. Sie drückte Stirn und Handflächen gegen die Tür und ließ langsam die

Luft zwischen den Zähnen entweichen. Dann entriegelte sie die Badezimmertür, schob ihre pantoffelbekleideten Füße in kleinen Schritten durch den Türrahmen und sah hinüber zu ihrem Bett. Jadwiga lag nach wie vor auf dem Rücken. Ihre blonden Locken ringelten sich auf dem Laken. Nur das Kopfkissen lag auf dem Boden.

Sie wandte den Blick ab. In ihrer Wohnung würde sie nicht bleiben können. Schließlich könnte der Verdacht ja auch auf sie selbst fallen, man konnte nie wissen. Und in diese Wohnung, in der ein Mensch gestorben war, später zurückzukehren, war undenkbar – das war ihr schon zu dem Zeitpunkt klar geworden, als die ganze Sache noch gedanklich in der Planung steckte. Also jetzt Handtasche, Trolley und den Sommermantel von der Garderobe, ein letzter Blick zum Bett – und dann raus hier.

Nach den ersten Schritten auf dem langen Hausflur, der immer wie in der Universitätsklinik nach Desinfektionsmittel roch, schoss ihr ein Gedanke durch den Kopf. Etwas hatte sie bei ihren Planspielen nicht berücksichtigt. Was wäre, wenn sie Jens begegnete, bevor sie das Taxi zum Flughafen erreichte? Was, wenn er sie vom Fenster seiner Wohnung aus beobachtete und sie verfolgte? Es gab nur einen Ausweg. Sie beschloss, ihr Gepäck am Ende des Ganges hinter der Ecke zum nächsten Treppenaufgang abzustellen und zu warten. Und zu hoffen, dass er doch noch einmal in ihre Wohnung zurückkehren würde. Aus seiner Sicht würde er ja zuerst das Testament sicherstellen wollen, ehe er auf irgendeine Weise eine Lösung für Jadwigas Leiche finden müsste. Außerdem würde ihm die verschlossene Badezimmertür keine Ruhe lassen. Und Jens nahm, so viel sie wusste, nie den Treppenaufgang – immer den Fahrstuhl.

Als sie sich an die Wand hinter der Ecke lehnte, erlosch die Flurbeleuchtung. Jetzt, im Dunkeln, spürte sie plötzlich die Pantoffeln an ihren Füßen. Aber für eine Rückkehr, um sich Schuhe anzuziehen, war es zu spät, denn da hörte sie schon das vertraute Summen des sich verlangsamenden Fahrstuhls, hörte das schmatzende Geräusch der sich öffnenden Türen. Das Flurlicht sprang wieder an, und sie riskierte einen Blick um die Ecke. Er fiel auf den Rücken des Mannes, den sie erwartet hatte und der ihrer Wohnung zustrebte. Im nächsten Moment war er verschwunden, ihre Wohnungstür fiel sanft ins Schloss. Lautlos glitten Dagmars Pantoffeln über den Hausflur. Dann drehte sie langsam den außen steckenden Zweitschlüssel um.

***

Die letzte Maschine von Frankfurt nach Las Vegas hatte zwei Stunden Verspätung, wie sie am Schalter in Stuttgart-Echterdingen erfuhr. Wegen starken Bodennebels in Heathrow hatte sich der Transatlantikflug verschoben. Aber wenigstens für die Kurzstrecke Stuttgart-Frankfurt waren keine Verzögerungen gemeldet – das war das Wichtigste. In Frankfurt würde sie in aller Ruhe umsteigen können.

Endlich saß sie in ihrem Flugzeug und konnte sich auf ihrem Sitz in der Economy Class einrichten. Der First-Class-Bereich war ausgebucht gewesen. Aber wenn der Sitz neben ihr frei bleiben würde, könnte sie es sich über Nacht bequem machen und sogar die Beine etwas ausstrecken. Die anderen Passagiere hatten ihre Plätze ebenfalls schon seit einiger Zeit eingenommen, und sie fragte sich langsam, warum es nicht losging. Endlich kam die Durchsage einer Stewardess: Man warte noch auf einen verspäteten Passagier.

Las Vegas! Vor zehn Jahren hatte sie mit ihrem Mann zwei Tage im »Stratosphere« genossen, aber damals war keine Zeit geblieben, mit dem Fahrstuhl auf die Spitze des Towers zu fahren. Sie hatten sich geschworen, zu einem späteren Zeitpunkt noch einmal zurückzukehren und dann gleich mehrere Tage in Las Vegas zu verbringen. Nach seinem Tod hatte sie es sich immer wieder vorgenommen, die Reise nachzuholen. Warum mussten erst solch unglückliche Umstände eintreten, damit sie sich ihren vielleicht letzten Traum erfüllen konnte? Dagmar schob die Gedanken beiseite, öffnete ihre Handtasche und entnahm ihr das Buch, das ihr das Leben gerettet hatte. Zehn Stunden - mit dem Zwischenstopp in London vielleicht zwölf – würden ihr genug Zeit lassen, die Aufklärung des Mordes an Anna bis zu Ende zu lesen.

Nun aber setzte sich doch noch jemand neben sie. Es musste sich wohl um den verspäteten Passagier handeln. Aus der Traum von der Beinfreiheit! Ohne aufzusehen verzog sie den Mund, setzte ihre Lesebrille auf und starrte in ihr Buch.

Der Mann neben ihr räusperte sich. »Sie hier?«

Dagmars Fingernägel bohrten sich in den Buchumschlag.

»Und Sie?«, fragte sie mit dünner Stimme zurück.

»Dienstreise«, murmelte Jens. »Und Sie?«

Dagmar atmete tief durch. »Urlaub.«

Jens warf einen Blick auf ihre Füße. »In Pantoffeln?«

»Dienstreise nach Frankfurt?«, konterte sie.

»London«, erwiderte er. »Die Maschine nach Las Vegas legt einen Zwischenstopp ein in Heathrow.«

»Ach so, Sie haben ja Verwandte dort.« Sie lächelte und beschloss, sich weiter vorzuwagen. »Und Ihre Frau? Wollte sie nicht mitkommen? Am Preis des Zusatztickets kann es ja nicht gelegen haben.«

»Wann haben Sie sie eigentlich zuletzt gesehen? Sie wollte sich doch mit Ihnen treffen?«

»Hört sich an wie eine Zeugenbefragung«, erwiderte sie kühl.

»Als ich sie so um zehn Uhr suchen ging, fand ich sie tot in Ihrem Bett.«

»In welchem Bett?«

»In Ihrer Wohnung!«

»Was macht sie in meinem Bett?«

»Das hätte ich gerne von Ihnen gewusst!«

Dagmar schlug die Hände vors Gesicht. »Jadwiga – tot?« Ich bin keine gute Schauspielerin, dachte sie.

»Oder waren Sie da schon auf dem Weg zum Flughafen?«

»Entsetzlich ...«, stammelte sie. Und nach einer Pause: »Aber was macht Sie so sicher, dass sie tot war?«

»Sie hat nicht mehr geatmet.«

»Das kann ein Laie gar nicht feststellen!«, gab sie zurück. »Haben Sie denn keine Hilfe geholt?«

»Mein Handy lag oben in der Wohnung.«

»Sie hätten Jadwigas Handy benützen können!«

»Woher wissen Sie, dass sie ihr Handy dabei hatte?«

»Weil sie es immer in ihrer Jeans mit sich führt …«

Aus den Lautsprechern meldete sich die müde Stimme des Flugkapitäns, der sich für die Verspätung entschuldigte und den Start ankündigte.

»Darauf bin ich dann auch gekommen«, sagte er schließlich. »Ich musste den Hausmeister rufen.«

»Den Hausmeister?«

»Hatten Sie die Tür abgeschlossen, von außen?«

Dagmar beabsichtigte nicht, die Frage zu beantworten. Stattdessen stellte sie fest: »Und der hat sie dann rausgelassen, und Sie haben Ihre Sachen gepackt, ohne sich weiter um Ihre Frau zu kümmern.«

»Wie hätten Sie denn gehandelt?«

»Ich?«

»Es war doch klar, dass der Verdacht auf mich fallen würde. War das nicht Ihre Absicht?«

»Andersrum wird ein Schuh draus!«, konterte sie. »Ich hatte ja angekündigt, dass ich mein Testament ändern würde. Und Sie haben gedacht: Je schneller die Alte abkratzt …«

»Nach allem, was Sie für uns getan haben, glauben Sie im Ernst …?«

»Mein Fehler war, dass ich Sie erst auf den Gedanken gebracht habe mit meinen großzügigen Zuwendungen.«

»Sie glauben tatsächlich, wir wollten Sie beseitigen, um rasch an Ihr Erbe zu kommen?« Jens atmete tief durch.

Dagmar lachte hämisch auf. »Nur, dass in meinem Bett nicht ich lag, sondern Ihre Frau. Irgendwie Pech, oder?«

Nach einer Weile des Schweigens sagte er: »Ich hatte doch gar keine Ahnung, was in Ihrem Testament stand, und außerdem hatte Jadwiga das Testament gar nicht bei sich …«

»Selbst, nachdem Sie angeblich festgestellt hatten, dass Ihre Frau tot war, haben Sie noch danach gesucht! Ziemlich abgebrüht!«, stellte sie fest und dachte, mal sehen, welche Ausrede ihm jetzt noch einfällt...

Das Flugzeug hatte seine Startposition erreicht. In den Augenwinkeln nahm sie seinen lauernden Blick war. Die Beleuchtung wurde abgeschaltet.

»Sie litt an einer Unverträglichkeit gegen Benzodiaphenol«, brachte er unvermittelt hervor.

Dagmar schluckte. Wollte er den Spieß jetzt umdrehen?
»Davon hat sie mir nie etwas erzählt ...«

Die Maschine beschleunigte.

»Warum auch. Diese Substanz findet in Schlafmitteln Verwendung«, fügte er hinzu. »Und dann dieser lindgrüne Fleck auf dem Tischchen. Sie hatten noch etwas gekocht, wie immer, oder?«

Ihr Hals schnürte sich zu. Sie drehte den Kopf zum Fenster. Draußen rasten blinkende Lichter vorbei.

»Sie wollten, dass ich im Glauben, es handle sich um Ihre Person, meine Frau umbringe!«, konstatierte er kühl.

Dagmar fasste sich an ihren Kehlkopf. Sollte das Schlafmittel, zumal in dieser hohen Dosierung, einen allergischen Schock ausgelöst und sie den Tod von Jadwiga tatsächlich selbst herbeigeführt haben?

Die Maschine hob ab in den Nachthimmel.

Im Krimi ist es immer so, dachte sie und versuchte, das Schluchzen, das sie jetzt erfasste, zu unterdrücken: Auch in den besten Plan schleicht sich immer ein Fehler ein. Wenn Jens Jadwiga doch nicht erstickt hatte? Sie hatte es ja nicht gesehen ... Nur das Kissen, das auf dem Boden lag ... Sie wollte noch etwas sagen, doch die Worte blieben ihr im Hals stecken.

Sie spürte, dass er sie lauernd von der Seite aus ansah. Dann drang noch einmal, mit einer unendlichen Traurigkeit im Ton, seine Stimme an ihr Ohr:

»Tja, irgendwie dumm gelaufen ...«

Chili-Wildkräuter-Espuma mit Croûtons

Zutaten für 5 Personen:
250 g Wildkräuter der Saison (Knoblauchrauke, Löwenzahn, Brunnenkresse, Wildrauke, Wildkresse, Breit- und Spitzwegerich, Frauenmantel, Schafgarbe)
Zwiebel
¼ Knollensellerie
das Grüne von ¼ Stange Lauch
Chilischote
50 g Margarine
25 g Mehl
1 l Gemüsebrühe
200 ml Sahne
1 EL Crème fraîche
Scheiben Dinkeltoast
20 g Butter
Salz, Pfeffer, Muskat

Zubereitung:
Wildkräuter waschen, Blätter und Blüten vom Stiel zupfen. Zwiebel, Sellerie und Lauch in nussgroße Stücke schneiden. Chilischote halbieren, entkernen und klein schneiden. Wildkräuter, Zwiebel, Sellerie, Lauch und die Chilischote in Margarine anschwitzen. Mit Salz, Pfeffer und Muskat würzen.
Das Mehl dazugeben und etwas ansetzen lassen, anschließend mit etwas Gemüsebrühe ablöschen und auffüllen. Sahne und Crème fraîche dazugeben. Bei mittlerer Hitze immer wieder rühren, aufkochen lassen. Mit einem Pürierstab mixen und durch ein gröberes Spitzsieb passieren. Noch einmal aufkochen lassen und abschmecken – eventuell ein paar Butterflocken einrühren.
Die Rinde des Dinkeltoasts wegschneiden und den Toast in zirka 5 Millimeter dicke Würfel schneiden, danach die Croûtons in einer heißen Pfanne in Butter goldbraun anbraten.

Zum Anrichten als Espuma die heiße Suppe in einen Siphon abfüllen, eine Kapsel aufsetzen, einmal schütteln und auf einen Teller sprühen. Alternativ die Suppe mit einem Pürierstab schaumig aufmixen. Mit etwas geschlagener Sahne, frischen Kräutern und Blüten garnieren.

(Aus: Jürgen Autenrieth, Annegret Müller-Bächtle, Alexander Schulz, Rainer Fieselmann: So schmeckt die Alb. Kochen mit feinen Zutaten aus dem Biosphärengebiet. Silberburg-Verlag GmbH, Tübingen 2012)

Heidemarie Köhler

Abschied von Stefan

Reutlingen

So einen Sturz überlebt man nicht. Anette tritt einen Schritt zurück. Nur nicht hinuntersehen.

Wie oft hat sie sich das in den letzten Stunden vorgestellt, den Fall, den Aufprall, verrenkte Gliedmaßen, der Schädel zerschmettert. Kaum schloss sie die Augen, sah sie sich unten liegen, auch jetzt, immer noch. Es zieht sie wieder zur Brüstung, zieht sie hinab. Der Absprung und dann dreht sich der Körper in der Luft, bis sie kopfüber ... Weg hier, bloß weg.

Sie hetzt den Weg hinunter zum Parkplatz, setzt sich ins Auto, starrt auf die Bäume und den Berg vor sich. Oben der Turm, darunter hätte sie gelegen. Aber sie hat sich fürs Leben entschieden, für ihr Leben mit Stefan.

Hier kann sie nicht bleiben, sie lässt den Motor an und startet, fährt ziellos eine Landstraße entlang, blind fast, und erschrickt, als sie plötzlich bemerkt, dass die Schlieren vor ihren Augen keine Tränen sind, sondern dass Regentropfen an der Windschutzscheibe hinunterrinnen. Sie schaltet den Scheibenwischer an und befiehlt sich, besser aufzupassen, sich aufs Fahren zu konzentrieren. Zum Glück ist nicht viel Verkehr. Schließlich biegt sie in einen Waldweg ein und hält auf einem verlassenen Wanderparkplatz. Endlich Ruhe. Sie lässt den Kopf gegen die Nackenstütze fallen, sie ist erschöpft, seit Tagen hat sie kaum noch schlafen können, hat letzte Nacht hinter geschlossenen Lidern immer dieses Bild gesehen, den Blick vom Turm und dann den Moment, in dem sie sich fallen lässt. Nun stellt sich hinter ihren Augenlidern gnädiges Grau ein, das sich ausbreitet und sie innen ganz ausfüllt.

Als sie hochschreckt, ist es schon dunkel. Sie weiß sofort, warum ihr Herz wieder so rasend schlägt. Für einen kurzen Augenblick hofft sie, es sei ein Traum gewesen, alles nur ein Traum – sie lacht auf, beißt sich auf die Lippen, sie hat einen bitteren Geschmack im Mund, süßlich-bitter, ekelhaft, sie schluckt das Blut hinunter, das aus ihrer verletzten Unterlippe quillt. Ein Traum! In diesem Albtraum lebt sie nun seit Tagen.

* * *

»Anne Hill, ein gutes Pseudonym«, sagte die Stimme. Anette erkannte sie sofort. Gunda. Wer sonst schaffte es, dass selbst ein Kompliment herablassend klang? Trotzdem freute sich Anette und lud die alte Freundin – war sie je eine Freundin gewesen? – trotzdem lud sie also die ehemalige Kommilitonin auf ein Glas Wein in das Bistro neben der Buchhandlung ein. Daraus wurden mehr, sie hatten es nie bei einem Glas belassen, es wurde spät, es war wie früher. Fast. Neu war das gute Gefühl, nicht mehr die Unterlegene zu sein, nicht in abgetragenen Sackklamotten eine schlechte Figur zu machen neben der gut gekleideten attraktiven Freundin. Wie Gunda das immer hinkriegte, sie hatte doch auch nicht viel damals. Aber jetzt konnte Anette ohne zu zögern den Burgunder bestellen statt des billigen Chianti. Sie trug Markenjeans und teures Makeup. Gunda bemerkte es durchaus, das genoss Anette. Es war nicht wie früher.

Wenn sie Stefan nun von damals erzählte? Das war doch alles nicht so dramatisch. Jugendsünden, weiter nichts! Etwas zu viel Alkohol manchmal, ziemlich viel zu viel, zugegeben, aber musste sie denn für ihn das unbeschriebene Blatt mit dem einen einzigen Ausrutscher sein? Musste sie es für alle Zeit bleiben? Einmal betrunken am Steuer, dachte er. Er hatte sie verteidigt, mildernde Umstände gesehen, wo es rechtlich keine gab, und sich in seine Mandantin verliebt ... Er nahm einfach an, dass sie sonst kaum trank, und so war es ja auch seitdem, warum also hätte sie ihm gestehen sollen ...

Doch als sie am Morgen nach ihrer Lesung verkatert im Hotel aufwachte, überlegte Anette plötzlich, Stefan alles zu beichten, den Alkohol, auch die paar Versuche mit Haschisch damals, längst vergessen, unwichtig. Sicher wäre er überrascht, vielleicht ein bisschen schockiert, aber er würde sie doch nicht fallen lassen deshalb.

Warum kam sie überhaupt auf die Idee, dass sie sich mit ihm aussprechen sollte?

Gunda, natürlich. Sie hätte es wissen müssen.

Anette erinnerte sich nicht mehr an alles, was sie zu Gunda gesagt hatte am Abend vorher. Aber sicher hatte sie ein bisschen mit ihrem wohlhabenden Ehemann geprahlt, dem erfolgreichen Rechtsanwalt, der alles für sie tat, der sogar ihren Gedichtband finanziert hatte. War das nicht menschlich? War das nicht verzeihlich?

Gunda wartete schon in der Hotelhalle, als sie herunterkam. Wohl oder übel musste Anette sie zum Frühstück einladen. Gunda sprach davon, wie weit die Freundin es gebracht habe – und lieh sich zweihundert Euro.

»Anette, du kannst mir sicher aushelfen ...«

Natürlich konnte sie das. Diesmal. Es würde bei dem einen Mal bleiben, das nahm sie sich fest vor, als sie im Zug nach Hause saß, erster Klasse natürlich.

Nie hätte Anette darauf eingehen dürfen. Es war ein Signal, sie hatte damit zugegeben, dass sie erpressbar war. Der Alkohol, das bisschen Hasch – na und. Sie waren nun acht Jahre verheiratet, Stefan würde sie deswegen nicht vor die Tür setzen.

Aber die Männergeschichten. Gunda wäre bestimmt nicht zimperlich, sie würde mit saftigen Details aus der WG aufwarten. Wenn er die hörte – und wenn Gunda ihm außerdem noch steckte ...

Nein, dazu würde es nicht kommen, Anette war sicher. Gunda kannte ja weder ihren jetzigen Nachnamen noch ihren Wohnort. Anette Hiller gab es nicht mehr, Anne Hill war nur ein Pseudonym. Mit dem Gefühl, glimpflich davongekommen zu sein, fuhr Anette nach Hause. Sie verbannte die Gedanken an Gunda, an die zweihundert Euro, die sie schon abgeschrieben hatte, und an früher.

Das war am Donnerstag.

Am Freitagmorgen klingelte während des Frühstücks das Telefon – Gunda.

»Tut mir leid, Sie haben sich verwählt«, sagte Anette.

Sie legte auf und floh in die Küche, um ihr heißes Gesicht vor Stefan zu verbergen. Wie hatte Gunda herausgefunden, wo sie wohnte? Stefan durfte nichts merken. Sie nahm ein Glas Marmelade mit ins Esszimmer, schmierte sich ein Brötchen, brachte keinen Bissen herunter.

»Bist du krank?«, fragte Stefan.

Sie schüttelte den Kopf. »Nur ein bisschen Kopfschmerzen.«

Das war nicht mal gelogen. Sie nahm zwei Aspirin und als Stefan aus dem Haus war, bewachte sie das Telefon. Als es klingelte, meldete sie sich diesmal nur mit Hallo. Umsonst, Gunda hatte vorher gut zugehört.

»Wegener«, stellte sie fest. »Noch ein Name, du bist ja maßlos. Anette Hiller und Anne Hill und nun auch noch Anette Wegener.«

Gunda war Gunda, sie klang nun mal überheblich, doch der Anruf schien ganz harmlos gemeint, zunächst.

»Ich hab unerwartet eine Nachzahlung bekommen, ich kann dir dein Geld gleich wiedergeben«, sagte sie. »Ich bringe es dir.«

Auch das noch! Sollte sie die verdammten zweihundert Euro behalten! Es gelang Anette, Gunda auf Montag zu vertrösten. Sie schlug ein Treffen in Urach vor.

»Ganz idyllisch ist es da, du wirst es mögen«, schwärmte sie, aber Gunda ließ sich nicht täuschen.

»Du willst in Reutlingen nicht mit mir gesehen werden«, sagte sie. Anette fühlte sich durchschaut.

***

Das Wochenende war endlos. Immer wenn das Telefon klingelte, zuckte Anette zusammen, sie beeilte sich abzuheben, damit Stefan nur ja nicht ... Einmal war er zuerst dran, jemand legte auf. Anette überlegte, was sie am Montag zu Gunda sagen, wie sie sie abschütteln könnte.

Aber Gunda wollte ja nur das Geld zurückzahlen. Es würde noch alles gut werden.

Trotzdem war es ein Fehler gewesen, ihr überhaupt Geld zu geben. Zweihundert Euro, ein Witz! Das war doch bloß ein Versuchsballon gewesen – und Anette hatte gezeigt, dass sie bereit war, sich Gundas Schweigen zu erkaufen. Die Einsicht kam zu spät. Anette konnte kaum schlafen, Gunda war bereits allgegenwärtig.

Das Treffen am Montag machte es zunächst nicht besser. Gunda hatte keinen Blick für Fachwerkfassaden und Giebel, auch die Felsen oberhalb der Stadt ließen sie kalt.

»Und da die Burg ...«, versuchte Anette.

»Mit so was willst du mich beeindrucken?« Gunda lachte. »Hallo? Hast du vergessen, wo ich wohne? Heidelberg – erinnerst du dich?« Sie klang belustigt. »Ich glaube, ich muss deinem Gedächtnis ein bisschen nachhelfen.«

»Komm, wir gehen was essen«, schlug Anette vor. »Ich lade dich ein.«

»Gern, Frau Wegener«, sagte Gunda und obwohl sie lachte, klang das in Anettes Ohren wie eine Drohung.

Nicht ins beste Haus am Platz, nur ja nicht wieder das Geld raushängen lassen, dachte Anette. Gutbürgerlich, günstig, Schnitzel und Salat. Und tatsächlich gab Gunda ihr nach dem Essen die zweihundert Euro zurück, ließ sich dann von Anette zum Bahnhof bringen, und die Sache war erledigt. Anette winkte dem roten Schienenbus hinterher und bekam fast ein schlechtes Gewissen, wenn sie daran dachte, wie viel Berechnung sie Gunda unterstellt hatte.

Sie schob alle Gedanken an ihre Lesung in Heidelberg, die Begegnung mit Gunda und das geliehene Geld weg. Trotzdem ließen sich die Zweifel nicht verscheuchen. Es wäre besser, wenn sie Stefan die Wahrheit sagte. Wirklich? Wirklich. Vielleicht könnte sie ihm nach und nach alles beibringen, vielleicht würde er dann Verständnis aufbringen. Vielleicht. Vielleicht morgen, oder übermorgen. Heute nicht, noch nicht. später vielleicht. Oder gar nicht.

Am Mittwochmorgen erschien wieder die Heidelberger Nummer auf dem Display. Stefan war schon weg, zum Glück.

»Ich hab da diese tolle Eigentumswohnung angeboten bekommen«, sagte Gunda. »Ihr könnt mir sicher einen Kredit verschaffen, aus alter Freundschaft, ja?«

Anette blieb erst stumm, zwang sich dann, um Gunda loszuwerden, zu dem Versprechen, sie werde mit Stefan reden. Wie sollte sie ihm das erklären? Sie musste ihm alles beichten, dann hätte Gunda keine Macht mehr über sie. Der Alkohol, das Haschisch, die Männer – darüber würde er hinwegkommen. Nur über das eine nicht.

Sie schrak zusammen, als das Telefon, das sie noch in der Hand hielt, wieder klingelte. Die Büronummer. Stefan. Anette drückte die Taste, meldete sich.

»Ciao.« Sie hörte, wie ihre Stimme zitterte, hörte das Blut in ihren Ohren, dann erst Stefan.

»... ein Abschiedsessen, sozusagen.«

Er wusste doch noch nicht ... Oder hatte Gunda ihm schon ... Er sprach von Tradition und Reutlingen und Winterende. Lichtstube.

»Nicht unser Abschiedsessen?«, rutschte es ihr raus.

Er lachte. »So leicht wirst du mich nicht los.«

Sie musste mit ihm reden. Nicht über Gunda. Über ihr Geheimnis, die große Lüge. Er bot ihr so viel und sie – sie hatte nicht einmal den Mut, ihm die Wahrheit zu sagen. Als sie ihn kennenlernte, schien es besser, einfach zu schweigen. Eine Abtreibung, war das denn so schlimm? Für ihn war es eben schlimm, ein Verbrechen gegen das Leben, sagte er, er hatte so strenge Vorstellungen, deshalb hatte sie das verheimlicht, es ging ihn ja auch nichts an. Das alles war doch vorher. Aber die Kinderzimmer in dem großen Haus, das er gebaut hatte, würden leer bleiben und in der Wiege, seiner alten Wiege, die im Schlafzimmer bereit stand, würde niemals sein Baby liegen, denn sie konnte keine Kinder mehr bekommen, nicht nach der Gebärmutterentzündung damals. Und deshalb ging die Abtreibung ihn doch etwas an. All die Jahre hatte sie nicht gearbeitet, weil Stefan meinte, das lohne sich doch nicht, für die Kinder werde sie ja sowieso zu Hause bleiben. Sie hatte von Anfang an gewusst, dass seine Hoffnungen sich nicht erfüllen konnten. Wenn er das erfuhr ...

Sie brachte es nicht fertig, beim Abendessen davon zu sprechen. Sie hörte kaum, was Stefan sagte, und kaute lange auf den Schiedwecken herum, in Gedanken immer bei Gunda, die nun nicht mehr nachlassen würde.

Ausgerechnet Gunda war mitgegangen zum Arzt als einzige Vertraute. Das war ihr Trumpf, und wenn sie nicht bekam, was sie wollte, würde sie ihn ausspielen, skrupellos. Anette überlegte hin und her, aber Gunda würde mehr verlangen, immer mehr, früher oder später würde sie sich in ihr Leben drängen, sie tat es ja jetzt schon. Anette würde Stefan verlieren. Es gab keine Lösung, nur – weg. Weg von Stefan – weg aus ihrem Leben – weg – aus dem Leben.

In der Nacht schrieb Anette, diesmal keine Gedichte, für die Stefan sie so liebte, sie schrieb ihre Gedanken auf, ihre Angst, die Verzweiflung. Den Entschluss. Sie schrieb Stefan einen langen Brief und verstaute ihn in ihrem Schreibtisch. Er würde ihn finden, nachher. Nachher durfte er wissen, was sie getan hatte. Er sollte es sogar wissen, sie würde ja dafür bezahlt haben. Mit ihrem Leben. Vielleicht würde er dann um sie trauern – wenn sie zerschmettert auf dem Boden lag, neben dem Turm. So sollte es sein, so würde es kommen. Bald. Denn sie konnte nicht mehr lange warten, gleich morgen wollte sie ...

Endlich war es Zeit aufzustehen. Sie warf einen Blick aus dem Fenster. Schon wieder Gunda! Konnte sie nicht einen Tag Ruhe geben? Nicht einmal heute? Anette stürzte zur Garderobe, holte ihre Jacke, zog Schuhe an.

»Tschüss!«, rief sie. »Ich muss los, ein Arzttermin.«

So hatte sie sich ihren Abschied von Stefan nicht vorgestellt. Schnell, runter in die Garage, bevor Gunda sich an ihn heranmachen konnte.

Als Anette aus der Ausfahrt preschte, trat Gunda dem Auto entgegen. Anette bremste im letzten Moment.

»Na, so was!«, sagte sie gespielt überrascht. »Du bist hier. Ich muss was besorgen, kommst du mit?«

Sie fuhr planlos durch Straßen. Wohin? Gunda würde bald Fragen stellen, Anette brauchte einen Vorwand, warum sie so früh unterwegs war. Beim Holzhandel an der Ausfahrt Richtung Eningen kaufte sie schließlich zwei Zedernlatten.

»Übrigens, von da oben hat man eine tolle Aussicht«, sagte sie und zeigte auf die Achalm. »Ich habe Zeit, sollen wir?«

Gunda zuckte die Achseln.

»Ach komm, nachher gehen wir unten im Restaurant was essen, die kochen gut.«

»Und du machst wirklich den ganzen Tag nichts als essen gehen und Gedichte schreiben?«, stichelte Gunda, aber es klang neidisch.

Der Parkplatz war leer, auf dem Wiesenweg niemand. Anfangs plapperte Gunda unentwegt von ihren Plänen. Einen besseren Job brauche sie, der Chef passe ihr nicht. Anette versuchte, die Stimme auszublenden, stattdessen hörte sie unausgesprochene Fragen, Forderungen. Dann schwärmte Gunda wieder von der Wohnung, die sie kaufen wollte. Was nun, die Wohnung in Heidelberg oder einen Job hier bei Stefan? Beides? Egal, es ging Anette nichts mehr an und Gunda würde gar nichts bekommen.

Gunda lief inzwischen langsamer, umrundete vorsichtig die Schafsköttel und blieb schließlich bei einer Bank stehen. Um ein Stück vom Achalmturm zu sehen, musste sie den Kopf in den Nacken legen. »Ganz da hoch? Wozu eigentlich?«, maulte sie.

»Also, ich will das jetzt, wo wir schon mal so weit sind«, sagte Anette.

Gunda setzte sich wieder in Bewegung, seufzte dabei demonstrativ und wischte sich immer wieder mit der Hand über die Stirn. Warum blieb sie nicht einfach hier auf einer Bank sitzen und ließ Anette in Ruhe weitergehen zu ihrem Ziel, da oben.

»Warum setzt du dich nicht einfach auf die Bank und wartest?«, fragte Anette. Da müsste Gunda lange warten, oder nein, sie würde sicher etwas hören, einen Schrei, den Aufprall? Anette scheuchte den Gedanken weg, sah Gunda aufmunternd an. »Ich bleibe nicht lange oben.«

Nicht dran denken, einfach vorwärts und mit jedem Schritt höher ihrem Ziel ein bisschen näher. Aber Gunda war offensichtlich nicht gewillt, Anette allein gehen zu lassen. Wenigstens hatte Gunda inzwischen nicht mehr genug Puste, um von allem zu reden, was Anette ihr ermöglichen sollte.

Aber kaum war sie oben auf der Plattform wieder zu Atem gekommen, fragte Gunda: »Hast du mit Stefan über den Kredit gesprochen?«

»Er ist nicht gerade begeistert, aber er wird sich wohl breitschlagen lassen. Gib mir ein bisschen Zeit.«

Anette hatte keine Zeit mehr. Sie musste es tun, jetzt. Obwohl Gunda dabei war? Die würde sie nicht hindern können.

»Ich hab nicht viel Zeit«, sagte Gunda. »Ich sollte am besten selber mit ihm reden ...«

Nein!

* * *

Anette fühlt, wie ihre Unterlippe anschwillt. Die Kopfschmerzen sind auch wieder da. Sie lässt den Motor an und wendet mühsam auf dem engen Waldweg. Nur nach Hause und ins Bett, morgen wird sie weitersehen.

Als sie aufs Grundstück einbiegt, geht die Haustür auf. Stefan kommt ihr entgegen und läuft neben dem Auto her in die Garage, kalkweiß ist er. Kaum ist sie ausgestiegen, umklammert er sie. Er murmelt in ihr Ohr, sie kann nur Wortfetzen verstehen, zusammenhangloses Zeug, er spricht so nah, er stammelt – Anette, hört sie und etwas von Angst und Liebe, Vertrauen, ich liebe dich doch, und dann kurze, hastige Atemzüge, und immer wieder ihren Namen, Anette, Anette, wichtiger als alles andere und Verzeihen. Wovon redet er? Er presst sie an sich, er erdrückt sie ja.

Allmählich versteht sie, dass er sich Sorgen gemacht hat, weil sie am Morgen so merkwürdig, weil sie schon seit Tagen so komisch war, und dass er ihre Sachen durchsucht hat, um einen Hinweis zu finden. Der Brief. Er hat ihn gelesen, er weiß alles.

Er verzeiht ihr?

Sie steht reglos da. Er zieht sie die Treppe hoch, nimmt ihr die Jacke ab, bettet sie auf die Couch.

Sie sieht wieder Gunda gegen die Brüstung gelehnt, so lässig, sieht Gundas ungläubigen Blick, als Anette ihr die Beine hochreißt, hört den Schrei, als Gunda stürzt. Es war so leicht, erstaunlich leicht. Und ganz und gar sinnlos, es wäre nicht nötig gewesen.

Aber diese schrecklichen Tage, immer die Angst. Gewissensbisse, wozu? Weil Stefan die Wahrheit nicht erfahren durfte. Seinetwegen musste sie Gunda beseitigen.

Als er ihr einen Becher Tee bringt und beruhigend auf sie einredet, wird Anette klar, dass sie ihrem Mann diesen Mord nicht verzeihen wird.

Zum Abschied vom Winter und von der Lichtstube wurden in Reutlingen traditionell am zweiten Mittwoch nach Aschermittwoch Schiedwecken und trockener Weißwein gereicht. Heute bieten um diese Jahreszeit viele Bäckereien die Pasteten an.
„Licht- oder Spinnstuben sind Orte einer sehr lebendigen dörflichen Kultur, die darauf abzielte, Arbeit und Leben miteinander zu versöhnen. Die Spinnstube wird abwechselnd auf dem einen oder anderen Hof abgehalten, die Frauen und Mädchen spinnen, die Burschen machen Musik, oder es werden Volkslieder gesungen ..."
– Meyers Konversationslexikon von 1888-1890

Reutlinger Schiedwecken

Zutaten:
3 runde Platten Blätterteig
500 g geschnetzeltes Kalbfleisch
2 fein gewürfelte Zwiebeln
2 fein gehackte Knoblauchzehen
1 Bund fein gehackte Petersilie
100 g Champignons, in Scheiben geschnitten
1 Ei, verquirlt
2 EL Butter
Mehl oder Weckmehl, nach Belieben
Salz, Pfeffer aus der Mühle
etwas Muskat
etwas Chili, nach Belieben
zum Bestreichen 1 verquirltes Eigelb

Zubereitung:
Zwiebel, Knoblauch und Petersilie miteinander vermengen und in der Butter in der Pfanne erst leicht anbraten. Das Fleisch, die Champignons und ein verquirltes Ei, Gewürze nach Geschmack und etwas Mehl oder Weckmehl mit in die Pfanne geben. Alles gut vermischen. Eine Blätterteigplatte auf den mit Backpapier belegten Boden einer Springform legen und an den gefetteten Seiten fest andrücken. Die Fleischfüllung darauf verteilen und mit der zweiten Teigplatte belegen. Die obere Teigplatte an den Rändern mit Wasser anfeuchten, andrücken und gut mit der unteren verbinden. Ein paar Löcher in die obere Teigplatte stechen, damit die Luft entweichen kann. Jetzt die dritte Blätterteigplatte in Streifen schneiden und als Gitter obenauf legen. Alles mit verquirltem Eigelb bestreichen.
Ofen auf 200 Grad Ober-/Unterhitze vorheizen. Im heißen Backofen auf mittlerer Schiene ca. 45 Min. goldbraun backen.
Dazu Salat und Weißwein reichen.

Tanja Roth

Totgefressen

Schloss Lichtenstein

Sonnenbühler Kurier, Montag 24.08.2015
Totgefressen?
Der Reutlinger Oberbürgermeister Dr. Dömmer-Wergelstein ist nach einem Arbeitsessen auf Schloss Lichtenstein in der Nacht tot aufgefunden worden.

Während die Polizei sich noch bedeckt hält, werden erste Gerüchte laut, dass es sich um Mord gehandelt haben könnte. Feinde nannte der kontrovers diskutierte Dömmer-Wergelstein »eine Nebenwirkung des Erfolgs«, doch konnte er auch eine große Zahl von Bürgern für seinen zielbewussten Führungsstil begeistern. Seine Wiederwahl im Herbst schien nicht gefährdet.

Nach einer kurzen Konsolidierungsphase muss die CDU nun schnell zu Kräften kommen. Seine Assistenten, Karin Rüttger und Volker Kern, haben sich beide in ersten Statements bereit erklärt, die Nachfolge anzutreten.

Inzwischen weiß man mehr. *Totgefressen* hat er sich nicht, auch wenn es, Sie erlauben meine Direktheit, die wahrscheinlichste Möglichkeit gewesen wäre. Eine Lungenembolie hat ihn irgendwann zwischen Mitternacht und zwei Uhr morgens ereilt, seine Frau hat ihn im Arbeitszimmer gefunden und noch vor der Polizei die Presse informiert.

Frau Kriminalhauptkommissarin Brenner, ich hoffe, dass ich zur Lösung des Falls beitragen kann. Vielleicht helfen meine Beobachtungen bei Ihrer Ermittlungsarbeit. Möchten Sie, dass ich Sie im Lokal herumführe?

Sie haben recht, zuerst sollte ich mich vorstellen: Mein Name ist Bernhardt Klett, ich bin 54 Jahre alt, verheiratet, und ich blicke auf bald 40 Jahre Arbeit in der Gastronomie zurück. Seit mehr als zwei Jahren arbeite ich als Oberkellner auf dem Lichtenstein.

Möchten Sie, dass ich Sie zuerst herumführe? Hier im Restaurant *Altes Forsthaus* gleich neben dem Schloss haben wir drei Gasträume, die alle von diesem Flur abgehen. Draußen befindet sich ein wunderbarer Biergarten, der bei sonnigem Wetter geöffnet ist, so wie heute. Ins Restaurant gelangt man über die breite Holztreppe, über die Sie auch gekommen sind, sonst gibt es nur eine Feuerleiter an der Außenmauer. Hinter dem langen Tresen hier im Gang liegt die Küche. Folgen Sie mir bitte. Der Festsaal ist der größte Raum, aber immer noch gemütlich und übersichtlich mit 55 Sitzplätzen. Die Delegation saß hier, wo wir jetzt stehen.

Da ich nicht hier, sondern in Tübingen wohne, weiß ich nicht viel über den Verstorbenen. In der Presse las man eine Menge Klatsch und Tratsch über den Oberbürgermeister. Hat er nicht erst kürzlich für Schlagzeilen gesorgt mit dieser Vetternwirtschaft um lukrative Aufträge für das neue Industriegebiet?

Ich möchte mir keine Meinung erlauben über einen Toten, aber sein Verhalten ließ schon auf eine schlechte Kinderstube schließen. Er hat das Restaurant gestürmt gestern Abend, ist die alte Holztreppe hochgepoltert, als ob ihm alles hier gehöre. Über unsere Angestellten verfügt hat er wie ein barocker Potentat, eher befohlen als gefragt. Und wie er herübergerufen hat, wenn ihm etwas nicht schnell genug ging! Durch den ganzen Raum war seine tiefe Stimme zu hören. Als ob die anderen Tische nicht besetzt gewesen wären. Das Treffen war wohl geheim; aber wenn ein geheimes Treffen von Dr. Dömmer-Wergelstein in dieser Lautstärke abläuft, dann wundere ich mich, dass man ihm noch keine kriminellen Machenschaften nachweisen konnte, sollte es denn welche geben. Und erst dieser Kern, wohl sein Adlatus. Bei der Reservierung hatte man vergessen, uns mitzuteilen, dass ein separater Raum gewünscht war. Kern hat mich beschimpft und auf seinen Wunsch bestanden. Aber wohin die anderen Gäste ausquartieren in der Kürze der Zeit? Wir sind schließlich eine beliebte Ausflugslokalität und die Tische oft bis in die Nacht hinein besetzt. Die Stimmung war für einen Moment sehr gereizt, aber wir haben die Gemüter schnell wieder beruhigt mit einem kleinen Apéritif. Möchten Sie etwas trinken oder sich setzen, Frau Brenner? Nein?

Nun, besondere Gäste bringen besondere Erfordernisse mit sich, aber in diesem Falle mussten Kern und der Oberbürgermeister akzeptieren, dass wir solche Details bereits bei der Reservierung wissen müssen. Den Anschiss dafür, Sie entschuldigen die Formulierung, hat Dömmer-Wergelsteins Assistentin Frau Rüttger vor allen Anwesenden kassiert. Der Kern hat das sichtlich genossen, auch wenn ich ihn sonst kein einziges Mal habe lächeln sehen an diesem Abend.

Für uns Kellner ist es immer etwas Besonderes, Prominente zu Besuch zu haben. Und natürlich auch ein exzellentes Mahl zu servieren. Und das Menü war die Wucht, da haben die richtig viel Geld liegen lassen. Ob es über die Partei abgerechnet wurde? Da fragen Sie mich etwas, Frau Brenner. Auf alle Fälle hat Dömmer-Wergelstein alles zusammen mit Karte bezahlt.

Begonnen haben wir mit dem *Gruß aus der Küche*, einer Salbeipastete. Dann kam ein klares Rindersüppchen an Sauerampferschaum, gefolgt von Salaten der Saison mit Alblinsen, dann, lassen Sie mich überlegen... zartes Jungbullencarpaccio und als Hauptgang Albschnecken. Glibbrige Weinbergschnecken. Haben Sie das schon mal gehört? Hätte ich früher nie gegessen, im Leben nicht. Aber unser Küchenchef achtet darauf, dass das Personal Neuheiten selbst probiert, damit wir selbst wissen, was wir empfehlen. Das Fleisch der Schnecken hat mich überrascht; fein und bissfest ist es, kein bisschen schleimig. Ein Gedicht mit Wildkräutersoße! Diese Schnecken entwickeln sich gerade zum Geheimtipp. Weil das Fleisch hier Zeit bekommt, zu wachsen. Ganz im Gegenteil zur den französischen Massenzuchten. Jaja, die Alb ist kulinarisch gesehen längst kein Geheimtipp mehr.

Aber ich schweife ab. Ob mir sein Tod nicht nahegeht? Nun ja; so, wie Dr. Dömmer-Wergelstein sich benommen hat, bin ich zwar von seinem Tod an sich betroffen; davon, das – eventuelle – Ausmaß meiner Beobachtung nicht sofort begriffen zu haben, nicht gleich gehandelt zu haben... Aber der Mann selbst wird mir auch im Nachhinein nicht mehr sympathisch.

Wir hatten den Tisch dort hinten ausgewählt, der in den Erker hineinreicht, mit dem schönsten Blick aufs Tal. Geschmückt mit weißen Tischdecken und zurückhaltender Sommerblumendekoration, wie von Frau Rüttger im Vorfeld bestellt. Ein Ausblick, wie er in der ganzen Region seinesgleichen sucht, sage ich Ihnen. Das Restaurant steht ja auf dem Überhang. Kommen Sie mit, Frau Hauptkommissarin, von hier aus können Sie es gut sehen. Atemberaubend, nicht? Wenn die Nebelschwaden im Herbst an den Felsen kleben, kommt man sich vor wie in einem Märchen. Die kleinen Orte da ganz tief unten, das sind Lichtenstein und Honau. Nein, die Butzenscheiben sind nicht mittelalterlich. Wilhelm Graf von Württemberg hat das Schloss im 19. Jahrhundert nach alten Plänen wieder aufgebaut, nachdem er den Roman »Lichtenstein« von Wilhelm Hauff gelesen hatte. Ein solches Projekt könnte man heutzutage gar nicht mehr finanzieren. Ja, ich habe gehört, dass man dem Oberbürgermeister einen ähnlichen Umgang mit Steuergeldern unterstellt. Aber glauben Sie, dass ein einziger Mann so viel Möglichkeiten zur Mauschelei hat; in der heutigen Zeit? Ich kann es mir kaum vorstellen.

Die Gäste jedenfalls verschwendeten keinen Blick für die wundervolle Umgebung. Herr Dr. Dömmer-Wergelstein saß sogar mit dem Rücken zum Fenster. Aufgrund seines Umfangs mussten wir den Tisch verschieben, damit er zu seinem Platz gelangen konnte. An der gegenüberliegenden Seite der Tafel hat es ihm wohl nicht gefallen. Am Kopf der Tafel wolle er sitzen, hat er gesagt, nicht am Arsch. Vielleicht konnte er es nicht ertragen, dass andere Gäste in seinem Rücken sitzen.

Was es zu feiern gab? Den Gesprächen konnten wir entnehmen, dass es um Strategien für den Wahlkampf ging, nach Feier sah es nicht aus. Die Anspannung vor dem Wahlkampf war der Gruppe anzumerken. Alle zwölf

Gäste gehörten wohl zu Dr. Dömmer-Wergelsteins Kader. Die Namen waren vorab notiert worden und Herr Kern ordnete sogar weitere Sicherheitsvorkehrungen an. Überlegen Sie mal, drei bullige Wachleute, hier vor den Türen unseres kleinen Restaurants am Albtrauf! Das vertreibt ja die Gäste. Was haben sie erwartet, wer die Veranstaltung stören will, die SPD vielleicht? Nun, man hört, dass Dömmer-Wergelsteins Leibwächter auch die Zufahrtsstraße zu seinem Privathaus in Pfullingen absperrten, wenn seine gepanzerte Limousine kam. Manche verstehen die Regeln der Berühmtheit, bevor sie berühmt sind. Aber er wollte ja in den Bundestag, hört man.

Ob jemand aufgestanden ist? Die Gruppe hatte auf neunzehn Uhr reserviert und ist bis nach halb zwölf geblieben. Da war jeder bestimmt einmal auf der Toilette. Herr Kern und Frau Rüttger sind immer wieder zum Rauchen nach unten gegangen. Einmal sind sie am Tresen vorbeigekommen und haben laut diskutiert; ja fast gestritten. Unten standen sie an dem kleinen Teich etwas abseits, es war aber zu weit, um etwas mitzubekommen. Nein, wir vom Personal belauschen die Gäste natürlich nicht. Aber wenn sie so hochrangig sind, kann man den Kollegen ihre Neugierde nicht übelnehmen, zumal bei so offensichtlichen Misstönen ... Wobei die Entfernung zum Balkon an der Außenfassade der Küche zu groß ist, auf dem unser Personal seine kurzen Raucherpausen genießt. Um irgendeinen *großen Knall* ging es Kern, und die Rüttgers hat ihn beschwichtigt. Vielleicht wollte er ja selbst seine Kandidatur vorschlagen, so wie er es jetzt tatsächlich getan hat? Ja, stimmt, Frau Rüttger ebenfalls. Dr. Dömmer-Wergelstein jedenfalls ist auch ein paar Mal mit hinunter, wobei es jedes Mal ein schöner Aufwand war, bis ihm seine Mitarbeiter von dem Platz hinterm Tisch hervorgeholfen hatten. Deshalb hat er sich später auch hier in der Mitte gesetzt. Als das eine oder andere Weinfläschchen getrunken war, schien die Hierarchie plötzlich nicht mehr so wichtig gewesen zu sein.

Wo ich stand, als ich den verdächtigen Vorgang beobachtet habe, fragen Sie? Ich kann nicht mit Sicherheit sagen, ob das, was ich gesehen habe, wirklich von Bedeutung ist. Ich habe mir auch schon überlegt, ob es eine Täuschung war. Schließlich möchte ich niemanden zu Unrecht verdächtigen. Haben Sie denn überhaupt schon Hinweise auf eine Vergiftung? Ach ja, natürlich, dazu dürfen Sie nichts sagen. Bitte folgen Sie mir dort hinüber, zum Getränkeausschank am Tresen. Hier, am Eingang zum Festsaal habe ich gestanden. Warten Sie, Frau Brenner, ich versuche, mich zu erinnern ... Ich habe einen Rotwein, einen Côtes-du-Rhone, aus dem Regal genommen und wollte ihn am Tisch dekantieren. Dann musste ich hier vor dem Festsaal warten, bis Lina Egärtner, unsere Kellnerin, sich vorbeigequetscht hatte. An dieser Stelle ist es ein wenig eng. Sie hat die Dessertteller abgeräumt, es muss gegen 21 Uhr gewesen sein. Die Runde hatte schon den Digestif genommen und unterhielt sich laut und deutlich gelöster. Es wurden Plätze getauscht, kurz; man schien zum privaten Teil der Veranstaltung übergegangen zu sein. Eine kleine Blonde lachte laut und schmiegte sich vertraulich an Herrn Kerns Schulter. Kern hat den ganzen Abend über keinen Tropfen Alkohol angerührt und wirkte nach wie vor angespannt. Als ob er auf irgendetwas lauerte. Distanziert schob er die Frau zum Chef weiter, auf dessen Schoß sie sich dann fallen ließ, was die Runde mit Lachen quittiert hat. Die Dame, Dömmer-Wergelsteins Sekretärin, wie ich gehört habe, schien recht verzweifelt zu sein in Liebesdingen. Oder berechnend, je nachdem. Vom OB selbst weiß man ja, dass er bei Damen schlecht nein sagen kann.

Aber zurück zu meiner Beobachtung: Wie schon gesagt, für derartige Anlässe ist inmitten des normalen Gästebetriebs einfach zu wenig Platz. Sehen Sie, hier an dieser Stelle kommt man kaum vorbei bei voller Bestuhlung. Von unserem Personal dürfte zu diesem Zeitpunkt niemand im Raum gewesen sein, so weit ich es weiß. Hier sehen Sie auch eine der drei Säulen, von denen ich Ihnen am Telefon erzählt habe. Die Säulenverkleidung aus Spiegelplatten vergrößert den Raum optisch. Sie wurde erst im letzten Jahr bei der Renovierung angebracht. Eine Idee des Architekten, um die bewusst schummrig gehaltene Beleuchtung zu verstärken. Das Licht bleibt romantisch, nicht zu grell, aber es wird besser gestreut. Für das Personal haben die Spiegelchen einen zusätzlichen Nutzen: So können wir auch zu Stoßzeiten besser sehen, wo vielleicht ein Gast neu hinzugekommen ist oder vor einem leeren Glas sitzt. Von meiner Position aus sieht man in den Spiegelfliesen dieser Säule den hinteren Bereich dieses Tisches. Der ist sonst durch die vordere Säule verdeckt; sehen Sie? Als ob man durch die Säule hindurchblicken könne. Und wenn Sie ein Stück herüberkommen – bitte bleiben Sie hier stehen – dann sehen Sie, dass nun der mittlere Bereich des Tisches zu sehen ist, also der Teil, wo Dr. Dömmer-Wergelstein saß. Im schummrigen Licht am Abend verschwimmen allerdings die Details, und die Rücken der Gäste erschweren die Sicht zusätzlich. Nun, ich kann selbst nicht genau zuordnen, was ich da gesehen habe.

Die Stimmung war, wie gesagt, heiter und ich will gar nicht wissen, wer von der Entourage noch mit dem eigenen Auto nach Hause gefahren ist. Die meisten anderen Gäste waren längst weg. Dort drüben in der Ecke saß ein einsames Pärchen mittleren Alters, das sich sichtlich über das Treiben am Politikertisch amüsiert hat. Soll ich Ihnen die Namen heraussuchen? Wenn die beiden reserviert oder mit Karte bezahlt haben, dürfte das kein Problem sein. Hinten im Kaminzimmer hatten wir noch eine kleine Gesellschaft.

Draußen war es inzwischen stockfinster. In der Stadt wird es nirgends so dunkel wie hier draußen, keine Lichtquelle in der Nacht. Nicht mal der große Schriftzug vom Metzger unten im Dorf leuchtet so stark, als dass er bis hier oben zu sehen wäre. Nun ja.

Zurück zu meiner Beobachtung: Ich stand hier und habe durch die Spiegel also den mittleren Bereich des Tisches gesehen. Natürlich nur oberflächlich. Doch das reicht im Normalfall aus, um einen schnellen Überblick zu bekommen. Ich glaube, ich habe geschaut, wo nachgeschenkt werden muss. Das passiert schon automatisch. Im Kopf war ich schon beim Dekantieren des Rotweins. Aus dem

Augenwinkel heraus bemerkte ich eine Bewegung in den Spiegeln. Ein kleines Fläschchen, das mit schneller Geste über ein Wasserglas gehalten wurde. Das ließ mich natürlich stutzen. Aber schon war die Hand wieder weggezogen und ich konnte auch nicht wirklich sagen, um wessen Glas es sich gehandelt hat. Ich habe mir gedacht, dass jemand sein Medikament einnimmt und dieses eben mit einem Getränk vermischt. Und trotzdem, der Vorgang erschien mir seltsam. Nur ein Bauchgefühl. Vielleicht war es die Hand, die aus dem falschen Winkel kam und nicht zum Besitzer des Glases gehören konnte? Noch während ich überlegte, klirrte es hinter mir und ich fuhr herum. Lina stand inmitten von Scherben; sie hatte ihr Tablett auf den Tresenrand gestellt und es war umgekippt. Kurz, ich habe die Sache wieder aus den Augen verloren.

Nein, um ehrlich zu sein, habe ich mir keine Gedanken mehr darüber gemacht. Es war viel los und ich konnte mir nicht vorstellen, dass niemand sonst am Tisch etwas mitbekommen hatte. Oder dass ich nicht doch eine schlichte Medikamenteneinnahme beobachtet hatte. Woher wusste ich, dass es Dr. Dömmer-Wergelsteins Glas war? Sie haben recht, Frau Hauptkommissarin, das wissen wir nicht mit Sicherheit.

Wer zu der Zeit wo saß? So weit ich mich erinnere, wurde da immergewechselt. Lina, kommst du mal kurz her, bitte? Vielleicht können wir es gemeinsam besser rekonstruieren. Die Sekretärin war noch auf Dömmer-Wergelsteins Schoß. Vielleicht saß die Rüttger neben ihm. Nein, sie stand links hinter ihm, während Kern auf der anderen Seite saß. Ich musste die Weingläser um sie herum manövrieren.

Nach außen waren der Oberbürgermeister und seine Assistenten ein eingeschworenes Team. Aber wenn man sie über längere Zeit zusammen erlebte, bröckelte dieser Eindruck. Fast zu erdrücken schienen ihn der Kern und die Rüttger, er von rechts, sie von links. War das auch dein Eindruck, Lina? Auffällig nahe war ihm außer den dreien sonst keiner, so weit ich es gesehen habe. Ach ja,

Lina hat recht. Auf der anderen Seite hatte einer ein großes Blatt ausgerollt; irgendein Strategiepapier, und den halben Tisch damit in Beschlag genommen. Wer das war? Seinen Namen weiß ich nicht; ein Herr mittleren Alters mit Brille und Geheimratsecken. So richtig interessiert haben seine Pläne niemanden. Das Wichtigste war ja schon besprochen. Die Gläser hätte er – und jede andere Person am Tisch – aber auch erreichen können. Und wahrscheinlich tut es nichts zur Sache, aber die Sekretärin hat auch irgendwann einmal ein Tränchen verdrückt und ist an mir vorbei auf die Toilette gestürmt. Nur warum und ob das vor oder nach dem Zwischenfall war, das kann ich Ihnen leider nicht sagen.

Sie bitten mich um meine Einschätzung? Ich möchte niemanden belasten, Frau Hauptkommissarin. Doch eine gute Arbeitsgemeinschaft sieht meiner Meinung nach anders aus. Als Dömmer-Wergelstein zum Beispiel nach dem Zucker für seinen Espresso gefragt hat, hat die Rüttger dem Kern den Streuer vor der Nase weggezogen. Das Verhalten der Assistenten wirkte nicht wie gute Kooperation, sondern wie ein Hauen und Stechen; ständiges, angestrengtes Sympathisieren um die Aufmerksamkeit des Chefs.

Ja, unser Chef hat die Abordnung verabschiedet. Soll ich Sie zu ihm bringen?

Eine interessante Geschichte, die ich der Hauptkommissarin da aufgetischt habe, nicht? Was meinen Sie, wie viele Stunden ich damit verbracht habe, sie auszutüfteln. Ein perfekter Mord; ich bin ein wenig stolz auf mich. Ich bin mir sicher, dass Frau Hauptkommissarin Renner mir jedes Wort geglaubt hat. Und auch ihre Kollegen von der Sonderkommission werden das tun. Woher sollten sie auch anderweitige Anhaltspunkte haben? Jeder der Emporkömmlinge an diesem Tisch hat genug Dreck am Stecken, um die Herren und Damen von der Polizei eine Weile zu beschäftigen. Und wir wollen den Ermittlern doch etwas Arbeit lassen.

Ich bedaure das Geschehen. Nicht den Mord an sich; den habe ich lang genug ausgetüftelt, nachdem Frau Rüttger den Tisch bei uns reserviert hat. Schon mehrfach hatte ich Werbeprospekte unseres Restaurants an die Parteizentrale geschickt, bis Dömmer-Wergelstein glücklicherweise nun tatsächlich bei uns reserviert hat.

Nein, ich bedaure, dass Doktor Kurt Dömmer-Wergelstein nicht schon hier im Restaurant zusammengebrochen ist. Dass ich die Panik in seiner Visage, die hervortretenden Schweinsäuglein, sein Röcheln nicht auskosten konnte, als er keine Luft mehr bekommen hat. Aber man weiß nie, wann und wie die Wirkung eintritt. Und ob überhaupt. Es war ein Versuch, ein geglückter. Ich konnte nur hoffen, als ich an den Stellschrauben gedreht hatte. An einer Lungenembolie ist er also schlussendlich verreckt. Dömmer-Wergelstein war der ideale Kandidat für eine Behandlung mit Cetroxipan, das ich seit der Pflege meiner Mutter kenne. Cetroxipan ist als Notfallmedikament für niedrigen Blutdruck im Einsatz, zum Beispiel bei Kreislaufversagen. Hochgefährlich bei Bluthochdruck. Ich war nicht sicher, ob es noch wirken würde, schließlich waren die Tabletten bereits über ein Jahr abgelaufen. Daher habe ich acht Stück zerstoßen, um sicherzugehen. Normalerweise verwendet man eine. Das weiße Pulver mit Puderzucker vermischt auf das Dessert gestreut, etwas Sahne und Schokostreusel darüber verteilt, fertig. Jeder wusste, dass der gute OB Probleme mit seinem Blutdruck hatte. Dafür musste man ihn nur anschauen. Übergewicht, Rauchen, wenig Bewegung, dieses schweißglänzende, rote Gesicht. Und vor kurzem hatte er laut Zeitungsmeldung eine Thrombose. Klar, dass einer wie er seinen Lebensstil nicht von heute auf morgen ändern kann. Natürlich hat er bei uns im Restaurant den Nachtisch heruntergeschlungen, als gäbe es kein Morgen; ohne zu kauen. Da ist ihm bestimmt nicht einmal der leicht bittere Geschmack aufgefallen.

Eine politisch motivierte Tat? Nein, meine Gründe liegen ganz woanders. Bevor unser lokaler Star Doktor und Oberbürgermeister war, hat er als Rechtsanwalt in einer kleinen Kanzlei in Tübingen gearbeitet. Als Gudrun – meine erste Frau – und ich uns scheiden ließen, hat er sie beraten. Jung, aufstrebend, ein Arschloch mit glattgegeltem Mittelscheitel. Dömmer-Wergelstein hat Gudrun Tipps gegeben, wie sie auftreten und was sie mir alles anlasten soll, damit sie das alleinige Sorgerecht für unsere beiden Kinder bekommt. Ich hatte ein Gespräch mit Gudrun, nach dem ersten Verhandlungstag. Sie versprach mir, zusammen eine gemeinsame Lösung zu finden. Nach dem nächsten Termin mit Dömmer-Wergelstein schien sie das Ganze vergessen zu haben. Und es kam noch schlimmer. Von heute auf morgen war ich kein treusorgender Vater mehr, sondern ein gewalttätiger Schläger. Ein paar Ohrfeigen haben noch keinem geschadet, und gut, auch Gudrun gegenüber habe ich mich das eine oder andere Mal vergessen. Aber was sie da vor Gericht erzählt hat, war doch ziemlich übertrieben. Und der Richter hat ihr alles geglaubt. Ihr und dem auf Anraten von Dömmer-Wergelstein plötzlich aufgetauchten Zeugen, ihrem Bruder. Können Sie sich das vorstellen? Vor zwanzig Jahren war vieles möglich, die Rechtsprechung hat sowieso die Mütter bevorzugt. Ben und Nicky waren noch zu klein, um sie zu befragen. Aber die beratenden Psychologen schritten nicht ein, bewerteten die Aussage von Gudrun als realistisch. Ich weiß nicht, was man den Kindern gesagt hatte, doch irgendwann schienen sie selber zu glauben, dass ihr Vater ein Tyrann ist, entfremdeten sich immer mehr von mir und wollten mich schließlich gar nicht mehr sehen. Das ist bis heute so geblieben. Ich habe damals Beschwerde eingelegt und um ein Gespräch mit Dömmer-Wergelstein gebeten. Kaltschnäuzig abgebügelt hat er mich; gemeint, ich solle das juristische Geplänkel nicht so ernst nehmen. Da habe ich ihn angezeigt, natürlich vollkommen umsonst. Gudrun hatte einen Zeugen und die Kinder haben geweint, wenn sie mich sahen. Sein triumphierendes Grinsen sehe ich noch vor mir, als ob es gestern gewesen wäre.

Ein kleiner Hauch Gerechtigkeit nach all den Jahren, das dachte ich mir, als ich seine Visage neulich im Fernsehen gesehen habe; wie er redegewandt um Interesse für ein weiteres, umstrittenes Projekt warb. Er hat Grundstücke für eine Umgehung räumen lassen, und eine alte Frau weinte bitterlich im Interview. Einem alten Studienkumpel hat er den Auftrag zum Bau dann zugeschanzt. Und wieder war ihm nichts zu beweisen, dem Dreckskerl. Oder er konnte sich auf seine Immunität berufen. Die winden sich doch immer raus. Da habe ich angefangen, die Werbeflyer zu verschicken. Und er hat angebissen. Alles bis aufs Kleinste durchdacht, ich bin zufrieden mit mir. Wirklich ein perfekter Mord ohne jede Spur. Den Tablettenblister habe ich in Frau Rüttgers Handtasche fallen lassen, selbstverständlich ohne Fingerabdrücke. Nur für den Fall, dass nicht sie, sondern ein Ermittler ihn findet.

So, nun werde ich das mise en place für den Abend vorbereiten, Besteck polieren, Tischtücher auflegen, eindecken. Aber was macht Hauptkommissarin Brenner denn schon wieder hier? Mit großen Schritten kommt sie durch den Gang und trägt einen Ordner unter dem Arm, gefolgt von einem Kollegen mit sehr ernstem Blick.

Kann ich Ihnen helfen, Frau Brenner? Und der Herr heißt ...? Kommissar Wolff, erfreut, Sie kennenzulernen. Mit *mir* wollen Sie noch einmal sprechen? Ob ich einen anderen Nachnamen angenommen habe? Ja, Gerber; das ist korrekt. Klett heiße ich seit meiner zweiten Heirat. Mit meiner ersten Frau wollte ich nichts mehr gemeinsam haben, und nachdem sie ihren Mädchennamen nicht wieder angenommen hat, habe eben ich den Nachnamen geändert. Wieso interessiert Sie denn mein alter Name? Sie wollen mir etwas zeigen?

In den Unterlagen von Herrn Kern und Frau Rüttger hat man Listen gefunden, die zum Sturz von Dr. Dömmer-Wergelstein beitragen sollen? Ein politischer Mord? Was Sie nicht sagen; damit wird ihre Täterschaft bei einer möglichen realen Tötung quasi unwahrscheinlich? Die beiden haben Beschwerden über ihren Chef und seine Vergehen über zwei Jahrzehnte zusammengetragen, um ihn zu stürzen, meinen Sie? Und was soll ich mit dem Ganzen zu tun haben?

Albschneck mit Soß'

Zutaten:
12 Stück Albschnecken
2 Scheiben Kräuterbutter
1/8 l Wein, weiß
1/8 l süße Sahne
1 TL Senf
2 EL Petersilie, gehackt
50 g Speck geraucht, feingewürfelt
Worcestersauce und Tabasco
1 Zwiebel, fein gehackt
2 Zehen Knoblauch, fein gehackt

Zubereitung:
Zwiebel und Knoblauch mit dem Bauchspeck anbraten, dann mit Wein ablöschen. Anschließend den Senf einrühren, Sahne und die restlichen Zutaten dazu geben. Die Soße reduzieren.
Die Schnecken in Formen geben, die Soße darüber verteilen und im Backofen bei starker Hitze kurz (ca. 5 Min.) überbräunen.

Ingrid Werner

Käferglück

Bad Urach

»Das Ei ist hart, Christine.« Hugo klopft mit dem Löffel an die Eierschale. »Wie oft habe ich dir schon gesagt, ich möchte mein Ei drei Minuten, Christine? Wie oft?«

Er seufzt. Das hat er geübt. 43 Jahre lang. Nun, vielleicht auch nur 42, im ersten Jahr sah er noch milde über ihre Unzulänglichkeiten hinweg. Was sollte man auch anderes erwarten, wenn man von Hannover auf die Schwäbische Alb geraten ist und seine blutjunge Sekretärin geheiratet hat. Man musste Geduld mit ihr haben. Mutter war damals auch seiner Meinung.

»Nein, Christine, nicht wieder diese Ausrede«, erstickt er ihre potenzielle Erwiderung im Keim. »Du hast eine Küchenuhr. Und zu deinem letzten Geburtstag habe ich dir eine neue Eieruhr geschenkt. Ein Uracher Schaf, bei dem man mit der Drehung des Halses die Zeit einstellen kann.« Er fährt mit dem Finger zwischen seinen Hals und den Hemdkragen. »Und sie funktioniert auf die Sekunde«, doziert er weiter. »Ich habe es überprüft. Den vorherigen Küchenwecker hast du ja auf den Boden fallen lassen.« Er rückt sein Buttermesser einen Tick nach links und schiebt hinterher: »Allerdings ist mir nicht entgangen, dass die Küchenwand nach deinem, ähm, Missgeschick eine Delle aufwies.« Sie trifft ein Blick aus grauen Augen. »Wir wollen nicht weiter darüber sprechen.«

Schweigend widmen sich beide wieder dem Frühstück. Da klingelt es an der Wohnungstür. Christine sieht ihren Gatten an, dieser isst jedoch ungerührt weiter. Als sie aufsteht, huscht über ihr Gesicht ein winziges Lächeln.

Nach einigen Minuten kommt Christine zurück. Es war der Postbote. Neben Werbung hat er auch ein Päckchen für Hugo gebracht. Christine reicht es ihm. Hugos Gesicht bekommt vor Freude eine zartrosa Färbung, die sich bis zu den über seine Glatze gekämmten Haarsträhnen ausbreitet. So entgeht ihm, dass seit dieser Unterbrechung auch Christines Wangen glühen. Wenn auch aus einem anderen Grund.

»Endlich!« Seine Lieferung des Coleoptera-Shops ist eingetroffen. Aber selbst dadurch wird er sich seinen Tagesablauf nicht durcheinanderbringen lassen. Er legt das Päckchen auf den Tisch, tupft mit der Stoffserviette die Brezelkrümel von den Lippen, entfaltet die Tageszeitung und vertieft sich in seine Lektüre. Als Christine seinen Teller abräumen will, dreht er sich hilfsbereit zur Seite. Sie ist auf dem Weg in die Küche, da fällt ihm noch etwas ein.

»Christine!«, ruft er ihr hinterher.

Seine Frau erstarrt in der Bewegung, ihr Rücken versteift sich. Sie dreht sich jedoch nicht um.

Er lässt die Zeitung sinken.

»Was gibt es denn zum Mittagessen?« Raschelt das Papier allerdings sogleich wieder nach oben. »Ach ja, ich erinnere mich! Pilze.« Seine Aufmerksamkeit kehrt zu den Schlagzeilen zurück, schon hat er seine Gattin vergessen.

Mit einem Ruck setzt sie den Weg in ihre Gefilde fort und schließt leise die Tür.

Vormittags pflegt er sich seiner Käfersammlung zu widmen. In seinem Herrenzimmer hat er ein paar erstaunliche Exemplare der Rosalia alpina, des Alpenbocks, der auch auf der Schwäbischen Alb vorkommt. Ganz erstaunlich, denn das übliche Blauschwarz der Panzer schimmert bei diesen Stücken purpurn. Hugo ist schon länger der Ansicht, dass man deren Klassifizierung ändern müsste. Ja, in der Tat. Aber unglücklicherweise hat die Fachwelt noch keine Notiz davon genommen. Bislang war er viel zu bescheiden, hat mit seinem enormen Wissen hinter dem Berg gehalten. Das meinte auch Mutter immer. Viel zu bescheiden. Das wird er jetzt angehen. Für heute hat er sich vorgenommen, einen ausführlicheren Artikel an die Fachzeitschrift »Käfer – Die Krönung der Schöpfung« zu schicken.

Sein Päckchen hat er mitgenommen und für später auf seinen Schreibtisch abgelegt. Er setzt sich und greift gewohnheitsmäßig in die Schale, in der seine Pfefferminzpastillen bereit liegen. Er fasst jedoch ins Leere. Schon wieder. Nie füllt Christine rechtzeitig auf. Er seufzt. Heute scheint ein Tag der Seufzer zu sein.

»Mutter, was soll ich nur mit ihr machen?«, fragt er die Fotografie in dem silbernen Rahmen, die auf seinem Tisch steht.

Lange starrt er in das geliebte Gesicht. Die gleichen Augen, die gleichen Lippen wie er. Die grauen Haare zu einer Hochsteckfrisur aufgetürmt, blickt sie ernst zurück. Er hält stumme Zwiesprache mit ihr, wie er es schon so oft in den letzten sieben Jahren seit ihrem Tod getan hat. Warum hat sie ihn verlassen? Sie war das Beste in seinem Leben. Sie hat ihn verstanden. Sein perfektes Pendant. Mit einem erneuten, tiefen Seufzer wendet er sich seinem Artikel zu.

Ganz in die Problematik seiner Argumentation vertieft, nimmt er erst mit der Zeit wahr, dass Marschmusik durch die geschlossene Zimmertür an sein Ohr dringt. Jetzt fällt ihm auch auf, dass sein Unterbewusstsein immer wieder die Stimme seiner Frau vernommen hat. Rief sie nicht »Hurra, hurra«? Was ist da los? Das Klappen der zuschlagenden Wohnungstür weckt nun endgültig sein Interesse. Sie ist weg. Gut. Aber wohin geht sie? Er eilt den Flur entlang zum Esszimmer. Durch die Spitzengardine sieht er seine Frau. Sie steht am Straßenrand mit einem Weidenkorb am Arm. Auf der Straße ist allerhand los. Zuschauer stehen dichtgedrängt und jubeln den vorbeiziehenden Schäfern in ihren blauen und gelben Hosen zu. Der Urbacher Schäferlauf wälzt sich durch die Lange Straße. Nun erklärt sich ihm auch Christines Geschrei. Als Einheimische liebt sie dieses Spektakel. Für ihn ist es nichts. Er bevorzugt klassische Konzerte.

Hinter einer Blaskapelle fährt ein Pferdegespann mit einer alten Feuerwehrspritze heran. Die in historische Uniformen gekleideten Männer pumpen von Hand Wasser in den kurzen Schlauch und spritzen die kreischenden

Zuschauer nass. Auch Christine quietscht. Gerade als er denkt, dass sie sich lieber an ihre Pflicht erinnern und Pilze sammeln sollte, dreht sie sich nach links, ihr Rock flattert fröhlich um ihre Beine und sie marschiert los. Richtung Wald.

Erleichtert richtet sich Hugo aus seiner Beobachterposition auf. Er ist allein. Endlich. Was soll er jetzt beginnen? Natürlich könnte er sich in sein Herrenzimmer zurückziehen und den Artikel beenden. Dazu fehlt ihm jedoch nach dieser Störung die Inspiration, außerdem stört ihn nun der Lärm von der Straße. Aber er weiß schon. Er wird sein Päckchen öffnen.

Welch ungetrübte Freude! Zwischen den Styroporkügelchen sind Schachteln versteckt, in denen seine Lieblinge aus allen Herren Ländern auf ihn warten. Es sind nicht nur harmlose Vertreter ihrer Gattung dabei. Nein, er ist durchaus risikofreudig. Vor Jahrzehnten hat er beispielsweise mit der Spanischen Fliege experimentiert. Da er in der Anfangszeit seiner Ehe meinte, seinen Pflichten nachkommen zu müssen, wollte er dies auf naturkundlichem Weg unterstützen. Sozusagen. Aber die Einnahme bereitete ihm keine Freude. Eine Dauererektion ist eben kein Aphrodisiakum. Er denkt nur ungern daran zurück. Geblieben ist allerdings seine Leidenschaft, die chemischen Bestandteile seiner Schätze zu erforschen, und so hat er auch diesmal einige extraordinäre Exemplare bestellt. In freudiger Erwartung holt er Lupe, diverse Fachbücher, Pinsel, Stößel und Mörser sowie extragroße Stecknadeln hervor und macht sich an die Arbeit. Er sortiert, befestigt, katalogisiert, pulverisiert, presst und verstaut Käfer, Larven und Eier. Später wird er in seinem Laboratorium im Keller einige Pulverpresslinge genauer analysieren. Aber eins nach dem anderen. Inzwischen legt er sie in diese leere Schale.

Der Duft von Eierkuchen mit Pilzsoße schlängelt sich zu ihm herein. Sein Lieblingsessen. Ein Blick auf die Uhr zeigt ihm, dass er lange gearbeitet hat. Konzentriert und ohne Unterbrechung. Darum fühlt er sich auch gar nicht ermattet. Im Gegenteil. Er registriert, dass seine Stimmung gut, der Geist wiederbelebt ist. Außerdem verschafft es ihm tiefe Befriedigung, dass er die gesamte Bestellung schon aufgearbeitet hat. Nun hört er Geschirr klappern, der Tisch wird gedeckt. Da wird er sich mal ins Esszimmer begeben.

Mit gewaschenen Händen setzt er sich zu Tisch. Christine bringt die Schüssel mit den Kratzete mit Eierschwämmle herein. Beinahe ist er in der Laune, seine Frau anzulächeln. Aber nur beinahe. Stattdessen schlägt er die Serviette auf und stopft sie sich in den zu engen Hemdkragen. Vor ihm stehen wie üblich seine Gesundheitstropfen bereit. Leberstärkende Mariendistel, darauf schwört er. Eilig stürzt er sie hinunter.

»Mahlzeit.« Er will zum Soßenlöffel greifen und sich sein wohlverdientes Mittagessen einverleiben, da faltet sie die Hände. Sie betet!

Mit zusammengekniffenem Mund starrt er sie an. Das macht sie absichtlich. Sonst muss sie auch nie beten. Aber heute. Wenn er solchen Hunger hat, lässt sie ihn vor seiner Leibspeise warten.

Endlich bekreuzigt sie sich. »Amen.«

Er tut sich ordentlich auf. Kochen kann sie ja. Bis auf Eier. Aber naja, ansonsten bringt sie Anständiges auf den Tisch. Mit gesegnetem Appetit schaufelt er sich die von der Soße aufgeweichte Kratzete in den Mund.

»Da war dir heute das Finderglück aber hold«, meint er. Das deftige Mahl stimmt ihn milde. Vielleicht hat er heute Morgen doch überreagiert. Mit diesen versöhnlichen Gedanken häuft er sich ein zweites Mal auf.

Sie isst zaghaft. Schiebt ihre bis ins Kleinste zerstückelten Brocken auf dem Teller hin und her. Ihre Augen wandern durch das Zimmer, bleiben manchmal auf ihrem Ehemann liegen. Flackern wieder weg. Christine streicht ihre immer noch blonden Haare nach hinten, befestigt eine gelöste Strähne in ihrem Dutt. Sie nippt an ihrem Wasserglas. Ihre Hand zittert. Als sie es bemerkt, stellt sie das Glas sofort wieder ab. Ein schneller Blick zu ihrem Mann. Aber er hat nichts gesehen. Er ist zu sehr mit Eierkuchen, Pilzen und Soße beschäftigt.

Endlich ist der letzte Rest verputzt. Hugo lehnt sich zurück, zieht die Serviette aus seinem Kragen und wischt sich das Gesicht ab. Schweiß hat sich auf seiner Stirn gebildet. Am liebsten hätte er laut gerülpst.

»Ein Digestif wäre jetzt angebracht.«

Seine Frau kommt dieser indirekten Aufforderung sogleich nach, stößt dabei im Aufstehen fast den Stuhl um.

Der Vogelbeerschnaps ist von der Brennerei aus dem Nachbarort. Die Karaffe aus Bleikristall steht auf der Anrichte. Niemals würde Hugo eine profane Schnapsflasche dulden. Sie schenkt ihm ein, auch sich, was ungewöhnlich ist. Schließlich hat sie nichts gegessen. Aber er lässt es ihr durchgehen. Gönnerhaft prostet er ihr zu. »Gut hast du gekocht, Christine.«

Sie nickt, den Blick auf die Tischplatte gesenkt.

Hugo sehnt sich nach einem Mittagsschläfchen. Er wechselt auf die Couch in seinem Herrenzimmer und lässt sich vorsichtig nach hinten auf die Sitzfläche plumpsen. Der gefüllte Magen erlaubt kein Abknicken des Rumpfes oder sonstige heftige Bewegungen. Er schüttelt die Hausschuhe von den Füßen und legt sich langsam auf den Rücken. Heute hat er es wohl doch etwas zu gut gemeint mit sich. So gesättigt fühlte er sich schon lange nicht mehr. Um nicht zu sagen, übersatt. Mutter würde ihn ob solch einer Völlerei tadeln. Ganz recht hätte sie.

Ach Mutter.

Es geht ihm wirklich nicht gut. Leidend das Gesicht verzogen senkt er die Lider. Vielleicht hilft der Schlaf.

***

Plötzlich reißt er seine Augen weit auf. Ihm ist so übel! Er weiß nicht, ob er tatsächlich geschlafen hat, noch hat er im Gefühl, wie spät es ist. Abendliches Rotgold leuchtet durch den Spalt in den Vorhängen. Der Umzug ist schon lange vorbei. Aber für solche Beobachtungen und Rückschlüsse fehlt ihm im Moment jeder Sinn. Sein Körper ist in Not. Hugo liegt immer noch auf dem Rücken. Seine Bauchdecke drückt enorm gegen den Hosengürtel, darunter und darüber wölbt sich in besorgniserregender Weise der Stoff. Flatulenz und peristaltische Krämpfe toben in seinem Inneren. Er möchte die Hand ausstrecken und den Gürtel lockern, aber er kann sich nicht rühren. Er versucht, die Finger zu bewegen, mit den Zehen zu wackeln. Nichts. Ihm ist, als ob er in einem eisernen Sarg läge. Das Atmen fällt ihm schwer. Mühsam schnappt er nach Luft. Herr im Himmel, hilf!

Da öffnet sich die Zimmertür. Vom Gang fällt Licht herein und blendet ihn. Er zwickt die Augen zusammen und fühlt, wie ihm der Angstschweiß in die Ohren läuft. Jemand kommt ins Zimmer. Christine. Er möchte sie anflehen, sie solle den Doktor rufen oder gleich den Krankenwagen. Es stehe ernst um ihn, sehr ernst. Aber nur ein Krächzen entweicht seiner trockenen Kehle.

Christine kommt näher. Er hört ihre katzenleisen Schritte. Sie beugt sich über ihn.

Hilfe! Hilf mir doch! Hugo legt all sein beschwörendes Bitten in den Blick.

Sie sieht ihm jedoch nicht in die Augen, sondern erfasst nur flüchtig seinen Zustand. Das kalkweiße Gesicht, die verkrampften Hände, der explodierende Bauch. Sie scheint zufrieden. Nickt kurz. Dreht sich schwungvoll um und eilt zurück. Da hält sie inne.

»Oh, Pfefferminzbonbons!«, ruft sie aus, greift in die Schale und steckt sich geschwind fünf Stück in den Mund.

* * *

Der Polizeiwagen wartet vor der Tür. Hugo neigt den Kopf zum angedeuteten Gruß für die beiden Nachbarinnen, die mit dem Wischmopp in der Hand im Treppenhaus stehen. Stumm starren sie ihn an. Die Schatten um seine Augen sind tief, und seine Haut scheint genauso grau geworden zu sein wie seine Iris. Als er auf den Rücksitz des Wagens geschoben wird, beugt er sich vor, um einen letzten Blick auf sein Haus zu werfen.

Die Frauen schweigen, bis das Auto um die Straßenecke verschwunden ist. Dann stecken sie die Köpfe zusammen.

»Seine arme Frau! Den ganzen Tag hat sie sich den Buckel krumm gearbeitet für ihn. Er hat sich immer nur bedienen lassen. Und zum Dank ...«, sie senkt die Stimme, »hat er sie jetzt umgebracht.«

»Schwätz koin Scheiss!« Die andere schaut sie ermunternd an. »Wie soll er des jetzt gemacht haben?«

»Vergiftet! Er hat sie mit seinen grauslichen Viechern umbracht! Die Käfer, die er da immer gesammelt hat. Und Larven und Eier und was weiß ich. Da waren giftige dronder. In seinem Keller hat er ein Labor gehabt. Das hat sie mir amol verzählt. Da hat er die Dinger ausgeforscht, wie viel Gift sie haben und so. Und damit hat er sie umbracht, die Grischdine!«

»Hanoi!«

»Hano, er hat die Sachen im Internet bestellt. Da kriegt man alles. Von überall. I hab ihm auch amol so ein Bäggle agnomma, wie sie nicht da waren. Wenn ich gewusst hätt, was da drin ist und was er damit machen will, hätt' ich zum Postboten gesagt, nein, hätt' ich gesagt, nicht mit mir. I helf ihm do net dabei«

Die andere nickt. Die Erste wischt sich mit einem gebrauchten Taschentuch über den Mund. »Und dann ist er so overschämt, dass er sagt, nicht ER hätt SIE, sondern SIE hätt IHN vergiften wollen.«

»Hanoi?«

»Giftige Schwämmle hätt sie ihm gekocht, hat er gesagt. Und mit Fleiß. So ein Schofscheiß. Da wär er ja tot. Ist er aber koi bissle.«

»Genau.«

»Er meint, das hätt er nur seiner guten Gesundheit zu verdanken, dass er noch lebt.«

»Hanoi!«

»Ja, sag ich auch. Der meint, er könnt Hugoles mit uns treiben, der Hugo. Beweise hat er nämlich keine. Die Frau hat schon alles abgespült gehabt. Und Reste waren keine mehr da, weil er alles aufgegessen hat. Überfressen wird er sich eben haben, sonst nichts.«

»Des wird's sein.«

Beide wackeln einvernehmlich mit ihren Köpfen. Ein Radfahrer fährt vorbei, sie schauen ihm hinterher.

»Und haben S' das vom Postboten schon gehört? Was dem passiert ist?«

»Nein, was?«

»Der hat sich vom Wasserfall gestürzt. Gestern. Gleich auf der Stelle war er tot.«

»Hanoi!«

»Hano! Und die Leut sagen, er hätt das mit Fleiß gemacht. Aus Liebeskummer. Er hätt was gehabt mit einer Verheirateten. Hier aus der Gegend.«

»Heidanei!«

Kratzete mit Eierschwämmle,
auch bekannt als Schwäbischer Schmarren

Für 4 Personen

Zutaten:
Für den Teig
4 Eier
200 gr Mehl
¼ l Milch
Salz
3 EL spritziges Mineralwasser
30 gr Butter zum Ausbacken

Für die Pilzsoße
500 gr Pfifferlinge (oder Pilze nach Wahl)
3 Schalotten
200 ml Sahne
100 ml Gemüsebrühe, evtl. ein Schuss Weißwein
Salz, Pfeffer, Steinpilzpulver
Butterschmalz zum Anbraten
Petersilie zum Garnieren

Zubereitung:
Für den Teig die Eier trennen und das Eiweiß steif schlagen. Aus den anderen Zutaten (ohne Mineralwasser) einen Pfannkuchenteig mischen und 20 Minuten ruhen lassen. Dann das Mineralwasser unterrühren und das Eiweiß unterheben. Den Backofen auf 60 Grad vorheizen. Butter in der Pfanne schmelzen und ein Viertel des Teiges ausbacken. Eventuell mithilfe eines Tellers wenden. Mit einem Pfannenwender in mundgerechte Stücke zerteilen und bei kleiner Hitze bräunen. Dann im Backofen warmhalten. Dies wiederholen, bis der ganze Teig verbraucht ist.
Für die Pilzsoße die Schalotten in kleine Würfel schneiden und in Butterschmalz anbraten. Die Pfifferlinge putzen, größere Pilze teilen. Zu den Schalotten in die Pfanne geben und 5 min. anbraten. Mit Salz, Pfeffer, Steinpilzpul-

ver würzen, Sahne und Gemüsebrühe (und eventuell den Weißwein) dazugeben. Weitere 5 min. köcheln lassen. Zusammen mit der Kratzete auf den Tellern anrichten und mit Petersilie garnieren.
Aus übriggebliebenen Kratzete zaubert die schwäbische Hausfrau Flädle für die Supp', denn hier lässt man nichts verkommen.

Mareike Fröhlich

Elfriede und die Herrgottsb'scheißerle

Schwäbische Alb

Herbert lag im Bett und dachte darüber nach, was ihn geweckt haben könnte, aber er kam nicht drauf. Mühsam, in mehreren Etappen, drehte er sich auf die Seite und starrte auf die Anzeige seines Weckers. Doch ohne seine Brille konnte er nur einen großen roten Fleck in der Dunkelheit erkennen. Er tastete auf dem Nachttisch nach der Brille. Dabei versuchte er möglichst leise zu sein, schließlich wollte er Elfriede nicht wecken. Als er die Brille schließlich gefunden hatte, setzte er sie auf die Nase und schaute erneut zum Wecker. 4:49 Uhr.

Gerade wollte er die Brille wieder absetzen, um weiterzuschlafen, da hörte Herbert ein Geräusch. Es war ein Geräusch wie ... wie ... , mit was er es vergleichen konnte, fiel ihm nicht ein.

Es half nur eins: Er musste nachschauen. Er stemmte die Arme auf die Matratze und seinen Oberkörper nach oben. Im Sitzen wartete er kurz, ob der Schwindel kam, und als dieser ausblieb, schob er die Beine aus dem Bett. Nachdem beide Füße die Pantoffeln gefunden hatten, stand er auf, schlurfte zum Fenster hinüber, zog mit den Fingern die Lamellen der Jalousie auseinander und starrte hinaus. Grelles Licht drang durch die Fenster des Schlachtraums und erleuchtete die Auffahrt zur Garage.

Ein Auto stand mit geöffneter Heckklappe quer vor dem Garagentor.

»Was zum Teufel ...«

Der Rest des Satzes blieb ihm im Hals stecken. Da stand jemand zwischen Kofferraum und der Tür zum Schlachtraum. Jemand raubte sie aus. Sicher trug er gleich Diebesgut aus dem Raum ... aber was? Der Schlachtraum wurde schon seit Jahren ... ach was ... Jahrzehnten nicht mehr als das genutzt. Elfriede hatte ihn zum Waschzimmer umfunktioniert, auch wenn noch die Fleischverarbeitungsgeräte seiner Eltern darin standen.

Er fragte sich, ob es sich lohnte, eine 22 Jahre alte Waschmaschine zu stehlen.

Aber die Gestalt, ganz in Schwarz, trug nichts aus dem Raum, sondern zog etwas, das in eine Decke gewickelt war, aus dem Kofferraum heraus. Und sie hatte sichtlich Probleme damit.

»Elfriede«, flüsterte er atemlos. »Elfriede, komm. Da draußen ...« Er schaffte es nicht, den Blick von den Geschehnissen vor seinem Haus abzuwenden. Elfriede antwortete nicht.

»Elfriede!«, sagte er nun lauter. Auch wenn Elfriede mit ihren 76 deutlich jünger war als er, also praktisch noch ein Mädle, war ihr Gehör nicht mehr das Beste.

Aber auch dieses Mal rührte sich Elfriede nicht. Nicht mal ein Schnaufen oder ein Herumwälzen. Nichts.

»Herrgott, Elfriede«, stieß er nun hervor und drehte sich zu ihr um. »Da ist ...« Weiter kam er nicht, denn Elfriede lag nicht in ihrem Bett. »Oh mein Gott.«

Herbert drückte die Hand an seine Brust, als könne er so sein Herz schützen. Seine Elfriede ... vielleicht hatte der Verbrecher da unten seine Elfriede ... Nachdem der erste Schock abgeklungen war, drehte er sich erneut zum Fenster. Von der Gestalt war nichts zu sehen.

Herbert wandte sich vom Fenster ab, nahm den Morgenmantel vom Stuhl und quälte sich hinein. So schnell es ging, schlurfte er zur Treppe und stieg schwerfällig Stufe um Stufe ins Erdgeschoss hinab. Er musste seiner Elfriede zur Hilfe eilen. Er hatte schon die Türklinke der Haustür in der Hand, als ihm bewusst wurde, dass er Elfriede mit reiner Körperkraft sicher nicht retten konnte.

Aus der Küche holte er das große Messer und begab sich zurück zur Haustür. Im Schloss steckte kein Schlüssel. Und das, obwohl er jeden Abend noch einmal kontrollierte, ob auch tatsächlich abgeschlossen war.

Herbert drückte die Klinke hinunter, öffnete die Haustür und schlich an der Hauswand entlang Richtung Garage. Sein Herz pochte wie verrückt. Immer wieder hielt er inne und lauschte. Aber es war nichts zu hören.

»Oh bitte. Lass es meiner Elfriede gut gehen«, flehte er still.

Er schlich vorsichtig um die Ecke, wo noch immer der Wagen stand, und blieb dort in sicherer Entfernung hinter dem Buchsbaum stehen.

Vom Schlafzimmerfenster aus hatte er es nicht richtig gesehen, aber es war ohne Zweifel sein eigenes Auto. Inzwischen hatte der Verbrecher den Kofferraum geschlossen. Vielleicht war Elfriede entführt worden und im eigenen Schlachtraum ... nein ... daran wollte er nicht denken. Sollte er vielleicht zurückgehen und doch die Polizei rufen? Nein, ... er schüttelte den Kopf ... nein, wenn Elfriede noch lebte ... ach, die Polizei würde viel zu lange brauchen.

Er schob sich weiter, Schritt für Schritt, immer eng an der Hauswand entlang, bis er das Fenster des Schlachtraums erreichte. Herbert atmete tief ein, stellte sich auf die Zehenspitzen und lugte in den Raum.

Was er sah, ließ ihn zusammenzucken. Schnell zog er den Kopf zurück, lehnte sich mit dem Rücken an die Hauswand und schloss für einen Moment die Augen. Er zählte langsam bis zehn, danach schaute er erneut in den Raum.

Das Bild hatte sich nicht verändert.

Elfriede stand mit einem großen Messer in der Hand vor der Arbeitsplatte. Darauf lag ein großes, ein sehr großes, hellrotes Stück Fleisch. Herberts Blick wanderte zum Messer in seiner Hand. Im Gegensatz zu Elfriedes Messer war seines geradezu mickrig. Aber ihn sorgte nicht ihr Messer, die Größe des Fleischbrockens oder das sonderbare Lächeln auf Elfriedes Gesicht, während sie das Fleisch zerteilte, nein, es war der Gegenstand, der an der hinteren Wand auf dem Boden lag. Er war mit einer Decke vor Blicken geschützt. Aber Herbert sah die tellergroße Pfütze trotzdem. Rotbraune Flüssigkeit. Und der Rand der Decke hatte sich bestimmt schon damit vollgesogen.

Neben diesem Haufen stand ein Jutebeutel. Ein großer, blau mit weißer Aufschrift. Elfriede hatte auch so einen, um darin Kartoffeln zu transportieren. Herbert hatte diesen Beutel schon einmal gesehen, konnte sich aber beim besten Willen nicht erinnern, wo.

Als Elfriede das Fleisch fertig zerteilt hatte, legte sie das Messer zur Seite und warf die ersten Stücke in den Fleischwolf. Während sie an der Kurbel drehte, bewegte sich ihr Mund, unterbrochen von Lachen und einem immer wiederkehrenden Kopfnicken.

Sie trat einen Schritt zur Seite und gab den Blick auf eine große Schüssel mit einer beigefarbenen Masse frei. Brät.

Erleichterung durchflutete Herbert. Wie hatte er das vergessen können? Maultaschen. Das alles war wegen der Maultaschen. Schließlich war am Mittag der Wettbewerb. Darum war Elfriede auch so früh aufgestanden.

Aber die Erleichterung hielt nicht lange. Und das komische Gefühl kehrte in seine Magengegend zurück. Elfriede hatte noch nie, wirklich noch nie, das Hackfleisch selber gemacht. Immer hatte sie es beim Metzger geholt. Warum machte sie es dieses Mal anders? Ja, warum?

Er machte einen Schritt nach vorne. Die Frage war leicht zu klären, er brauchte nur reinzugehen und nachzufragen. Doch dann hielt er inne. Schließlich wusste er, dass Elfriede es gar nicht leiden konnte, wenn man sie beim Maultaschenmachen störte. Herbert schüttelte den Kopf, wandte sich ab und ging zur Haustür zurück. Das Fleisch würde bald durch den Wolf gedreht sein und dann würde Elfriede ihr Hack und das Brät in die Küche bringen. Und es würde sicher nicht gut aussehen, wenn sie ihn mit dem Messer in der Hand vor dem Fenster erwischte.

Zurück im Haus stieg er die Treppen zum Schlafzimmer hinauf. Er verstaute das Messer unter dem Kopfkissen. Schließlich konnte man ja nie wissen ... Den Morgenmantel legte er, nachdem er herausgeschlüpft war, wieder auf den Stuhl. Dann ging er zurück zum Bett und legte sich hinein. Stocksteif lag er dort und lauschte in die Dunkelheit. Tausend Gedanken fuhren in seinem Kopf Karussell. Gedanken, die lächerlich waren, und trotzdem machten sie ihm Angst.

Mit einem Mal fiel ihm ein, wo er den Jutebeutel schon einmal gesehen hatte: bei der Inge. Irrtum ausgeschlossen, denn es stand Maisch drauf. Eigentlich war es ein Werbeaufdruck für einen Bioladen, aber die Inge hieß halt auch Maisch mit Nachnamen und sie war sehr stolz auf den Beutel.

Unter der Decke im Schlachtraum lag doch nicht …? Nein, das konnte nicht sein. Nein, so was würde seine Elfriede nie …

Aber die braunen Flecken und diesen Lächeln … Und Inge war gestern nicht beim Bingo-Abend gewesen. Herbert hatte sich darüber gewundert, denn schließlich hatte Inge noch nie einen Bingo-Abend verpasst. Auch nicht, wenn der Maultaschenwettbewerb am nächsten Tag war. Der Wettbewerb, wo die Inge immer gewann und Elfriede immer zweite wurde. Und das, obwohl die Inge eine Neig'schmeckte und keine Einheimische war. Herbert hatte erklärt, dass die Inge immerhin schon vor 50 Jahren zugezogen sei, aber das hatte Elfriede so aufgeregt, dass er es bei der einen Erwähnung beließ.

Das Geräusch des Schlüssels im Haustürschloss unterbrach seine Gedanken. Elfriede. Kurz nachdem sie die Tür geschlossen hatte, klapperte es in der Küche.

Wie sollte er sich verhalten? Liegen bleiben und vorgaukeln, er würde schlafen. Nein. Darin war er einfach nicht gut. Sie würde sofort merken, dass er nicht schlief. Er entschied sich für das Spiel des Naiven. Das hatte bisher immer funktioniert, zumindest wenn er etwas wissen oder haben wollte. Die Erfahrung hatte ihm gezeigt, dass Frauen es mochten, wenn sie dem Mann manches Mal überlegen waren.

Herbert wartete fünf Minuten, quälte sich erneut in den Morgenmantel und stieg die Stufen ins Erdgeschoss hinab. In der Küchentür blieb er stehen und schaute Elfriede zu, wie sie die Eier für den Nudelteig aufschlug.

Ihm fiel das Messer unter seinem Kopfkissen ein. Aber er brauchte keine Waffe. Doch nicht bei seiner Elfriede, seinem Mädle.

»Was bist du denn scho so früh wach?«, fragte er.

Sie drehte sich um, wischte sich die Hände an der Kittelschürze ab und schaute ihn ernst an. Doch dann verzog sie das Gesicht zu einem Lächeln.

»I konnt ned schlofa. Ach, ... du weißt doch, wie wichtig mir dieser Wettbewerb ist.«

Herbert nickte. Ja, das wusste er. Es war immer ein ganz besonderer Tag, ein fester Bestandteil ihres Lebens. Und in diesem Jahr war es noch wichtiger als sonst, schließlich jährte sich Elfriedes Teilnahme am Maultaschen-Wettbewerb zum 30sten Mal.

»Aber warum haschd denn net auf mi gwardet? Du hättschd mi au wecke kenne«, sagte er.

Elfriede schüttelte den Kopf. »Bischt ja geschdern schbot hoim komme, da wollt i di schlofe lasse.«

Herbert nickte erneut. »Soll i dir helfe?«

»Du könndschd den Nudelteig durch die Maschin dreha. I kümmer mi um d' Füllung.«

Füllung .... Herbert schaute zu den großen Schüsseln. »Wo haschd denn so früh des Hack her?«

Wieder erschien dieses eigenartige Lächeln auf ihrem Gesicht. »Hab i selber durchglassen«, sagte sie. »I han nämlich rauskriegt, dass d' Inge ihr Hackfleisch ned beim Metzger kauft, sondern des Fleisch direkt vom Bauer kriegt ond selber durch de Wolf lässt. Ois kann i dir sage, d' Inge, die wird dies Johr ned gewenna. Glaub mir, dies Johr isch mei Füllung so guat, da hab i koi Konkurrenz.«

Herbert lief es eiskalt den Rücken hinunter.

»Aber deine Herrgottsb'scheißerle sind doch eh die Beschte«, stammelte er.

»Des sagschd du. Die Jury meint, es wäred die Zwoitbeschte. Aber dieses Johr net.«

»Wenn du scho von der Inge sprichst ... die war geschdern net beim Bingo-Abend. Dabei hat sie noch nie g'fehlt.«

Elfriede zuckte mit den Schultern. »So ogwehnlich isch des net. Schließlich muss sie ihre Mauldasche auch bis heute Mittag fertig habe.« Sie drehte sich um und nahm ihren

Korb von der Küchenbank. »I hab was im Schlachtraum vergesse, und dann hol i die Zwiebeln und den Spinat aus dem Keller.« Mit diesen Worten verließ sie die Küche und Herbert bleib mit dem schlechten Gefühl in der Magengegend zurück.

Natürlich wusste er, was sie vergessen hatte. Das Etwas unter der Decke. Sie musste es verschwinden lassen, bevor es jemand ... bevor er ... es sah.

Herbert war gestern Abend erst um 18 Uhr zum Bingo-Abend gegangen und bis zu dem Zeitpunkt hatte Elfriede das Haus nicht verlassen. Sicher, sie war im Garten, aber sie war nicht einkaufen gegangen und niemand war vorbei gekommen. Welcher Bauer verkaufte sein Fleisch nach 18 Uhr? Keiner. Da war sich der Herbert sicher.

Herbert war ganz schlecht. Er atmete tief ein und aus. Das alles nur wegen eines lächerlichen Wettbewerbs. Die beste Maultasche des Jahres.

Er lenkte seine Konzentration auf den fertigen Nudelteig, teilte ihn in einzelne Portionen und bearbeitete die erste davon mit der Nudelmaschine. Bei der zweiten Portion kehrte Elfriede mit dem Korb voll Spinat und Zwiebeln zurück. Sie lächelte ihn an, und dabei strahlten ihre Augen. Das hatte er lange nicht mehr gesehen, dass seine Frau so zufrieden, ja, glücklich war. Elfriede packte die Zutaten auf die Küchenfläche und begann, sie klein zu schneiden. Dabei summte sie.

Herbert warf ihr immer wieder einen Seitenblick zu, während er den Teig auslegte. Elfriede dünstete routiniert Zwiebeln und Spinat an und vermengte dann alles mit den restlichen Zutaten. Der Geruch ließ Herberts Magen knurren, obwohl er alles andere als Lust auf Essen verspürte. Vor allem nicht auf Maultaschen.

Trotz der Unstimmigkeiten kehrte etwas wie gewohnte Vertrautheit zurück, als sie begannen, die Maultaschen zu füllen und formen. Ihr gemeinsames Tun fühlte sich gut an, und Herberts schlechte Gedanken lösten sich allmählich in Luft auf.

Bis sie fertig waren und Elfriede fragte: »Magschd oine?«

Nein, Herbert mochte keine ... auf keinen Fall. Schließlich wusste er nicht genau, was drin war. Wäre er nicht so früh aufgewacht, hätte er nicht gesehen, was er gesehen hatte, dann hätte er sicher eine Maultasche gegessen ... aber Elfriedes Satz, dass sie dieses Jahr keine Konkurrentin hatte ... die arme Inge.

»Woisch, i glaub, i ess später oine. Es isch noch so früh am Dag ....« Herbert schaute auf die Uhr. »Erst 7:30 Uhr.«

Elfriede hob die Augenbrauen und verzog den Mund zu einem schrägen, wissenden Lächeln. »I weiß doch, wie gern du eine probieren magschd.«

»Mein Magen tut heut Morgen irgendwie ned gut«, versuchte es Herbert und merkte sofort, dass es nicht gelang, denn auf Elfriedes Stirn bildeten sich tiefe Falten, und die Augen kniff sie so zusammen, dass nur noch schmale Schlitze zu sehen waren.

»Aber eine wird scho gehen«, schob er schnell hinterher.

Elfriede nahm einen Topf aus dem Schrank und setzte die Brühe auf, in die sie zwei Maultaschen gleiten ließ. Dann schaute sie Herbert an, sanft, lieb.

»Welches sind d' Schönschde? Zehn Stück brauch ich - für jedes Jurymitglied zwei.«

Gemeinsam wählten sie die Prachtexemplare unter den Maultaschen aus, und Herbert legte sie vorsichtig auf das zurechtgestellte Silbertablett. Er deckte das Tablett sorgfältig mit Frischhaltefolie ab und stellte es in den Kühlschrank.

Elfriede fischte derweil die fertig gegarten Maultaschen aus der Brühe. Herbert setzte sich gezwungenermaßen auf die Eckbank. Er überlegte noch einmal, wie er aus der Sache rauskommen könnte, aber es schien auswegslos.

Elfriede stellte den Teller mit der dampfenden Maultasche vor ihn.

»En Guada.« Sie strahlte übers ganze Gesicht.

Herbert war der Appetit vergangen. Er konnte ... die Inge-Maultasche ... nicht essen.

Während er mit der aufsteigenden Übelkeit kämpfte, schob Elfriede den Löffel mit dem ersten Stück in den

Mund, schloss die Augen und kaute genüsslich. Herbert starrte sie angewidert an. Es war so furchtbar.

Als sie die Augen wieder öffnete und ihn ansah, bildete sich wieder diese Falte auf ihrer Stirn.

»Was heschd denn?«

Herbert zuckte bemüht lässig mit den Schultern. »Nichts.« Nun trennte auch er ein Stück Maultasche ab und schob es in den Mund. Er kaute. Dabei versuchte er, den Würgereiz so gut es ging zu unterdrücken.

»Wann heschd denn des Fleisch g'holt?«, fragte er beiläufig, auch um sich selber abzulenken. »Du warschd doch gar net weg.«

»Der Huber hats mir broacht. Des isch nett, gell? Er hat g'moint, dass er eh hier vorbeikommt.«

Herbert schluckte den Brocken hinunter. »Ja, des isch wirklich nett.«

Vielleicht hatte er es schneller hinter sich, wenn er schneller aß, dachte er und schob gleich ein zweites Stück Maultasche hinterher.

»Aufs Fleisch kommt's halt a«, murmelte Elfriede.

»Was moinsch?«

»Es kommt halt einfach aufs Hack und aufs Brät an. Die Qualität muss stimme. Dieses Jahr isch es ein feineres, ned so fettes Fleisch. Und der Huber hat gesagt, dass die Muskeln wichtig sind. Die gebed den G'schmack. Außerdem meint er, man muss das Fleisch ruhen und atmen lassen. Kurz bevor man das Fleisch verarbeitet, soll man es kräftig massieren. Des han i so g'macht.«

Herbert schluckte das Stück Maultasche hinunter. Er konnte nicht mehr auf der Inge herumkauen. Das Schlucken war aber nicht besser – er hatte das Gefühl, daran zu ersticken.

Elfriede stand auf und räumte ihren Teller weg. Während sie ihm den Rücken zudrehte, holte er sein Taschentuch hervor, wickelte die übrige Maultasche darin ein und steckte sie schnell in die Tasche seines Morgenmantels.

Er spürte Inges Wärme an seiner Haut.

Mit den Händen stützte er sich auf dem Tisch auf und schob sich in den Stand. Dieses Aufstehen fiel ihm von Tag zu Tag schwerer. Aber es half ja nichts, er musst ja irgendwie ...

»Dieses Jahr klappt's sicher«, sagte er und hielt Elfriede seinen leeren Teller hin.

»Wenn de moinsch.« Sie schaute ihn an. »Mach noare. Mer ganged glei. Willsch doch bestimmt noch Zeitung lese.«

»Hosch recht«, sagte Herbert, schlurfte davon und stieg wieder die Treppen in den oberen Stock hinauf.

Oben musste er kurz innehalten, Luft schnappen. Das war alles viel zu viel für ihn. Dafür war er schlicht zu alt. Nachdem er sich kurz ausgeruht hatte, ging er ins Bad, wusch sich, putzte seine Dritten, rasierte sich und legte sein weißes Haar sorgfältig über die kahlen Stellen.

Das Messer, fiel ihm ein. Das musste er unter dem Kopfkissen hervorholen und verstecken, bevor Elfriede die Betten machte. Wenn sie es fand, dann ...

Nein. Elfriede brauchte ihn doch. Das hatte sie immer. Außerdem waren sie schon seit 54 Jahren verheiratet. Er schüttelte den Kopf, um die Gedanken zu vertreiben. Die machten ihn schon ganz strubbelig. Er verteilte noch etwas Rasierwasser in seinem Gesicht, und wie jeden Morgen verzog er das Gesicht, weil es auf der Haut brannte. Aber wie jeden Morgen machte ihn das wacher.

Danach stieg er wieder die Treppen hinunter. Diese Treppen würden ihn noch ins Grab bringen ... wenn des ned die ....

Aus der Küche war das luftsaugende Gebrumme des Vakuumierers zu hören. Routiniert packte Elfriede immer vier Maultaschen in einen Beutel und schob das offene Ende des Beutels in das Gerät. Wie jedes Jahr halt.

Herbert wäre gerne mit der Zeitung ins Wohnzimmer gegangen, aber das wäre zu auffällig gewesen. Schließlich las er seine Zeitung immer am Küchentisch.

Er setzte sich und schlug aber als Erstes den regionalen Teil auf. Er suchte nach ... nach Inge. Nach einer Meldung, dass Nachbarn Blut in Inges Haus gefunden hatten, dass Inge spurlos verschwunden wäre.

Aber da stand nichts. Sicher hatte es noch niemand ihr Fehlen entdeckt. Die Leute waren ja heutzutage so unachtsam.

Der Rest der Zeitung interessierte ihn nicht, er starrte darauf und wartete, dass die Zeit vorbeiging.

Irgendwann schaltete Elfriede das Gerät ab. »I mach mi jetzt ferdich. Könndsch d'Mauldasche no in de Eisschrank do?«

Herbert nickte, froh, eine Beschäftigung zu haben.

Er stemmte sich hoch, nahm den Korb, in den Elfriede die Päckle gelegt hatte, und ging in den Keller ... diese Treppen würden ihn noch umbringen ... wenn des ned ....

Im Gefrierer musste er erst mal Platz schaffen. Da waren noch die Erdbeeren, Himbeeren und Mirabellen vom Sommer. Er räumte alles aus und mit System wieder ein.

Als er zurück in die Küche kam, war Elfriede schon dabei, den Rand des Silbertabletts mit Gurkenblumen und Karottenblättern zu dekorieren. Sie trug das hellblaue Tweed-Kostüm, das wunderbar mit ihren blauen Augen harmonierte.

»Siehsch nett aus«, stellte er fest.

Sie drehte sich um und lächelte dieses warme, nette Elfriede-Lächeln. Nicht das Fleischwolf-Lächeln. Ach, wenn er doch nur wüsste, was mit seiner Elfriede los war.

»Scho recht«, sagte sie und lachte. Aber gleich darauf wurde sie wieder ernst. »Mer soddet jetzt gange, sonscht komme mer zschbät.«

Herbert schaute auf seine Armbanduhr. Kurz vor zehn. Er war zwar nicht mehr der Schnellste, aber sie hatte noch ewig Zeit. Widersprechen wollte er an diesem Tag aber sicher nicht.

Er schlüpfte in seine Slipper, und Elfriede half ihm beim Mantel. Zuletzt kam noch der Hut. Elfriede nahm das Tablett und sie verließen das Haus, nicht ohne es sorgfältig abzuschließen. Herbert dachte darüber nach, ob der

Schlachtraum noch offen war, doch er beschloss, dass ihn das an diesem Tag nicht interessierte.

Schweigend gingen sie zur Festhalle, wenige Querstraßen von ihrem Haus entfernt.

Elfriede war aufgeregt. Sie lief viel zu schnell, besann sich dann aber und wartete auf ihn, nur um dann wieder loszuspurten.

An der Halle hing ein großes Banner. »Die Maultasche des Jahres – Kulturelles Erbe der Region Schwaben«. Seit 2008 hing dieses Banner da, seit die Europäische Union die Maultasche als Kulturerbe anerkannt hatte.

Herbert hielt Elfriede die Tür zur Festhalle auf und sie ging direkt zur Frau Maier vom Blumenzuchtverein, die an der Anmeldung saß. Herbert folgte ihr.

»Elfriede Pfefferle«, murmelte Frau Maier und machte einen Haken hinter Elfriedes Name. »Tisch 8. Wie immer. Kannschd dir das vorstellen, Elfriede, 50 Teilnehmer ham mer. Des werdet au jedes Jahr meh.«

Herbert starrte auf die Namen, suchte und fand Inge. Inge Maisch. Dahinter ... kein Haken. Inge war noch nicht da.

»Kommsch?«, fragte Elfriede.

Herbert folgte ihr in den Saal. Es herrschte Trubel und die Gespräche waren zu einem lauten Summen angeschwollen. Elfriede ging direkt zum Tisch mit der Nummer 8. Darauf stand eine Herdplatte, mit einem Topf voll Brühe. Jeder Teilnehmer bekam die gleiche Brühe. Das war immer so. Damit die Jury sich auf den Geschmack der Maultasche konzentrieren konnte.

Elfriede begann alles so hinzurichten, wie sie es brauchte. Herbert schielte derweil zum Tisch mit der Nummer eins, dem Tisch, der für den Vorjahressieger reserviert war. Er war leer.

»Hock di na und schtand net im Weg rom«, sagte Elfriede, und Herbert setzte sich auf einen der beiden Stühle, die hinter dem Tisch bereitstand.

Elfriede unterhielt sich mit der Tischnachbarin, diskutierte über Bärlauch-Maultaschen und das vegane Zeug, das so in Mode war.

Die Jurymitglieder hatten bereits auf der Bühne Platz genommen. Kurz darauf ertönte die Glocke, das Zeichen für den Start des Wettbewerbs. Die Türen der Halle wurden geschlossen und mit einem Mal war es mucksmäuschenstill.

Der Juryvorsitzende erhob sich und hielt seine Rede. Wie jedes Jahr.

»De beschde Mauldasch soll g'wenna«, sagte er, nachdem er fertig war, und gab damit das Zeichen, dass alle ihre Maultaschen in die heiße Brühe geben durften.

Herbert überlegte, was er tun sollte. Seine Elfriede bei der Polizei melden? Das konnte er doch nicht machen. Nach 54 Jahren Ehe. Aber wenn er es nicht tat, dann würde nächstes Jahr eine Herbert-Maultasche zum Wettbewerb antreten. Nein, das würde sie nie tun. Oder doch?

Nach fünfzehn Minuten kam eine der Wettbewerbshelferinnen vorbei und holte die Teller mit den Maultaschen ab.

Herbert schaute erneut zum Tisch mit der Nummer 1. Komischerweise stand auch dort eine Wettbewerbshelferin und lud Teller auf. Aber Inge… Er schaute zur Tür und sah gerade noch, wie die Tür von außen geschlossen wurde. Wer … ?

Elfriede zog den zweiten Stuhl neben Herbert und setzte sich. Dass sie nervös war, war nicht zu übersehen. Er wollte sie beruhigen, wusste aber nicht, was er sagen sollte. Etwas wie: Die Inge-Maultasche ist die Beste. Oder: Mit der Inge-Maultasche gewinnst du bestimmt.

Er suchte nach den richtigen Worten. Vielleicht sollte ihn auf der Stelle der Schlag treffen, dann müsste er nicht …

»Elfriede«, sagte er und legte seine Hand auf die ihre.

Sie schaute ihn mit dem Augenaufschlag eines jungen Mädchens an. »Ja?«

»Du hosch doch nix Orechts do, oder?«

»Wie moinsch des jetzt?«, fragte sie und das junge Mädchen war verschwunden.

»Ich moin, wegen der Mauldasche. Da hosch ned…«

»Was? Der Inge ihr Rezept g'klaut?« Sie lachte auf. »Mei Rezept isch des Älteste von der ganze Gegend. Außerdem sind de Inge ihre Mauldasche ned besser als die von der Fabrik.«

Sie verschränkte die Arme und schaute ihn nicht mehr an. Er beschloss, den Mund zu halten. So saßen sie schweigend nebeneinander und warteten. Lange. Herbert fühlte sich krank, er wollte nur noch nach Hause.

Irgendwann, nach einer gefühlten Ewigkeit, ertönte endlich wieder die Glocke. Das Mikrofon knackte.

»Meine Damen und Herren. Wir haben eine Entscheidung getroffen.«

Herbert schaute auf den Boden. Wenn Elfriede dieses Jahr nicht gewann ...

»Aber bevor wir diese Entscheidung verkünden, haben wir noch ebbes bekannt zu geben.«

Herbert stutzte. Eine Abweichung vom Ablauf? Er hob den Kopf und schaute zur Bühne.

»Heute haben wir einen Jubilar in unserer Mitte. Seine Frau hat uns erzählt, dass er seinen Geburtstag immer vergisst.« Der Juryvorsitzende, dessen Name Herbert nicht kannte, lachte.

Herbert versuchte, sein Hirn anzustrengen. Wer hatte heute denn ein Jubiläum? Er kannte niemanden.

»Lieber Herbert Pfefferle, alles Gute zum 88sten«, sagte der Mann.

Herbert schaute sich um, schaute zu Elfriede, die ihn anstrahlte und klatschte. Nicht nur sie, alle im Saal klatschten.

»Aber Herbert wird ned nur 88. Er isch auch seit 50 Jahren im Liederkranz. Und seit 20 Jahren isch er der Vorsitzende des Bingo-Vereins«, erklärte der Maultaschenvorsitzende.

Elfriede nickte ihm zu. »Stand doch emal uf.« Sie hakte sich bei Herbert unter und zog ihn auf die Beine.

Die Tür der Halle wurde geöffnet und Inge kam herein. Vor sich her schob sie etwas, das mit einer Decke verhüllt war. Herbert erkannte die Decke sofort. Erneut schaute er zur Elfriede. Er verstand gar nichts mehr. Die Inge ... aber unter der Decke ... und ...

Noch immer klatschten die Leute. Bis die Inge vor ihm stand und ihn anstrahlte.

»Das war gar net so leicht, das alles g'heim zu halte«, sagte sie. »Elfriede und i habe alles geschdern Abend b'sorgt, wo du zum Bingo bisch. Und jetzt wär ich fascht zschbäd komma, weil i das Geschenk noch bei euch hole gange bin.«

Sie zog die Decke weg. Und da war ein ... ein Rollator. Auf der Sitzfläche befand sich eine Herrentorte mit einer 88 darauf.

Herbert merkte, dass er abwechselnd Elfriede und Inge anstarrte. Und er merkte, dass Inge und Elfriede erstaunte Blicke wechselten.

Elfriede beugte sich zu ihm hinüber und flüsterte: »Freusch di denn gar ned? Elle hen z'sammeg'legt, dass du nemmer z'schbäd zom Liederkranz kommsch. Bisch ja nemme so gut auf de Fias. Ond des isch der Porsche unter den Rollatoren.«

Herbert nickte. »Doch, doch, ich freue mi scho. Wirklich. I han bloß ned g'wisst ...«

»... des du Geburtstag hosch?«, vollendete die Inge den Satz. »Des is nix Neues.«

Die Verwirrung wollte nicht weggehen, aber Herbert merkte, wie ihm ganz warm ums Herz wurde.

Er schaute in die strahlenden Gesichter um sich herum, nickte ihnen lächelnd zu. Dabei fiel sein Blick auf den Tisch mit der Nummer 11. Hannelores Tisch. Wie jedes Jahr. Aber er ... er war leer. Wenn Herbert es sich recht überlegte, hatte er die Hannelore schon lang nicht mehr gesehen.

Erneut knackte das Mikrophon. »Und jetzt wollen wir zur Verkündung kommen«, sagte der Juryvorsitzende.

Im Saal wurde es still, ganz still, nicht ein Huster war zu hören.

»Die Maultaschen waren dieses Jahr wieder die reinste Gaumenfreude. Und wir freuen uns sehr, den diesjährigen Gewinner der Goldenen Maultasche bekannt geben zu dürfen. Es ist ....

Elfriedes Herrgottsb'scheißerle

Zutaten:
Für den Teig
750 g Mehl
6 Eier
etwas Salz
etwas Wasser

Für die Füllung
2 Brötchen
50 g Lauch
250 g Spinat
50 g Speck
1 Zwiebel
500 g gemischtes Hackfleisch (oder Inge. Alternativ: Hannelore)
500 g Kalbfleisch (Brät)
4 Eier
Salz, Pfeffer
Muskat
(wer mag Petersilie und/oder Majoran)
1 Eigelb

Zubereitung:
Teig zubereiten, dann 1 m lang und 20 cm breit schneiden. Brötchen einweichen. Eingeweichte Brötchen ausdrücken, mit angedämpftem Lauch und Spinat durch den Fleischwolf drehen (oder mit Rührgerät vermengen, falls kein Fleischwolf vorhanden). Den Speck andünsten. Die Zwiebel mit Hackfleisch, Kalbsbrät, Eiern und den übrigen Zutaten vermengen. Abschmecken.
Teigstreifen mit Eigelb einpinseln, dann die Füllung darauf geben. Zuklappen und festdrücken.
In heißer Salzwasser oder Brühe 15 Minuten ziehen lassen.

Serviervorschläge:
In der Brühe: Mit etwas Brühe und grünem Salat. Oder als Suppe.
Angebraten: In Scheiben schneiden, anrösten, mit Ei. Dazu passt ebenfalls grüner Salat
Geschmälzt: Zwiebeln langsam anbraten, so dass sie ein wenig bräunlich werden, Zucker zufügen und karamellisieren lassen, anschließend salzen und etwas Butter zufügen.
Die Maultaschen in der Zwiebel-Butter-Mischung schwenken, nicht braten. Dazu gehört schwäbischer Kartoffelsalat und wer mag noch grüner Salat.

Ulrike Wanner

Kräuterkäs und Seelenheil

Schwäbische Alb

»Es darf nicht herauskommen«, bestimmte Abt Hermann. Er warf einen bekümmerten Blick auf die SMS und verstaute das Handy in der Tasche seiner Kutte.

»Aber«, setzte der weißhaarige Propst Egbert zum Protest an.

»Keine Widerrede!« Abt Hermann rammte seinen Gehstock in den Kies. »Es ist viel zu gefährlich. Wenn er uns auf die Schliche kommt, wird das Kloster geschlossen. Du weißt, was das für uns alle bedeutet. Das müssen wir mit allen Mitteln verhindern.«

Die beiden Männer saßen auf der Bank zwischen zwei Gallica-officinalis-Rosensträuchern im ummauerten Apothekergarten an der Südseite der Abtei. Zur Anlage gehörten weitere Nutzgärten, Fischteiche und eine Mühle, deren Rad sich schon lange nicht mehr drehte. Das Kloster lag in einem Tal der Schwäbischen Alb, durch das sich ein Flüsschen zur jungen Donau wand.

Bedrückt ließ Propst Egbert den Blick über die Beete schweifen. Seit beinahe fünfzig Jahren pflegte er die Pflanzen hier, erntete, trocknete, setzte Tinkturen an und rührte Salben. Kreuzförmig angelegte Wege teilten die mit Buchs umrandeten Beete und führten am Kreuzungspunkt um einen Ziehbrunnen herum. Dieser warf in der Abendsonne lange Schatten.

Der Propst seufzte. »Du hast recht. Lieber ein paar Tage – wenn überhaupt – Unannehmlichkeiten als ...«

Ein spitzer Schrei aus dem angrenzenden Gemüsegarten unterbrach ihn. Egbert hastete zum Durchgang, riss das schmiedeeiserne Tor auf und stürmte hindurch, jäh gebremst von seinem Ärmel, mit dem er an der Klinke hängen geblieben war. Dann prallte der Abt auf Egbert, weil er nur auf die Köchin des Klosters geachtet hatte, die sich ihren Knöchel rieb.

Die drahtige Mittfünfzigerin lächelte sie an. »Nichts passiert. Bin bloß gestolpert«, beruhigte sie die beiden. »Sie ist mal wieder ausgebüchst.« Sybille Obermaier streckte ihnen eine helle Landschildkröte entgegen und grinste. »So alt wie Monika ist, sie will immer noch alles wissen. Ich wollte sagen, sie will immer mindestens zum Horizont.« Damit packte sie die zappelnde Schildkröte fester und humpelte mit ihr zum Gehege im Obstgarten, in dem sich mehrere dieser Tiere tummelten.

So, so, Monika will alles wissen, dachte Abt Hermann. Er wandte sich an den Propst. »Gehen wir in mein Arbeitszimmer und setzen dort unsere Besprechung fort.«

Gemessenen Schrittes gelangten sie durch den Ostflügel in den Kreuzgang und von dort ins jetzige Arbeitszimmer. Nach dem Ausbau des Klosters im 18. Jahrhundert diente dieser Raum als Empfangsraum für Besucher. Entsprechend wurde er möbliert und mit großformatigen Bildern geschmückt. Abt Hermann legte weniger Wert auf Repräsentation und Luxus als auf kurze Wege. Seit ihn die Gicht plagte, schätzte er die Nähe dieses Raumes zu Dormitorium und Refektorium und vor allem zur Kapelle, in der sie außer an Feiertagen die Messe feierten und die täglichen Gebete verrichteten. Während der Glanzzeiten des Klosters wohnten über hundertfünfzig Fratres hier, dazu kam eine stattliche Zahl von Laien. Mittlerweile war die Schar der Mönche auf zehn geschrumpft, von denen der jüngste Anfang sechzig und der älteste über neunzig Jahre alt war. Die Bewohner lebten von Einkünften aus Eintrittsgeldern von Tagestouristen, die die Anlage besichtigten und sich im Laden mit Andenken und eigenproduzierten Naturheilmitteln eindeckten. Verkaufsschlager im Klosterladen waren Fitnesskekse für Hunde sowie Pfotensalben und Wundtinkturen. Zusätzlich beschickte Bruder Gerhard, der jüngste Mönch, Wochenmärkte der Umgebung mit diesen Produkten.

Ihr aktuelles Problem hing mit Laudanum, in Wein gelöstem Opium, zusammen. Rohopium gewannen sie aus Mohn, der zwischen Engelwurz und Kamille prächtig gedieh. Sie produzierten es nur für den Eigenbedarf. Es dämpfte die Schmerzen allerlei altersbedingter Gebrechen, entspannte die Gemüter und verhalf zu gutem Schlaf. Der regelmäßige Konsum kleiner Dosen schuf eine friedliche Atmosphäre, in der die Benediktiner ihren Lebensabend verbrachten.

Bedauerlicherweise war Bruder Konrads Vorgänger süchtig geworden, hatte heimlich Opium geerntet und in größeren Mengen konsumiert. Mitten im Verkaufstrubel hatte er auf dem Markt einen Atemstillstand erlitten und war trotz notärztlicher Versorgung im Krankenhaus verstorben. Wie üblich ermittelte bei unklaren Todesfällen die Polizei und ordnete eine Obduktion an. Das Ergebnis schlug ziemliche Wellen in den Medien und im Haupthaus der Benediktiner. Mit größter Mühe gelang es Abt Hermann, die sofortige Schließung des Klosters und den Umzug der Mönche ins Haupthaus zu verhindern. Offiziell wurde die Herstellung von Laudanum sofort abgebrochen. Aber dem Abt erschien es unmenschlich, seinen Mitbrüdern und sich selbst das probate Mittel vorzuenthalten. Zudem machten sich bei einigen Entzugserscheinungen bemerkbar, wenn die Intervalle der Einnahme zwangsweise verlängert werden mussten. Damit keine weiteren Zwischenfälle auftraten, hatte Egbert damals vorgeschlagen, das Laudanum in den Messwein zu mischen und ihn und alle opiumhaltigen Stoffe in der Klosterapotheke unter Verschluss zu halten. Auf diese Art wurden alle Bedürftigen angemessen versorgt und Außenstehende vom Konsum ausgeschlossen. Dieses Arrangement funktionierte wunderbar und über den Zwischenfall wuchs Gras.

Doch nun sollte sich Bruder Ignatius aus dem Haupthaus persönlich vom lauteren Treiben überzeugen. Glücklicherweise hatte ein anderer Konfrater von dort, den der Abt heimlich belieferte, ihn per SMS vor dem Besuch gewarnt.

Egbert schloss sorgfältig die Tür hinter sich und fragte: »Einen Schluck auf den Schrecken?« Erleichtert, dass er endlich wieder sitzen konnte, nickte Abt Hermann. Er griff nach einer Kristallkaraffe auf dem Beistelltisch und schenkte Likör in geschliffene Gläser. Schweigend prosteten sie sich zu.

»Wann kommt er?«, wollte Egbert wissen.

»Morgen. Wie ich ihn kenne, früh morgens.«

»Dann brauchen wir sofort einen Plan.«

»Und der Himmel stehe uns bei.« Hermann nippte an seinem Glas. »Wir graben den Mohn aus und setzen ihn hinter die Anzuchthäuser. Die leeren Stellen füllen wir mit Kräutern. Das ist der eine Teil. Der andere Teil ist die unauffällige, aber regelmäßige Versorgung der Brüder.«

Beide grübelten und süffelten.

»Ja«, sinnierte Egbert, »wenn er das gesamte Areal nach Laudanumvorräten absuchen will, kann es Tage dauern.«

Ein Quietschen einer alten Diele ließ die beiden aufhorchen. Argwöhnisch sahen sie sich an. Egbert vergewisserte sich, dass sich vor der Tür kein Lauscher herumtrieb, setzte sich wieder. »Ignatius, hm, kultiviert doch kulinarische Vorlieben«, sagte er verschmitzt.

Hermann bejahte, stutzte. Dann schrieb er eine SMS. Die Antwort traf prompt ein. Ein Lächeln breitete sich auf seinem Gesicht aus. »Ja, Ignatius mag immer noch keinen Käse.« Hermann stellte sein Glas beiseite. »Nach dem Abendessen fangen wir an. Es verstößt gegen die Regel, aber es muss sein.«

* * *

Die alten Männer brauchten ihre Ruhephasen, hielten meist nach dem Abendessen ein kurzes Nickerchen. Auch Hermann und Egbert. Zudem endete nach der Ordensregel mit der Vesper alle Arbeit des Tages. Doch heute marschierten Abt und Probst zusammen mit Bruder Konrad und Sybille mit einer Schubkarre voller Thymian, Lavendel und Malven in den Heilpflanzengarten. Wegen der langen Trockenheit mussten sie den Mohn erst gründlich wässern, bevor sie ihn durch die mitgebrachten Stauden ersetzen konnten. Bis er seinen neuen Standort gefunden hatte, stand der Mond am Himmel, und die Mönche begaben sich zur Komplet in die Kapelle.

* * *

Nach der Laudes bei Tagesanbruch frühstückten die Mönche im Refektorium. Der Bequemlichkeit halber blieben sie im Anschluss daran dort sitzen und besprachen wie üblich die Aufgaben des Tages. Abt Hermann hatte die Runde über seine Vorsichtsmaßnahmen informiert, die Aufregung deswegen war gerade einigermaßen verebbt, als Sybille Ignatius' Ankunft meldete.

Hermann erhob sich sofort und führte den Gast in sein Arbeitszimmer. Dabei gelang ihm eine ehrlich überraschte Miene, weil Ignatius noch früher eingetroffen war, als er erwartet hatte.

»Lieber Bruder Hermann, mich führt eine unangenehme Mission her«, sagte Ignatius nach dem Austausch der Begrüßungsfloskeln. »Sicherlich eine Formalie.« Er lächelte angestrengt.

Hermann kannte Ignatius und glaubte kein Wort. Sie waren sich noch nie grün gewesen.

»Rundheraus – es geht um die Sache mit dem Laudanum. Das Mutterhaus möchte sicher sein, dass alles seinen rechten Gang geht.«

Das Mutterhaus, so, so, dachte Hermann. Er hob die Augenbraue. »Du sollst nicht falsch Zeugnis«, er unterbrach sich, »ach, lassen wir das. Wie kann ich dich überzeugen?«

»Zeige mir die Apotheke und führe mich durch die Gärten.« Ignatius lächelte bescheiden.

»Gerne.« Hermann griff nach seinem Stock. »Machen wir einen Rundgang. Bei mir geht es etwas langsamer. Die Gicht. Habe früher zu viel Fleisch und Wurst gegessen. Seit ich Vegetarier bin, geht es meinen Fingergelenken besser, aber für die großen Gelenke war es zu spät.«

Ignatius setzte eine mitfühlende Miene auf.

»In deinem Alter spielt es noch keine Rolle«, meinte Hermann. »Aber in unserem, ich spreche jetzt für alle Brüder hier, merkt man es sehr deutlich. Wir ernähren uns seit einigen Jahren fleischlos. Und wir verwenden viele Kräuter, alles aus der Natur. Sie halten uns jung.« Er zwinkerte Ignatius zu. »Und wir essen viel Käse.«

Mittlerweile hatten sie den Kreuzgang erreicht.

»Auch Fleisch ist Teil der Natur«, gab Ignatius zu bedenken.

Hermann lachte und stimmte ihm zu. Er führte seinen Besucher in die Apotheke und stellte ihm in der zugehörigen Apothekenküche Egbert und Sybille vor. »Sie bereiten hier die Medizin zu. Sieh dich in Ruhe um.«

Angestellt war Sybille als Köchin. Doch in dem Maße, in dem die Zahl der Mönche sank, hatte sie ihre Energie auf Produktion von Naturheilmitteln für Tiere verlagert.

Hermann bat die Köchin, für Ignatius Schinken für den mittäglichen Imbiss und Fleisch fürs Abendessen zu besorgen. Dann wandte er sich an Ignatius. »Wenn du hier fertig bist, zeige ich dir die Gärten.« Damit kehrte er in sein Arbeitszimmer zurück.

Wir bereiten Medizin zu, dachte Sybille verschnupft. Im Grunde schmeiße ich den Laden. Wer hatte denn die Idee mit Naturheilmitteln für Tiere? Das liegt im Trend und bringt richtig Geld.

In der Apotheke zogen sich Schränke und Regale hinauf bis zum niedrigen Kreuzgewölbe, in der Mitte der Räume standen lange Tische. Einrichtung und Gefäße stammten aus dem 17. Jahrhundert, ebenso die Ölgemälde. Eines zeigte Jesus mit einer Waage in der Hand.

Ignatius zeigte auf das andere. »Philippus Aureolus Theophrastus Bombastus von Hohenheim«, tadelte er. »Der Erfinder des Laudanum.«

Egbert lächelte. »Ob Medizin oder Gift ist immer eine Frage der Dosierung.«

Systematisch durchsuchte Ignatius Schubladen und Gefäße. Von Zeit zu Zeit versorgte ihn Egbert mit einem Glas

Wasser, lächelte ihm ermutigend zu und zog sich wieder in den angrenzenden Raum zurück.

* * *

Direkt vor dem Mittagsimbiss ging Ignatius in die Küche zu Sybille. Er wollte wissen, was es zu essen gab, damit er die benötigte Insulinmenge kalkulieren konnte.

Bis auf den Vorleser setzten sich alle zu Tisch. Während Sybille auftrug, spritzte sich Ignatius. Es gab eine große Schüssel Frühlingsblattsalat mit Walnüssen, garniert mit Blüten vom Wiesenschaumkraut, dazu knusprige Seelen und Hügel aus angemachtem Kräuterkäse. Für diese schwäbische Spezialität rieb man Hartkäse mit Schabzigerklee ganz fein, mischte ihn mit Butter und bestreute ihn mit Schnittlauch. Als weiteren Gang servierte Sybille jedem einen Teller Pfannkuchen mit Spargelfüllung. Nur die Spargelportion des Besuchers hatte sie mit Schinken angereichert. Ignatius verschmähte den Kräuterkäse, griff bei allem anderen zu. Die Speisen schmeckten ihm zu seiner Überraschung ausgezeichnet, besonders der Salat. Außer Löwenzahn, Birke und Eichenblättern konnte er nichts identifizieren, aber der Geschmack brachte ihn in großen Konflikt mit dem Gebot der Mäßigung. Die Mönche aßen mit Appetit, schoben Ignatius die Salatschüssel hin, der der Lesung weniger Aufmerksamkeit als üblich widmete.

Nach der Mahlzeit setzte Ignatius seine Suche in der Apotheke fort. Bald rumorte es in seinen Därmen, ihm wurde übel. Er fragte Egbert nach einer Toilette und rannte förmlich dorthin, schaffte es knapp. Abwechselnd übergab er sich und litt an Durchfall. Egbert, der sich über sein Ausbleiben wunderte, schaute nach. Die Geräusche waren eindeutig. Er informierte Hermann. Gemeinsam gingen sie zu Ignatius.

»Können wir dir etwas Gutes tun?«, erkundigte sich Hermann.

Ein Stöhnen war die Antwort.

»Du kannst dich in einem unserer Gästezimmer hinlegen«, bot der Abt an. »Es besitzt eine eigene Toilette.«

Stoff raschelte, Füße scharrten. Ignatius kam heraus. »Gesunde Kräuter«, murmelte er verächtlich. Bleich und zittrig ließ er sich ins Gästezimmer führen. Dort verriegelte er die Tür und legte sich ins Bett. Er hatte von allem gegessen, was die anderen auch gegessen hatten. Bis auf den Schinken. Den hatte nur er bekommen. Er liebte Schinken und noch nie, noch gar nie war ihm davon schlecht geworden. Während er sich der letzten Reste des Imbisses entledigte, spann er Theorien über Anschläge auf sein Leben.

* * *

Im Arbeitszimmer besprachen Hermann und Egbert bei einem Gläschen Mirabellenlikör die Lage.

»Er wird uns nichts mehr glauben und alles, wirklich alles auf den Kopf stellen«, sagte Egbert.

»Das schafft er nicht allein. Solange er im einen Teil des Klosters sucht, verstecken wir die Sachen im anderen.«

»Eben. Er wird sich Unterstützung holen.«

Hermann machte eine wegwerfende Geste.

»Doch. Und er wird sie bekommen. Es sieht doch wirklich so aus, als ob wir ihn vergiften wollten. Uns glaubt kein Mensch, dass er nur zu viel Löwenzahn gegessen hat.«

Hermann dachte nach. »Dann bleibt uns keine Wahl. Wir müssen es wirklich tun. Was schlägst du vor?«

»Ich braue etwas. Du gehst mit ihm in den Garten. Dorthin bringe ich einen Krug und drei gravierte Zinnbecher. In dem mit den Birnen werden die farblosen Tropfen schon drin sein. Ich schenke ein. Du gibst Ignatius diesen Becher, wir nehmen die mit Äpfeln und Pflaumen.«

* * *

Ignatius erwachte aus tiefem Schlaf. Er fühlte sich noch etwas zittrig, aber sein Kampfgeist war wieder da. Hier geht nicht alles mit rechten Dingen zu, überlegte er. Und ich finde heraus, was hier los ist. Spielen mir mit ihrem Altmännergetue Theater vor und haben es faustdick hinter den Ohren. Hermann hat seit Ewigkeiten Laudanum verteilt. Und nach dem Zwischenfall gab es endlose Diskussionen, weil er nicht damit aufhören wollte. Nur ernste Drohungen mit einer Versetzung haben gewirkt. Hundertprozentig ist er nur zum Schein darauf eingegangen, damit er heimlich weitermachen kann. Ich bin hier nicht willkommen, das spüre ich. Gut, in der Apotheke war nichts Verdächtiges. Moment – Egbert brachte mir Wasser und diese Sybille gab nur mir Schinken. Und ausgerechnet die beiden sind die Heilkundigen der Abtei. Wartet nur, ich kriege euch. Entschlossen schlüpfte er in seine Schuhe.

* * *

Im Kreuzgang traf Ignatius Bruder Gerhard und ließ sich den Weg zu den Gärten beschreiben. Im ummauerten Apothekengarten fahndete er, die Hände auf dem Rücken und den Oberkörper leicht vorgebeugt nach Mohn.
    Dort traf ihn Hermann. »Dir geht es wieder besser.«
    Ignatius nickte.
    »Möchtest du Kamillentee?«
    Ignatius schüttelte den Kopf.
    »Du hast zu viel Löwenzahn gegessen. Der Tee würde deinen Magen beruhigen.«
    »Erkläre mir lieber, wieso ihr Mohn gepflanzt habt. Entgegen jeder Absprache.«
    Hermann lächelte milde. »Das hier ist der Schaugarten. Unsere Besucher sollen einen möglichst repräsentativen Querschnitt von Heilpflanzen sehen. Dazu gehört Papaver somniferum. Hat sich über Jahrtausende bewährt. Aber lassen wir das. Setzen wir uns auf die Bank. Heute ist es für die Jahreszeit wieder recht heiß.« Hermann ging voraus. Mit leichtem Aufseufzen setzte er sich zwischen die Rosen. »Was das Versprechen betrifft, haben wir uns daran gehalten. Oder hast du am Mohn irgendwelche Ritzungen gesehen?«

Ignatius verneinte zögernd.

Um Rohopium zu gewinnen, musste man unreife Mohnkapseln anritzen. Daraus quoll milchiger Saft, den man eintrocknen ließ und dann abschabte.

Kies knirschte, Egbert trug ein gefülltes Tablett herbei. »Bei der Hitze habt ihr sicher Durst.« Er schenkte eine rosa Flüssigkeit in die Zinnbecher. »Rhabarbersirup und Mineralwasser«, erklärte er und hielt das Tablett Hermann hin. Der langte nach zwei Bechern, wollte offensichtlich den mit den Birnen darauf für sich behalten und reichte Ignatius den anderen. Egbert wackelte mit dem Tablett, wollte Hermanns Aufmerksamkeit gewinnen. Der reagierte nicht. Egbert machte einen Schritt auf Hermann zu, trat auf seine eigene Kutte. Dabei rempelte er mit dem Tablett Hermann an. Inhalt des Kruges und der Becher flossen über Abt und Probst.

»Entschuldigung«, sagte Egbert aufgeregt, »ich bin in letzter Zeit so schusslig.«

Nicht mehr als sonst, dachte Hermann. Laut sagte er: »Schon gut. Aber ich möchte mich umziehen.«

Ignatius leerte seinen Becher. Egbert nahm ihn zurück und begleitete den seltsam beschwingten Hermann ins Gebäude.

»Es hat geklappt«, frohlockte Hermann. »Ich hatte schon Angst, dass er nicht trinkt, weil wir nichts vom Sirup getrunken haben.«

»Du hast ihm den falschen Becher gegeben«, schimpfte Egbert leise. »Du hättest ihm den mit den Birnen drauf geben sollen.« Hermann zuckte zusammen. »Oh Gott.« Er wischte sich mit dem Ärmel über die Stirn. »Danke, dass du mich gerettet hast.«

Egbert bezog dies mehr auf sich als auf Gott. »Und jetzt?«

»Ziehe ich mich um. Dann treffen wir uns in meinem Arbeitszimmer.«

* * *

Ignatius saß noch eine Weile grübelnd auf der Bank. Der Sirup hatte ihn mit seiner ausgewogenen Mischung aus Süße und Säure belebt. Womöglich sah er doch Gespenster. Bislang hatte er nichts Verdächtiges entdeckt, für alles gab es eine plausible Erklärung. Von der Inspektion konnten sie nicht gewusst und sich vorbereitet haben. Also warum sollten sie ihm ans Leder wollen? Er hatte heute sehr früh gefrühstückt, dazu kamen die Hitze und Aufregung über seine Mission. Ignatius musste einräumen, dass er sehr viel Salat gegessen hatte. Er googelte auf seinem Handy. Auf verschiedenen Webseiten wurde darauf hingewiesen, dass Löwenzahn Übelkeit verursachen konnte.

Ausflügler schlenderten herein, stießen Schreie des Entzückens aus und machten eine Menge Fotos. Die Schilder des ersten Beetes lasen und diskutierten sie eifrig, am zweiten gingen sie schneller vorbei. Am Brunnen fotografierten sie sich gegenseitig und zogen wieder ab.

Ignatius wollte noch vor der Vesper die restlichen Gärten anschauen. Er würde die Inspektion so hinauszögern, dass er zum Abendessen eingeladen würde. Diese Sybille kochte exzellent. Die ihm bislang unbekannten Aromen hatten Appetit auf mehr geweckt. Aber er würde sicherheitshalber nur aus den Schüsseln essen, aus denen sich die anderen auch bedienten. Dann konnte rein gar nichts passieren. Auf dem Weg zu den Kräutergärten stellte er fest, dass er ein Lied pfiff.

Überall duftete es, summten Bienen, plapperten Touristen.

»Die ganze Anlage ist ein Traum«, schwärmte eine ältliche Frau in Beige. »Bilder davon könnte man sofort in Illustrierten abdrucken. Gärten, Ställe, Gewächshäuser, ach!«

»Diese Ruhe«, dröhnte ihr Mann in Freizeithosen. »Diese abgeschiedene Lage. Bieten die keinen Urlaub an? Man könnte hier so herrlich wandern.« Die Anzuchthäuser im Rücken und die Gebäude zur Rechten, blickten sie über die Gärten hinweg ins Tal. Die Bära schlängelte sich durch Wiesen, auf den Höhen wechselten Laub- und Nadelwälder.

»Von den Leutchen lernen, wofür die Kräuter gut sind. Komm, wir schauen uns die hinteren Gärten auch an.« Die verklärte Miene der Ältlichen wich Entsetzen. An einem Pfosten hing ein Schild »Vorsicht Zecken«. Das Paar verschwand, lächelte verkrampft auf seinem Weg zurück Sybille zu, die ihnen entgegenkam.

Klappt prima, freute sich Sybille. Seit ich die Zeckenwarnung hingehängt habe, bleiben die Touris brav im vorderen Teil. Mein Reich geht die gar nichts an.

Ignatius hatte sich kurz gewundert. Von Zecken in dieser Gegend hatte er noch nie gehört. Er schüttelte den Kopf und setzte seinen Weg fort. Ein gutes Stück weiter blieb er abrupt stehen. Überall war die Erde trocken. Nur gute sechs Quadratmeter waren nass, offenbar seit Kurzem bepflanzt mit Thymian, Lavendel und Malven. Er stemmte die Hände in die Hüften und dachte nach. Ob die Zeckenwarnung ihn abschrecken sollte? Damit er sich nicht hierher traute?

»Da sind Sie!«, riss ihn Sybille aus seinen Grübeleien. »Das Essen ist so gut wie fertig. Es gibt Geschnetzeltes und Bratkartoffeln mit Kräutern.«

»Danke. Wieso wurde nur hier neu gepflanzt?«, fragte er argwöhnisch. »Die Stauden sind doch eingeschlämmt.«

»Wir prüfen, ob das mit dem Mondkalender stimmt.«

»So, so«, meinte Ignatius spöttisch. »Bei abnehmendem Mond ist keine Pflanzzeit.«

Sybille fuhr sich über die Haare. »Wir machen die Gegenprobe.«

»Ah? An einem idealen Platz für Mohn? Interessant. Dann bin ich auf die Gewächshäuser gespannt. Mal sehen, was hier noch so probiert wird.« Sein altes Misstrauen war erwacht. Er ging hinein, durchkämmte die Reihen mit Setzlingen und größeren Pflanzen. Am anderen Ausgang fielen ihm die frischen Trampelspuren durch das Unkraut hinter dem Gewächshaus auf. Sybille verfolgte diskret seine Suche, bis er einen triumphierenden Laut ausstieß. Sie eilte davon.

* * *

Als Ignatius ins Refektorium kam, saßen die Brüder am Tisch und hörten dem Vorleser zu. In seinem Überschwang wollte er sich nicht setzen, sondern Hermann sofort zur Rede stellen und dann abreisen. Reden bei Tisch verstieß gegen die Ordensregel. Ignatius versuchte Augenkontakt mit dem Abt aufzunehmen, doch der ignorierte ihn zuerst, dann wies er ihn mit einer knappen Kopfbewegung auf seinen Platz auf der Bank. Sybille stellte Platten mit Fisch, gebratenem gemischten Gemüse auf den Tisch, dazu eine Schüssel Salat aus frischem Spinat und verschiedenen Blattsalaten. Die Düfte und Farbenpracht der Speisen brachten Ignatius' Entschluss ins Schwanken. Die Brüder wunderten sich über Ignatius' Verhalten, sahen sich an, statt wie es die Regel gebot, sich auf die Lesung zu konzentrieren. Auf einen strengen Blick des Abtes setzte sich Ignatius.

Sybille servierte ihm einen Teller mit Geschnetzeltem. Ignatius' Magen verlangte nach Nahrung. Auch der Flüssigkeitsmangel machte sich bemerkbar. Argwöhnisch beäugte der Inspektor das Fleisch, probierte eine Gabel voll. Es zerging auf der Zunge. Ignatius' Angst vor einer Vergiftung überwog. Schweren Herzens ließ er den Rest liegen und bat die Köchin mit Gesten um einen neuen Teller. Mit beleidigtem Gesichtsausdruck brachte sie ihn. Darauf häufte er Fisch, Gemüse und Salat. Durstig wie er war, bediente er sich aus den Wasserkrügen und machte sich über sein Essen her. Zwar genoss er Gaststatus, aber weitere Störungen verkniff er sich aus Respekt vor den klösterlichen Abläufen. Er würde sofort nach der Vesper in sein Zimmer gehen und sich sein Insulin spritzen. Danach würde er dem Abt mitteilen, dass er dessen Betrug durchschaut hätte. Sybille brachte eine weitere Platte mit Fisch. Ignatius langte in Gedanken versunken zu. Jawohl, er hatte es gewusst. Es war richtig gewesen, die Inspektion durchzuführen. Als Beweis hatte er den angeritzten Mohn mit seinem Handy fotografiert, ein Klümpchen Rohopium abgekratzt und mitgenommen. Wie durch Zauberei stand eine Auswahl an Hartkäsesorten und eine Schüssel mit angemachtem Kräuterkäse auf den Tisch, dazu frische Seelen. Die Mönche schmausten mit vollen Backen. Ignatius konnte nicht widerstehen und nahm sich eine Seele. Plötzlich schlug Ignatius' Herz schneller, er schwitzte, Worte begannen durch seinen Kopf zu wirbeln. Er brauchte jetzt sein Medikament. Würde der Vorleser dieses Kapitel nie beenden? Ignatius griff nach dem Krug, stieß ihn dabei um. Wasser floss über den Tisch und die Kutten der Mönche. Er wollte den Krug wieder aufstellen, fegte dabei mit dem Ärmel den Teller weg, der auf dem Boden zerschellte. Unruhe entstand. Er zog sich missbilligende Blicke zu. Ignatius brauchte sofort seine Spritze. Ordensregel hin oder her. Er stand auf, torkelte einige Schritte und fiel der Länge nach hin.

Egbert und die anderen stoben auf. Sie fühlten ihm den Puls, prüften die geweiteten Pupillen, sprachen ihn an. Ignatius lallte und zitterte.

Egbert rief Sybille. »Er braucht sein Insulin. Los!«

Sie rannte hinaus, kehrte nach endlos scheinenden Minuten mit den Sachen wieder. Ignatius versuchte zu sprechen, signalisierte die Höhe der Dosis mit Gesten. Egbert spritzte ihm das Mittel. Ignatius lallte und krampfte weiter.

»Er braucht mehr«, meinte Sybille. »Er hat ziemlich viel gegessen.«

Egbert gab ihm eine weitere Dosis. Hermann alarmierte den Notarzt. Als er eintraf, brauchte Ignatius ihn nicht mehr. Die Wiederbelebungsversuche blieben erfolglos.

* * *

Hermann und Egbert stärkten sich mit Kirschlikör im Arbeitszimmer. Nebenbei prüfte Hermann die Ruflisten auf Ignatius' Handy. »Ich wusste es«, sagte Hermann. »Er wollte es Ihnen persönlich sagen.« Erleichtert nahm er einen Schluck und löschte die belastenden Fotos.

Gott sei Dank, dachte Sybille. Keine Beweise, keine Schließung. Sie sah durch das Guckloch in der riesigen, barocken Darstellung Mariä Himmelfahrt. Es war so angebracht, dass man durch ein Auge eines über der Jungfrau schwebenden Engels sah. Wegen der enormen Raumhöhe des Arbeitszimmers bemerkte dies kein Beobachteter. Überzeugt, dass Abt und Propst hier wieder die Situation besprechen würden, war die Köchin die Treppen eines Dienstbotenaufgangs hinauf in ein Zwischengeschoss, und von dort zum Geheimgang gelaufen, der an der Stirnseite des Abtzimmers beinahe auf Deckenniveau endet. Fast den ganzen Raum konnte sie von hier überblicken und wegen der ausgezeichneten Akustik jede Silbe verstehen. So hatte sie es gestern auch gemacht, als sie nicht weiter lauschen konnte, weil sie über die Schildkröte gestolpert war. Und heute Abend wollte sie erfahren, ob Ignatius Beweise für den Mohnanbau gehabt hatte, und was die zwei jetzt wieder ausbaldowerten.

»Dieser Kelch ist an uns vorübergegangen«, redete Hermann weiter. »Aber am dankbarsten bin ich, dass wir nicht gegen das fünfte Gebot verstoßen mussten.«

Egbert nickte zustimmend. »Die Vorsehung hat Ignatius die Todsünde der Völlerei begehen lassen. Im wahrsten Sinne des Wortes.«

Vorsehung, dachte Sybille verächtlich.

»Was hast du eigentlich an Ignatius' Auto gemacht?«, fragte der Abt.

Der Propst drehte die Handflächen nach oben. »Es wäre auf unerklärliche Weise nicht mehr angesprungen. Und Busse fahren um diese Uhrzeit nicht mehr. Er hätte die Nacht bei uns verbringen müssen.«

Deshalb wäre es für mich so einfach gewesen, ergänzte Sybille in Gedanken, wenn der erste Versuch nicht geklappt hätte. Ignatius' Medikamente hat die sogenannte Vorsehung sofort verschwinden lassen, nachdem er den Mohn entdeckt hatte. Keine Ahnung, wieso die beiden nicht draufgekommen sind. Auf ihre komplizierten Pläne gebe ich keinen Pfifferling. Schon allein, weil sich Hermann das nicht mehr merken kann. Egal. Ignatius hatte wirklich lange nichts gegessen und rutschte in den Unterzucker. Sein Abendessen enthielt viel zu wenig Kohlehydrate für die Insulinmenge, die ihm Egbert verpasst hat. Tja, dadurch fielen seine Werte richtig in den Keller. Das hat Ignatius jetzt davon. Nur weil er bloß an sich und seine Rechthaberei denkt, darf das Kloster nicht geschlossen werden. Was ich hier aufgezogen habe, ist mein Lebenswerk. Nein, nein, Freundchen, nicht mit mir.

Kräuterkäse mit Schnittlauch

Zutaten für 4 bis 6 Portionen:
100 g Schabzigerkäse
125 - 250 g Butter
1 Bund Schnittlauch

Zubereitung:
Den Käse sehr fein reiben und mit der Butter verkneten. Je mehr Butter man nimmt, desto sanfter wird der Kräuterkäse. Aus der fertigen Mischung einen Hügel formen, gut abdecken und kurze Zeit kühl stellen. Vor dem Servieren mit Schnittlauchröllchen bestreuen.
Wenn der Schnittlauch unter den Käse gemischt wird, muss er rasch gegessen werden, da der Schnittlauch sonst verdirbt.

Gudrun Weitbrecht

Das Kartoffelfeuer

Schwäbische Alb

Ich bin Soledad und meine Familie steht bei mir an erster Stelle. Da soll nur mal einer kommen, da werde ich zur Tigerin. Ja, ich tue alles für meine drei C's. Für meinen Mann Conny, der eigentlich Cornelius heißt, für den Sohn Chris – es ist die Kurzform von Christoph – und für Catarina, meine Tochter.

Eigentlich habe ich keine Zeit, mich über andere aufzuregen oder zu ärgern, da unser Bauernhof meinen ganzen Einsatz fordert. Dabei wurde es mir nicht in die Wiege gelegt, in dem Achthundertseelendorf Höchstäcker auf der Schwäbischen Alb Bäuerin zu werden. Der Weiler liegt auf der Hochfläche, der Albtrauf, umgeben von Äckern und Wäldern. Dort wo sich der Eisenbahnverkehr nicht mehr lohnt, es keine Industrie und Arbeitsplätze gibt, dafür aber einen Segelflugplatz. Kein Wunder, dass er hier liegt, denn der Wind pfeift über die Ebene. Hier sagen sich Fuchs und Hase gute Nacht. Manchmal vermisse ich das pulsierende, laute Leben der Millionenmetropole Madrid. Dort habe ich meinen Mann kennengelernt. Während Connys ersten und einzigen Urlaubs.

Conny ist ein Hüne, ein gestandenes Mannsbild mit blonden Stachelhaaren und Sommersprossen. Neben ihm verschwinde ich fast mit meiner kleinen, zierlichen Statur. Ich glaube, unter meinen Vorfahren waren einige Mauren, denn nur so kann ich meinen ebenholzfarbenen Teint erklären. Ein weiteres Indiz sind meine schwarzen Haare, die wie filzige Wollknäuel abstehen.

Ich erinnere mich noch genau an den Tag, als Conny mich seinen Eltern vorstellte und seiner Mutter Marga es vor

Schreck entfuhr: »Bub, was bringscht du denn für e Denger? Die isch e Hempfele, oine Sigeunerin."

»Aber Mutter, was redest du da? Soledad ist keine Zigeunerin, sondern Spanierin. Ich liebe sie, sie ist meine Frau. Wir haben geheiratet«, verteidigte mich mein Mann.

Der Schwiegervater Herbert musterte mich stumm, dabei sahen mich seine wässrigen Augen begehrlich an. Ich fühlte mich wie nackt.

Im Dorf hieß ich von da an die »Zigeunerin«. Die Alteingesessenen finden es lustig, wenn sie den Menschen Spitznamen geben. Da gibt es einen »Kubaner«. Er war in seiner Jugend Mitglied in einer sozialistischen – kommunistischen Partei und besucht des Öfteren seine Schwester auf Kuba. Einer der Nachbarn heißt »Der Amerikaner«, weil er einen riesigen amerikanischen Schlitten fährt. Eine alte Frau nennen sie die »Hexe«, warum auch immer. Und ich bin halt die »Zigeunerin«. Ja, so ist es auf der rauen Alb, aber nicht nur dort.

Soledad heißt übersetzt Einsamkeit. So fühle ich mich manchmal. Es ist nur gut, dass ich so viel arbeiten muss, so bleibt mir nicht viel Zeit darüber nachzudenken, sonst wären die Bilder im Kopf zu übermächtig.

Conny hat den Hof vor einem Jahr geerbt, nach dem Tod seines Vaters. Jahrelang hatte er sich abgerackert, ohne Erlaubnis irgendetwas zu ändern oder zu modernisieren. Mein Mann hat nur Landwirt gelernt. Seine Schwester Edeltraud, das dreizehn Jahre jüngere Nesthäkchen konnte aufs Gymnasium gehen und studieren. Irgendwann krachte es mal wieder zwischen Conny und seinen Eltern. Mein Mann nahm sich eine Auszeit und reiste in Europa umher, dabei begegnete er mir.

Eigentlich gehört es in Spanien zur Erziehung, die Älteren zu ehren. Aber Connys Eltern haben es mir wirklich nicht einfach gemacht. Was soll ich denn von einem Schwiegervater halten, der mich betatschte und mir im Hühnerstall den Weg verstellte, sich ganz nah an mich herandrückte? Ich rieche jetzt noch seinen heißen Atem und ich erinnere mich an etwas anderes: an meinen Stiefvater in Spanien.

Die Lieblingsbeschäftigung meiner Schwiegermutter war, mich als dumme, für die Landwirtschaft ungeeignete Person herunterzuputzen.

»Hättescht mol liebr e deutschs Mädele heirate solle. Kennscht du überhaupt dere Eltern oder dere Verwandschaft? Irgendebbes stimmt mit dere Schindluder net!«, stichelte sie, bis es Conny zu viel wurde und er seine Mutter anschrie:

»Gib endlich Ruhe! Bis jetzt war keine Frau, die ich heiraten wollte, gut genug für dich. Alle hast du vergrault. Ich bin der einzige Sohn, der dir geblieben ist. Wer soll dich einmal im Alter versorgen?«

So böse hatte ich Conny noch nie erlebt. Und was sollte das bedeuten, er wäre der einzige Sohn, der geblieben sei? Waren es zwei Söhne gewesen? Aber wo war der andere? Es ist, als ob dieser Sohn nie existiert hätte. Weder gibt es Andenken, noch kenne ich ein Grab.

Niemand gab mir auf meine Fragen eine Antwort. Edeltraud wusste überhaupt nichts, der Altersunterschied zwischen ihr und Conny ist zu groß. Mein Mann wich mir aus. Es scheint, als ob nicht nur ich ein Geheimnis habe.

Was ich aber am meisten hasste, war die bigotte Art der Schwiegereltern. Der Pfarrer war ein gern gesehener Gast. Obwohl mein Mann und ich nur standesamtlich getraut worden waren, setzte uns Connys Mutter so lange zu, bis wir uns kirchlich trauen ließen. Damit wir, wie sie meinte, nicht weiter im Stand der Sünde wären und Conny endlich beichten könnte.

Aber was soll Conny beichten?

Kurz nach dem Streit erkrankte Marga an Krebs. Ihr Bauch wurde so dick, als ob sie im achten Monat schwanger wäre. Als sie aus der Klinik entlassen wurde, da war ich auf einmal gut genug sie zu pflegen. In einem Augenblick der Einsicht und Reue drückte sie meine Hand, streichelte sie und hauchte: »Verzeihscht mir?«

Ich weinte, denn nun war es zu spät. Wie gerne hätte ich in ihr eine Mutter gesehen, da ich meine schon als Kind verloren hatte.

Marga zeigte mit einer Handbewegung auf ihre Waschtisch-Kommode. »In de unterschte Schublad, hol mer des Album!«

Ganz versteckt unter vergilbten Leinentüchern, die mit einem Satinband zusammen gebunden waren, lag das Familienalbum. Ich setzte mich neben der Kranken aufs Bett und blätterte die Seiten durch, auf denen Fotos von Conny zu sehen waren. Immer wieder Conny als Kind und neben ihm ein Junge, dann ein junger Mann, der Conny ähnelte – sein älterer Bruder, der Erbe des Hofes.

Ein vergilbter Zeitungsausschnitt fiel auf den Boden: »*Tragischer Unfall bei der Kartoffelernte. Jung-Bauer auf dem Feld während außer Kontrolle geratenen Feuers verbrannt. Eltern und jüngerer Bruder sind fassungslos über den Verlust.*«

Marga sah mich an, ihre Augen füllten sich mit Tränen. Ihre letzten Worte, bevor sie starb, waren: »Pass mer uff de Conny ...«

Meine Aufgabe ist es, die Hühner zu versorgen. Es sind tausend Stück. Natürlich keine Hühner in Legebatterien, sondern freilaufende, Bioeier legende. An drei Tagen in der Woche bringe ich die Eier in die Kreisstadt zu Großkunden von Hotel und Gaststätten oder zu Privatkunden. Mein selbstgebackenes Brot, zusammen mit Gemüse und Kartoffeln liefere ich auch frei Haus. Wenn Wochenmarkt ist, stehe ich mit meinem Stand bei Wind und Wetter auf dem Marktplatz und verkaufe meine Produkte.

Conny setzt auf sein Standbein: die Kartoffelwirtschaft. Natürlich ökologischer Anbau. Unsere zwanzig Hektar auf der Hochfläche sind Böden mit vielen Steinen, die von

Hand vom Feld abgelesen werden müssen. In den Senken vor dem Wald ist der Boden lehmig und humös, worauf die Kartoffelsorten überraschend gut gedeihen. So dachten wir, beziehungsweise mein Mann Conny war bis zu diesem Sommer davon überzeugt.

Aber dann entpuppten sich Juni und Juli als ungewöhnlich heiß. Conny musste mit dem Tankwagen auf die Felder und wässern. Auch Kartoffeln brauchen Pflege: Hacken, Unkrautjäten, Wässern und Aufhäufeln stehen vor einer Ernte an. Danach kam die Kartoffelkäferplage und wir, selbst die Teenager Chris und Catarina, sind frühmorgens und abends auf dem Acker gefahren, haben die Käfer abgelesen und in Jutesäcke verstaut. Scheußliche Arbeit, mich juckt es jetzt noch am ganzen Körper. Aber wohin nur mit den Käfern? Catarina und Chris weigerten sich die Schädlinge zu töten. Conny nahm dann die Säcke und zündete sie an.

Zwar regnete es ab August vier Wochen lang, dabei wurde es ungewöhnlich kalt. Das Wetter schlug Kapriolen. Der September holte den fehlenden Sommer nach. Es wurde heiß, schwül, Gewitter zogen über das Land. Aber der Wachstumsrückstand der Kartoffeln war nicht mehr aufzuholen. In diesem Jahr sind sie viel zu mickrig geblieben, selbst um sie als Biokartoffeln zu verkaufen. Sie taugen höchstens noch als Viehfutter oder für die Papierverarbeitung. An vielen Saatkartoffeln fehlt die Frucht vollständig. Trotzdem muss geerntet werden und zwar noch diese Woche. Es ist Ende September und die späte, mehligkochende Afra muss aus der Erde. Mittlerweile bin ich eine richtige Expertin, was den Kartoffelanbau angeht.

Bei der Probegrabung wurde mir klar, dass irgendetwas am Geruch und dem Stärkegehalt nicht stimmt. Was ich aber am merkwürdigsten fand: Selbst der Geschmack der Kartoffeln hat sich gegenüber früher verändert.

»Das liegt am Feld mit den Genversuchen vom Bauer Heinz. Sein Kartoffelacker grenzt an unseren und ist nur durch den Feldweg getrennt. Seitdem der dicke Heinz tot ist, wuchert das Zeug seit dem Frühjahr wieder ungehindert weiter und die Pollen fliegen auch auf unser Feld«, versuchte ich meinem Mann klarzumachen.

Aber Conny winkte nur ab: »Man soll die Toten ruhen lassen. Er hat sein Fett weg, im wahrsten Sinne des Wortes. Von einer Erntemaschine gehäckselt zu werden, ist wahrlich kein schöner Tod. Wenn mal geklärt ist, wem alles gehört, dann wird flurbereinigt. Das hat mir der Bürgermeister auf die Hand versprochen. Dann haben wir unsere Ruhe.«

Ja, auf meinen Mann Conny ist Verlass. Ich erinnere mich, dass er kurz vor dem Tod von Bauer Heinz auf dessen Hof war, um ihn erneut vor der Aussaat der genmanipulierten Sorten zu warnen. Als er zurückkam und sich in der Wirtschaftsküche die Arbeitshandschuhe auszog, sie mit seinem Blaumann zusammen in die Waschmaschine warf, um sich dann die Hände zu waschen, erklärte mir mein Mann ganz beiläufig und ganz ruhig: »Ich konnte mit Bauer Heinz zwar nicht sprechen, aber das mit den Versuchen hört ab jetzt bestimmt auf.«

Als ich Conny fragend ansah, wich er meinem Blick aus.

»Ein schlechtes Jahr für Kartoffeln«, erklärte uns der Vorstand der Raiffeisen-Genossenschaft, als mein Mann ihn wegen des zu erwartenden Ernteausfalls um Rat bat.

»In diesem Jahr können wir keine Helfer aus Polen einstellen, wir müssen alles alleine schaffen!«, stellte Conny fest, nachdem er einen ganzen Sonntag lang die Konten durchgesehen und nachgerechnet hatte.

»Und wie sollen wir jetzt die Erbschaft deiner Schwester Edeltraud auszahlen?«, fragte ich Conny. »Du weißt, wie sehr sie seit dem Tod deines Vaters darauf drängt. Und jetzt diese Missernte. So viele Eier kann ich gar nicht verkaufen, zumal die Preise in den letzten Jahren nicht gestiegen sind!«

Conny wiegelte ab, seine Augen blitzten für einen Moment ganz merkwürdig auf. »Kommt Zeit kommt Rat.

Vielleicht gibt mir meine Schwester noch ein wenig Aufschub mit der Auszahlung.«

Aber wie ich meine geldgierige Schwägerin kenne, wird sie genau das nicht tun. Bei ihrem letzten Besuch hatte sie ihren Bruder fast überredet, eine Hypothek auf Haus und Land aufzunehmen, damit sie an ihr Erbteil kommt, obwohl im Testament des Schwiegervaters stand: *Der Betrag wird erst dann fällig, wenn es die wirtschaftliche Lage des Betriebes erlaubt.* Der zweite Passus im Nachlassbrief aber ist viel interessanter: *Im Todesfall der auszuzahlenden Person geht ihr Anteil zurück an den Erben des Hofes.*

»Ich finde das so ungerecht«, hatte Edeltraud schon bei der Testamentseröffnung empört gerufen. »Schließlich bekommt mein Bruder den Hof. Der Grund mit dem Haus sind Millionen wert!« Und ihr Mann Mark murmelte: »Aber die Sechswochenfrist für einen Einspruch ist vorüber. Ich glaube, Edeltraud will uns nur Angst einjagen, mit der Behauptung, ihr Vater hätte kurz vor seinem Unfall das Testament zu ihren Gunsten ändern wollen.« Manchmal sagt sie so Sachen wie: »Ich verstehe überhaupt nicht, wie Vater ins Silo fallen und ersticken konnte. Schließlich wusste er doch genau, dass es gefährlich ist, dort hineinzusteigen! Klar hat er seit Jahren ein bisschen zu viel getrunken und vielleicht war sein Verstand nicht mehr ganz klar. Trotzdem ist es merkwürdig… Jetzt seht zu, dass ich schnell meinen Anteil bekomme.«

Dabei braucht die Beißzange von Schwägerin das Geld nicht so dringend wie wir. Edeltraud ist irgendetwas in der Werbebranche und kinderlos. Ihr Mann verdient sich als Makler eine goldene Nase. Er verwickelt Conny bei jedem Besuch in Gespräche über Geld und Aktien. Conny soll sein Vermögen (welches Vermögen?) besser anlegen. Selbstverständlich könnte er ihm auch zu einem Kredit verhelfen, um günstige Immobilien (bei ihm) zu kaufen. Gutgläubig wie mein Mann ist, glaubt er so ziemlich alles, was ihm erzählt wird. Seiner Schwester und ihrem Mann traut er keine hinterhältigen Machenschaften zu. So ist er nun mal, mein Conny.

Aber ich habe ihm unmissverständlich klargemacht, dass wir gerade mal über die Runden kommen, und falls in Grund investiert wird, dann nur in Acker- oder Waldparzellen. Schließlich müssen wir für unsere Kinder vorsorgen, besonders für unseren Sohn Chris, der den Hof einmal erben soll. Manchmal denke ich, es wäre am besten, mein Mann müsste seine Schwester überhaupt nicht auszahlen.

Es war ein ungewöhnlich heißer Septembertag, schwül und zu heiß für die Jahreszeit. Conny betrachtete sorgenvoll den Himmel. »Wir müssen uns beeilen. Es gibt bestimmt noch ein Gewitter, das spüre ich in den Knochen.«

Wie immer zur Erntezeit war meine Schwägerin in ihrem Porsche angereist. Ohne ihren Mann. In der Ehe kriselte es schon seit einiger Zeit, sie hatten sich wohl mal wieder zerstritten. Ich denke, Edeltraud sehnt sich manchmal in romantisch verklärter Weise in das Bauerndasein zurück. Vor allen Dingen liebt sie das Kartoffelfest mit dem traditionellen Kartoffelfeuer, an dem Conny immer nur widerwillig teilnimmt. Und ich weiß nun auch, warum.

Wie selbstverständlich belegte meine Schwägerin das Gästezimmer und Bad mit ihren Louis-Vuitton-Koffern und Beauty Cases.

»Lass sie mal, das geht vorüber«, sagt Conny und lacht.

Aber mir steigt die Galle hoch, und ich denke an die viele Zusatzarbeit, die ein solcher Besuch verursacht. Zusätzlich backen und kochen, natürlich Hausmannskost. Kein Wunder, genießt Edeltraud es nach all dem Schickimicki-Essen, das sie sonst zu sich nimmt. Vor allen Dingen muss ich für sie den schwäbischen Kartoffelsalat zubereiten, so wie ihre Mutter und die Großmutter es von jeher getan hatten. Richtig »schlonzig« soll er sein, in der Brühe muss er schwimmen. Mein Mann hat die Angewohnheit, den Kartoffelsalat zusammen in einem Teller mit Maultaschen in Rinderbrühe zu vermischen und dann zu essen. Daran kann ich mich überhaupt nicht gewöhnen, und es schaudert mich.

Wenn meine Schwägerin uns besucht, lässt sie es sich gutgehen. Am Ohr ein Headset, stolziert sie im Haus und in den Wirtschaftsgebäuden herum, inspiziert alles und gibt ihren Kommentar ab, obwohl sie schon seit über zwanzig Jahren nicht mehr hier lebt. Wir haben unseren Hof seit dem Tod des Schwiegervaters modernisiert, die Erträge erhöht, aber Madame weiß alles besser! Wie die Hühner mehr und größere Eier legen, wie der Boden mehr Ertrag abwirft und wie ich viel schmackhafter kochen könne. Conny redet sie zu, er solle es doch mit anderen Sorten probieren: dem Salad blue oder Vitalotte, den lilafarbenen Kartoffeln, oder solchen mit roten Schalen, die Cherie und Ciclamen heißen. Die wären jetzt in der Gourmetküche mega-in. Und gingen weg wie heiße Kartoffeln.

Zum Schluss meckert sie meine Kinder an, die keine Tischmanieren hätten. Catarina wäre fett geworden und in der Schule zu schlecht. Und Chris hätte nur seine Computerspiele im Kopf und würde sich nicht waschen. Natürlich rührt sie keinen Finger, um uns bei der Arbeit zu helfen, sondern schläft lange und liegt anschließend auf der Terrasse im Liegestuhl. Vielleicht hat sie Angst, die Arbeit könnte ihren maniküren, im French Style lackierten Nägeln schaden.

Endlich war die Ernte, die magere Ernte, in der Scheune eingefahren. Selbst Edeltraud – ich staunte nicht schlecht – legte ihr Smartphone beiseite, zog sich ein Designer-Freizeitdress an, Plastikhandschuhe über und half mir, die Kartoffeln auf der Rüttelmaschine nach Größe zu sortieren. Anscheinend war ihr im Liegestuhl doch zu langweilig geworden.

Es war mittlerweile Nachmittag, die Luft knisterte. Catarina und Chris wollten sich für die Disco aufbrezeln und waren schon längst mit dem Trecker und der letzten Fuhre auf dem Hof angekommen.

»Wollen wir nicht lieber auch zu Hause bleiben?«, fragte ich meine Schwägerin. »Da braut sich ganz schnell was zusammen.«

»Ach was, sei keine Spielverderberin«, entgegnete Edeltraud. »Du wirst doch vor so kleinen Gewitterwolken keine Angst haben. Ich jedenfalls nicht, das Kartoffelfeuer wartet.«

»Also, gut.« Wird schon nicht so schlimm werden, dachte ich. Die Körbe füllend mit Petroleumlampen, Vesperbrettchen, Gläsern, Gabeln mit langen Zinken, Krügen voller Most, Birnenschnaps, einem Butterfässchen und Salz fuhr ich mit Edeltraud im Landrover aufs Feld.

Normalerweise wird das Kartoffelkraut direkt während der Ernte in den Acker untergepflügt, aber Conny hatte trockene Buchenäste und Zweige mit Kartoffelkraut zu einem Berg angehäufelt, damit das Feuer richtig brannte und die Erdäpfel ihren typischen Geschmack bekamen.

Wir bildeten einen Kreis um das Feuer. Ich konnte fast nichts essen, aber mein Mann und Edeltraud legten eine Kartoffel nach der anderen in die lodernde Glut und sprachen auch dem Most und Schnaps reichlich zu. Wir schwiegen und starrten ins Feuer.

Plötzlich stand Edeltraud auf und sagte: »Weil wir gerade so gemütlich zusammensitzen. Ich habe beschlossen, die Sache mit der Erbschaft einem Anwalt zu übergeben. Ihr würdet das an meiner Stelle auch tun. Der Jurist ist der Meinung, dass ich Aussicht auf Erfolg habe."

Mir blieb vor Schreck fast das Herz stehen. Ich rechnete wieder einmal nach. Ein Viertel vom Wert des Hofes wäre unser Ruin. Wir müssten entweder einen Kredit aufnehmen oder Äcker verkaufen und würden unseren Kindern nur einen Bruchteil des jetzigen Hofes hinterlassen. Das konnte ich nicht zulassen. Mit einem Satz sprang ich auf. Dabei stieß ich die Petroleum-Lampe um. Das Glas zerbrach, und das Öl ergoss sich in die Glut. Zur gleichen Zeit zog ein gewaltiger Sturm auf, die Böe fachte das Feuer an, eine Stichflamme schoss hoch. Blitzschnell ergriffen die

Flammen Edeltrauds High-Tech-Anzug. Sekunden später torkelte sie als lodernde Fackel über das Feld.

Conny schrie mich an: »Um Himmelswillen, hilf mir, tu was«, während er nach einem leeren Jutesack griff, seiner Schwester nachrannte und das Feuer zu ersticken versuchte. Sie lag schreiend auf dem Boden, dann wimmerte sie nur noch.

Es roch nach verbranntem Fleisch, so wie damals vor dreiundzwanzig Jahren, als die spanische Feuerwehr mich als Einzige aus unserem brennenden Haus rettete. Vielleicht aus Nachlässigkeit, oder weil niemand einer Vierzehnjährigen so etwas zugetraut hätte, wurde der Brand und die Leiche meines Stiefvaters nicht richtig untersucht. Ich war einem jahrelangen Martyrium entronnen. Ich hatte mir selbst geholfen. Heute hatte ich meinem Mann geholfen.

Inzwischen war das Gewitter über uns. Der Himmel verfinsterte sich. Blitze schlugen ein, kurz darauf krachten Donnerschläge. Ein Sturzbach von Regen ergoss sich über uns und löschte die Flammen.

Conny schlug immer wieder schluchzend mit dem Sack auf die Kleidung seiner Schwester ein. Weil ich immer noch tatenlos dastand, hielt er inne und sah mich fassungslos an.

»Ich weiß gar nicht, was du willst, das Problem mit dem Erbe hat sich nun hoffentlich von alleine geregelt«, sagte ich ruhig. »Du hattest es doch selbst vor. Es sollte wie ein Unfall aussehen, genauso wie damals, als du deinen Bruder umgebracht hast! Deine Mutter hat mir alles gebeichtet.«

»Wovon redest du überhaupt? Das konnte Mutter dir gar nicht sagen, weil es nicht wahr ist. Da hast du etwas völlig falsch verstanden.« Conny schüttelte den Kopf. »Für so einen Menschen hältst du mich? Ich könnte niemandem etwas zu antun. Selbstverständlich war es damals ein Unfall. Ich war zu der Zeit überhaupt nicht im Dorf. Die Polizei hat alles untersucht und dokumentiert.«

»Und das mit deinem Vater, war das auch ein Unfall?«, fragte ich spöttisch. »Du hast ihn gehasst, wegen seiner Trunksucht und weil er mir und Catarina nachstellte.«

»Ich verstehe gar nicht, wie du auf solche Sachen kommst«, schrie Conny mich an. »Als ich vom Feld zurückkam, warst du nirgends zu finden und ich bin dich suchen gegangen. Als ich am Silo vorbeikam, habe ich Vater rufen gehört und wollte ihn retten. Fast wäre ich selbst dabei draufgegangen."

»Und was ist mit dem Bauern Heinz, der nach deinem Besuch angeblich von selbst in den Häcksler gefallen ist und sich zerstückelt hat? Du warst dort, hast es getan und hinterher die Beweise vernichtet«, schrie ich zurück.

Conny schüttelte wieder den Kopf. Verzweifelt kramte er in den Hosentaschen nach seinem Handy, aber das lag zu Hause auf dem Küchentisch. Die Tränen schossen ihm ins Gesicht, als er mich noch immer anschrie: »Lass mich zufrieden mit deinen Verdächtigungen. Vielleicht ist es für meine Schwester noch nicht zu spät, ich muss sie sofort ins Krankenhaus bringen. Ich habe für so etwas jetzt keine Zeit. Soll ich dir etwas sagen? Du ekelst mich an. Dass du mir so etwas zutraust. Wie konnte ich mich so in dir irren. Ich will nie mehr mit dir etwas zu tun haben! Mutter hatte recht, du bist böse. Abgrundtief böse!«

Conny drehte sich abrupt von mir weg, hob seine ohnmächtige Schwester auf und legte sie auf den Rücksitz des Landrovers.

Er startete das Auto, beschleunigte und fuhr in einem rasanten Tempo auf die Landstraße in Richtung Kreisstadt und Krankenhaus. Vom Kartoffelfeuer war nur noch ein verglühter Aschenhaufen übrig. Um mich herum tobten die Naturgewalten. Ich, Soledad, blieb zurück. Diesmal wirklich einsam.

Schwäbischer Kartoffelsalat

Zutaten:
8 mittelgroße, festkochende Salatkartoffeln
1 Zwiebel
Weinessig
Öl (je nach Gusto Oliven – oder Sonnenblumenöl)
Salz, Pfeffer
Fleischbrühe

Zubereitung:
Die Kartoffeln mit Schale kochen, pellen und noch handwarm in dünne Rädchen schneiden. Die feingehackte Zwiebel, Salz und Pfeffer hinzugeben. Anschließend warme Fleischbrühe hinzugeben, damit die Kartoffeln sich vollsaugen können. Sie sollten noch etwas schwimmen. Dann den Essig und am Schluss das Öl hinzugeben. Durchmengen und etwas stehen lassen, eventuell nachwürzen.

Regina Schleheck

Die gute Seele

Spiegelberg

Als ich die Augen aufschlage, bin ich zuallererst eins: müde und zerschlagen. Es ist dunkel, also schließe ich sie gleich wieder und versuche in den Schlaf zurückzufinden, bleibe reglos liegen, atme den Schmerz weg. Spüre in meinen Bauch. Als ich Horst nicht mehr in meinem Bett ertrug, hat er mich abgetastet und gesagt, er würde gerne mal in mich reingucken. Ich habe gesagt: »Nur über meine Leiche!« Und das meine ich auch. Wenn ich erst mal tot bin, soll mir alles egal sein. Ich glaube nicht an den Klimbim mit Himmel und so. Wir leben und sterben. Basta. Dazwischen wird gealtert. Und das heißt nun mal, dass es zunehmend zwickt und zwackt. Irgendwann macht der Körper nicht mehr mit. Wenn man jung ist, fühlt man sich stark und rennt seinem Herzen hinterher. Später tut man, was man tun muss. Ich habe mich oft gefragt, ob ich eine Wahl gehabt hätte. Im Nachhinein kann man über alles nachdenken. Wenn man drinsteckt, nicht.

Etwas in meinem Hinterkopf wehrt sich mit aller Macht, schrillt gegen den Nebel von Müdigkeit, gegen meinen Atem an, sagt mir, dass ich aufwachen muss, die Schmerzen niederkämpfen, wegrennen, solange es noch geht, weg von ihm, bloß weg! Ich muss den Anflug von Panik, mein hämmerndes Herz beherrschen, mich nicht verrückt machen lassen. Reicht es nicht, wenn einer von uns verrückt ist? Wenn es wieder hell ist, muss ich darüber nachdenken, aber nicht jetzt! Nicht jetzt, mitten in der Nacht, wo ich sowieso nichts unternehmen kann. Schon gar nicht gegen ihn.

Was habe ich bloß damals an ihm gemocht?

Seine Hände! Er hatte so eine Art die Hände zu bewegen – es hat mir immer ein Kribbeln verursacht. Ich hab damals an der Kasse gesessen. Bei Aldi. Wir mussten sämtliche Artikelnummern und Preise im Kopf haben. Die haben nicht schlecht gezahlt. Da guckte man keine Leute an. Wir mussten in Rekordzeit tippen. Von den Kunden sah man gerade mal die Hände, die die Ware wieder in den Wagen schaufelten. Heute kriegen die Kassiererinnen dieses Dauergrinsen eingebläut. Kunden anstieren, Zähne fletschen, die Waren von links nach rechts am Scanner vorbeiziehen – piep! – lächeln, nächstes Teil – piep! Die sehen gar nicht mehr, was sie verkaufen.

Seine Finger hatten so etwas Geschmeidiges, schmal und lang, er packte präzise zu, immer im richtigen Moment. Genau auf mein Tippen abgestimmt. Die Bewegungen, mit denen er das Geld aus dem Portemonnaie zog, waren ebenso fließend. Scheine hinten raus, Börse drehen – klack, der Druckknopf zum Münzfach, kein Fingern nach dem Hartgeld, es rutschte ihm quasi wie von selbst in die Hand, immer passend und so schnell, dass ich kaum Gelegenheit hatte hochzugucken. Er muss den Betrag bereits im Kopf gehabt haben, dachte ich, den Blick auf die Münzen geheftet, er hat mitgerechnet. Kaum ein Kunde konnte damals bei mir mithalten. Schon gar nicht, wenn er kontrollierte, was ich eingab. Immer musste ich nachhelfen beim Einräumen. Bei Horst nicht. Der war ebenbürtig. Mir gefiel das. Obwohl ich ihn kaum je ansah, wusste ich, dass es ihm auch gefiel. Wir waren ein eingespieltes Team, bevor wir uns kennenlernten. Ich muss mich in seine Hände verliebt haben.

Erinnerungen an etwas Schönes helfen fast immer. Man muss sich nur konzentrieren, dass man nicht abrutscht. Meine Bandscheibe, die steifen Glieder, mein Unterleib senden Signale, die ich wegdrücke, indem ich mich auf meinen Atem konzentriere. Gleichzeitig die Gedanken im Griff zu behalten, fällt schwer. Zumal was Horst angeht. Dass bei ihm nichts zusammenpasste, hat mich zwar verblüfft, aber da war es schon zu spät. Er hat meinen Körper mit diesen Fingern genauso gefügig gemacht wie die Waren und Münzen und alles, was er anpackte. Er hat einen Moment der Schwäche genutzt. Es war kurz vor Ladenschluss, als die vorletzte Kundin – die vor ihm – eine Flasche Sonnenblumenöl fallen ließ. Öl ist das Schlimmste. Wenn da jemand ausrutscht – eine volle Flasche! Natürlich hat die Frau beim Scherbenaufsammeln geholfen, die großen, die ihr im Weg lagen, sie wollte schließlich weg. Das war sie dann auch gleich. Ich hab mich beeilt, den letzten Kunden – ihn – abzukassieren, hab das Geld in die Lade geschmissen, Papierrolle und Sprühflasche raus – »Geben Sie!«, hat er gesagt, es war das erste Mal, dass ich seine Stimme hörte. Bewusst, meine ich. Wahrscheinlich hatte er vorher auch schon mal gegrüßt.

Er hätte einfach gehen können. Hat seine Tasche abgestellt, und wir haben zusammen den Schmierfilm aufgewischt. Gesprüht, gewischt, gesprüht, gewischt. Wie ein eingespieltes Team.

Als wir endlich vor der Tür standen, war der Bus weg. Da hat er mich nach Hause gefahren, und als er vor meiner Tür anhielt, hab ich ihn reingebeten, klar, musste mich ja revanchieren. Aber es war mehr, ich wusste das, und er wusste es. Es gab nicht viel zu reden. Er hat mir von hinten die Hände auf die Hüfte gelegt, als ich in der Küche den Wein entkorkte. Wir haben ihn nicht gebraucht. Ich bin wie von selbst in seine Arme geglitten, aus den Klamotten und aufs Bett. Bevor ich die Augen schloss, habe ich in seine gesehen. Und mich gewundert. Die Gier in seinem Blick passte nicht zu der Geschmeidigkeit seiner Finger, nicht zu der ruhigen tiefen Stimme. Da flackerte etwas. Aber irgendwie passte es zu dem, wie ich mich fühlte, und dann war es mir auch sofort wieder egal. Er hat mich schier wahnsinnig gemacht. Mich Stück für Stück, Glied für Glied abgetastet, gestreichelt, ehe er mich endlich, endlich erlöste.

Nichts an ihm passte. Er war ein Versager, wie es im Buche steht. Heute weiß ich das, aber damals bin ich Hals über Kopf zu ihm gezogen, habe meinen Job gekündigt, ihn geheiratet. Das mit dem Job war halt so. Frauen, die heirateten, hörten auf zu arbeiten und kriegten Kinder. Obwohl Aldi doch ein sicheres Einkommen bedeutete. Und ich gar nicht schwanger wurde. Nicht einmal eine Fehlgeburt habe ich zustande gebracht. Einmal, ganz am Anfang, war ich mir fast sicher gewesen, dass es geklappt hatte, aber dann hatte meine Periode wieder eingesetzt. Es blieb nicht mehr als ein kleiner Knoten im Bauch, wo mein Kummer sich eingenistet und mich von da an nicht mehr verlassen hat. Wir haben nie darüber gesprochen. Mich hat das viele Jahre sehr traurig gemacht. Später war ich dankbar.

Er als Vater? Er rastete zunehmend aus. Irgendwas stimmt in seinem Kopf nicht. Der erste Eindruck, diese Ruhe und Beherrschtheit, kann jede Sekunde umschlagen. Nicht oft. Zumindest bei anderen. Aber es reicht. Wenn er urplötzlich Lieferanten anbrüllt oder Kunden an die Gurgel geht, das findet keiner lustig. Mich hat er oft genug grün und blau geschlagen. Weil irgendwas nicht so war, wie er sich das vorgestellt hat. Das Essen zu kalt, die Küche nicht aufgeräumt, meine Antworten zu patzig. Wir hatten ja keine Nachbarn, wer sollte es hören? Dann hat er mich wieder stundenlang gestreichelt. Drüber reden? Er hat immer dicht gemacht. Immer. Sobald ich eine Frage stellte, die ihm zu nahe ging – rumgedreht und raus.

Man gewöhnt sich. Schweigt. Schluckt runter, atmet tief durch, vergräbt es tief in einem drin, bis der Knoten zu einem kleinen Fossil erstarrt. Wie sollte ich's denn rauslassen?

Dabei hatte er mal studiert. Medizin. Ich weiß nicht, was da vorgefallen ist. Aber so jemand im OP? Wenn auf einmal die Instrumente fliegen?

Immer ging mit seinen Jobs irgendwas schief.

Umso mehr musste ich schuften. Er hatte das Häuschen von seinen Eltern geerbt. Waldlage am Spiegelberg. Kein Strom, kein Wasser. Nur den Dentelbach gleich hinterm Haus. Sickergrube, Gemüsegarten. Idylle pur. Wenn das Auto nicht gewesen wäre, hätte man meinen können, dass wir im Mittelalter lebten. Heizen und Kochen mit Klaubholz. Sammelschein? Nicht mit Horst! Er ist der einsame Wolf, der seiner Natur folgt, nicht dem Papier. Jagdschein? Jagen ist für ihn eine Überlebenstechnik, die kein amtliches Dokument verbieten oder erlauben kann. Er weiß um die Gesetze. Und macht seine eigenen. Kaninchen als Sonntagsbraten – er nennt es Schädlingsbekämpfung auf dem eigenen Grundstück. Wen geht das etwas an? Fische erlegt er mit Pfeil und Bogen – der Dentelbach fließt ja über unser Land –, entgrätet sie mit Hingabe und bereitet sie so schmackhaft zu, dass ich dahinschmelze. Alles, was mit Fleisch zu tun hat, überlasse ich gerne ihm. Ich hasse Leichen, habe immer das Gefühl, dass tote Augen mich anstarren. Er ist in seinem Element, wenn er häuten, zerlegen, entbeinen, tranchieren kann.

Als ich Horst kennenlernte, fuhr er noch den Variant. Irgendwann den Taunus. Die Autos haben ihm immerhin Gelegenheitsjobs ermöglicht. Lageraushilfe, Kurierdienste, Gartenarbeiten. Ich hatte keinen Führerschein, konnte nur mit dem Fahrrad Besorgungen machen. Heute geht selbst das nicht mehr. Als der Taunus vor sechs Jahren kaputtging, konnten wir uns kein Auto mehr leisten. Wozu auch? Zum Einkaufen ist kein Geld da. Das bisschen Rente hält nicht vor. Zumal Horst nur wieder die Bestecksammlung ergänzt, wenn ich nicht aufpasse.

Ich lege das Geld in Mehl an. Dinkelmehl. Backe aus Mehl, Wasser, Salz und Schmalz Seelen. Erst nur für uns. Seit ich den Schlüssel für den Turm habe, auch für Touristen. Ich verdiene ein paar Euro damit, eine Art Hausmeisterjob mit Pausenverkauf. Die Wanderer reißen mir die Seelen aus der Hand, wenn sie am Turm Brotzeit machen. Im Holzofen gebacken, ganz frisch.

Er kann das nur schwer ertragen. Dass irgendjemand besser ist, ich mehr verdiene als er. Als Kind muss er ein Überflieger gewesen sein, zwei Klassen übersprungen. Kurz vor dem Abi das mit seinen Eltern. Kohlenmonoxid-Vergiftung. Im Schlaf. Waschbären im Kamin. Horst war damals auf der Abschlussfahrt in Rom. Hat erst beim Pfarrer in Jux gewohnt, ist dann mit einem Stipendium nach Heidelberg. Im Hauptstudium abgebrochen. Seitdem lebt er wieder im Häusle.

Ein Geräusch! Ich fahre hoch – vielmehr setze dazu an. Zu meinem Entsetzen stelle ich fest: Ich liege gar nicht im Bett, sondern auf etwas Hartem. Holz. Ich kann mich nicht aufrichten. Da ist ein Zug an meinen Handgelenken. Dann kapiere ich, dass meine Knöchel ebenfalls fixiert sind. Ich bin gefesselt! Als ich den Kopf wende, um mich im fahlen Morgendämmer zu orientieren, ist alles vertraut. Das Fenster, der Ofen, ein Stuhl – ich liege auf dem Küchentisch! An Armen und Beinen festgebunden – an die Tischbeine vermutlich. Nackt. Eine Wolldecke hat er mir übergelegt. Wer sonst als er kann das getan haben?

Ich liege da wie eine gekreuzigte Maus. Wie Hunderte von gekreuzigten Mäusen. Fröschen. Ratten. Kaninchen. Waschbären. Wie die Katze. Die Frau aus dem Auto. Als ich sie vor Augen habe, überkommt mich ein Würgen. Ich reiße an den Fesseln – und jaule auf vor Schmerz. Panik nimmt mir die Luft. Zwischen den Beinen wird mir heiß. Meine Blase entleert sich. Pisse pladdert auf den Boden und verteilt sich unter meinem Gesäß auf der Tischplatte, ich liege bis in Hüfthöhe in einer Lache, die im Nu erkaltet. Komme wieder zur Besinnung.

Bereue.

Ich hätte ihn verlassen müssen. Ihn anzeigen. All die Jahre habe ich zugesehen. Hätte erkennen müssen, dass er verrückt ist. *Wie* verrückt er ist. Wusste es. Aber es geschieht so schleichend. Man gewöhnt sich, kriegt gar nicht mit, wann die Grenze überschritten ist. Das Kranke wird zur Normalität. Bei der Frau war es klar. Spätestens da hätte ich weglaufen müssen. Hätte es noch gekonnt. Hätte ich es nicht viel früher schon sehen müssen?

Die Mäuse. Immer, wenn eine morgens in der Falle lag, hat er sie in eine Vorrichtung gespannt, wie eine Streckbank, rücklings, die vier Beine gespreizt, festgebunden, dass sie nicht wackelte. Dann hat er sie seziert. Sie hätten es in der Uni geübt, hat er gesagt. Ist das ein Grund? Er legt winzige Eingeweide in Spiritus ein. Sie schwimmen in Gläsern, die er in einer großen Kiste im Schuppen aufbewahrt. Ich bin froh, dass ich sie nicht sehen muss. Er sagt, er studiert, vergleicht, forscht. Wozu soll das gut sein? Es ist pervers. *Er* ist pervers.

Die Waschbärenfamilie, die über Nacht unter unserem Dach eingezogen war. Die Katze, die er auf der Straße eingesammelt hat. Von der war nicht mehr viel übrig. Ein Fell-Fleisch-Knochen-Klumpen. Das fand er umso spannender. Das Flackern in seinen Augen. Die Gier.

Als die Frau da lag – warum hab ich nichts unternommen? Jetzt ist es zu spät. Ich bin schwach. Kann nur unter Schmerzen gehen. Liegen, sitzen, alles tut weh. Habe in der letzten Zeit oft darüber nachgedacht, wie es ist, einsam zu krepieren.

Ich kannte sie. Sie war am Vortag mit der Gruppe am Juxkopfturm gewesen. Vielleicht vierzig. Der Typ Frau, auf die er steht. Nix Überkandideltes. Der sportlich-gesunde Typ. Als sie auf dem Tisch lag, sah sie nicht sonderlich gesund aus, sondern sehr tot, sehr blutig, und Horst über sie gebeugt, Skalpell in der Hand. Wovon war ich aufgewacht? Ein Geräusch? Hatte sie geschrien? Ich denke oft, dass mit dem Tee etwas nicht stimmt. Ich werde immer schlagartig müde, und dann schlafe ich wie ein Stein. Keine Ahnung, weshalb ich wach geworden war. Die Geräusche in der Küche. Der Lichtschein. Urplötzlich hatte ich ein Gefühl, als wenn ein Alarm losginge in mir. Schaffte es unter Aufbietung aller Kräfte die Müdigkeit niederzukämpfen und aufzustehen. Ich muss geschrien haben. Vielleicht hab ich auch nur gestöhnt. Er ist herumgefahren, hat mich angestiert, als würde er mir gleich die Seele aus dem Leib prügeln. Ich war zu schwach, um wegzurennen. Als er auf mich zuging, veränderte sich sein Gesichtsausdruck, der mich eben noch so erschreckt hatte. Er schien beinahe zu lächeln. »Was denn? Wieder Albträume?«, hat er gesagt, den Arm um meine Schulter gelegt und mich in Richtung Kammer geführt. In dem Moment hab ich mir tatsächlich gewünscht, ich hätte es nur geträumt, hab's mir so gewünscht, dass ich mich hab zum Bett bringen lassen – er war so fürsorglich! Hat mir von dem Tee eingeflößt, und dann war ich wieder weg, so schnell, dass ich beim Aufwachen wirklich zuerst gedacht habe, es wäre ein Traum gewesen.

Die Küche war leer und sauber, Horst nicht da. Er ist die meiste Zeit unterwegs, irgendwo, ich weiß selten, was er gerade macht. Ich habe die Küche untersucht. Gründlich. In den Ritzen der Dielen meinte ich Blutspuren zu erkennen. Zumindest hätte es Blut sein können. Aber wer weiß, woher es stammte. Hatte ich doch nur geträumt? Der Morgen war eben erst heraufgedämmert, das Licht mochte täuschen.

Ich war so benommen, dass ich tat, was ich jeden Tag mache: Zum Trog gehen, den Teig abstechen, ihn mit nassen Händen ziehen, auf das Blech setzen, salzen – da hörte ich in der Ferne die Sirenen. Polizei? Feuerwehr? Notarzt? Irgendwo an der Schlucht mochte es sein. Ich wagte nicht vor die Tür zu gehen.

Mittags, als ich der ersten Wanderergruppe die Brotzeit servierte, gab es kein anderes Thema: ein tödlicher Autounfall. Die Verunglückte war ins Schleudern geraten, in die Bodenbachschlucht gestürzt, der Wagen hatte sich mehrfach überschlagen, das Lenkrad war gebrochen und hatte ihr den Unterleib aufgeschlitzt. Nach der Spurenlage musste jemand versucht haben, sie aus dem Auto zu bergen, der aber wieder weggelaufen war, ob im Schock oder um Hilfe zu holen. Er werde als Zeuge gesucht.

Meine Gedanken überschlagen sich.

Ich hatte mir die Spuren zwischen den Dielen nicht eingebildet! Horst hatte die Frau aufgesammelt und untersucht! Er ist krank, vollkommen gestört!

Jetzt, wo ich selbst auf dem Tisch liege und die Bilder durch meinen Kopf jagen, fühle ich mich ähnlich benommen wie in jener Nacht. Ich bin nicht tot! Noch nicht. Er muss etwas in den Tee gemischt haben, will mich sezieren. Warum bin ich aufgewacht? Die Dosis war zu klein! Er muss mich aus dem Bett gehoben, hierher getragen und fixiert haben. Gleich wird er kommen und mit mir machen, was er mit den anderen gemacht hat. Mit den Tieren – und mit der Frau. Testlauf mit Leichen. Mir den Bauch aufschlitzen. Bei lebendigem Leibe!

Ich lebe! Wie lange noch?

Ein Schatten in der Tür. Horst!

Ich beginne zu schluchzen. Wimmere. Stammele.

Horst sagt nichts. Sein Blick flackert. Er kommt mit schnellen Schritten auf mich zu. Drückt mir etwas auf Mund und Nase. Alles wird schwarz. Das letzte, was ich fühle, ist Dankbarkeit, dass er mir so einen angenehmen Tod beschert. Dass ich nicht länger leiden muss.

Als ich wieder etwas höre, überlege ich, ob Engel so schräg singen können. Ich schlage die Augen auf und schließe sie gleich wieder, weil alles schmerzt. *Horst? Singt! Ich lebe?*

Als ich mich bewege, wirft ein höllischer Schmerz mich zurück. Meine Bauchdecke brennt. Ich stöhne.

Die Tür geht. Horst! Im Nu ist er bei mir. Beugt sich über mich. *Strahlt.*

»Geschafft!«, sagt er. »Überstanden!« Er hält mir ein Einmachglas hin, in dem ein grauer Klumpen schwimmt, eine überdimensionierte Bohne.

»Unser Kind«, sagt er. »Ich hab's immer geahnt. Bauchhöhlenschwangerschaft. Gestorben und mumifiziert. Ein Steinkind. Als es dir so zu schaffen gemacht hat, musste es doch raus.«

Ich schließe die Augen. Das Brennen in meinem Bauch ist mir hinter die Lider geschossen. In meinem Kopf verschwimmt alles, gleitet, schwebt.

Ein Stein fällt mir vom Herzen. Aus meinem Bauch. Der Jäger hat ihn aufgeschlitzt. Ich bin nicht in den Brunnen gefallen. Der böse Wolf – es gibt ihn nicht! Horst ist krank, ja. Mit Sicherheit. Ich auch. Ich habe meine Gefühle in mir eingeschlossen, sie versteinern lassen. Wie er.

Irgendwie ist er doch eine gute Seele.

Seelen

Zutaten:
1 kg Dinkelmehl
850 ml Wasser
30 g Hefe
30 g Salz
30 g Backmalz oder Honig
30 g Schmalz

Zubereitung:
Alle Zutaten zu einem weichen Teig verkneten, zwanzig Minuten ruhen lassen und erneut durchkneten. Mit nassen Händen kleinere Teigstücke abziehen und ca. 30 cm lang Seelen mit einer Dicke von ca. 4 cm formen.
Die Seelen auf ein mit Mehl bestreutes Backbrett legen und abgedeckt noch einmal zwanzig Minuten ruhen lassen, anschließend mit Milch bestreichen und mit grobem Salz und Kümmel, alternativ bzw. ergänzend mit Speckwürfeln, geriebenem Emmentaler und/oder Sesam bestreuen. Im Holzbackofen ca. zwanzig Minuten bei 260 Grad backen, im Backofen nach zehn Minuten auf 210 Grad herunterdrehen und die Seele bei zurückgehender Wärme backen.

Gitta Edelmann

Gemobbt

Schwäbisch Gmünd

»Magsch Briegl?«

Der Junge, der mir die Prügel androht, hat sich vor mir aufgebaut und sieht mich herausfordernd an. Er ist um einiges größer als ich und mit seinen schwarzen, gerunzelten Brauen und dunklen Augen wirkt er so bedrohlich, dass mein Herz schneller schlägt. Nein, es darf nicht wieder losgehen. Ich darf nicht wieder zum Opfer werden. Aber ich habe natürlich sofort gemerkt, dass meine neuen Mitschüler in Schwäbisch Gmünd mich sowieso schon schief anschauen, weil ich nicht so spreche wie sie. Wir können alles außer Hochdeutsch und das ist unnötig, scheint ihr Motto zu sein. Wie konnte ich nur glauben, dass der Umzug unserer Familie mein Problem lösen würde?

Der Junge starrt an mir herunter, seine Augen bleiben kurz an meinen Brüsten hängen und mein Magen zieht sich zusammen. Obwohl ich in den Sommerferien einiges abgenommen habe, bin ich weit von Modelmaßen entfernt. In diesem Moment ertönt der Schulgong zum Pausenende und ich atme erleichtert aus. Der Junge zuckt mit den Schultern, dreht sich um und geht hinauf in den ersten Stock. Ich folge ihm langsam. So langsam, dass ich erst direkt vor Herrn Häberle, dem Mathelehrer, die Klasse betrete.

»Na, Inga, hascht du dich schon eingelebt?«, fragt er freundlich.

Ich nicke stumm und setze mich neben Johanna, die mich anlächelt. Sie scheint ganz nett zu sein. Vielleicht kann sie meine Freundin werden? Ich hätte so gerne eine Freundin. Doch jetzt muss ich mich erstmal auf Mathe konzentrieren. Die sind hier viel weiter als in Bremen und ich will auf keinen Fall in Gefahr geraten sitzenzubleiben. Das wäre ja ein neuer Anlass ...

Der restliche Vormittag vergeht ganz gut, ich freue mich, dass die Klasse einen Besuch im Museum im Prediger plant, und ich sitze nahe genug an der Tür, um nach Schulschluss sofort zu meinem Fahrrad zu rennen.

»Wart doch«, ruft Johanna mir nach, aber ich will auf keinen Fall irgendjemandem die Möglichkeit bieten, mir aufzulauern.

»Magsch Briegl?«

Der Junge steht auch an diesem Morgen plötzlich neben mir, als ich mein Fahrrad abschließe. Am liebsten möchte ich wegrennen, aber ich weiß, dass ich keine Schwäche zeigen darf. Es gelingt mir, den Kopf zu schütteln und flotten Schrittes das Schulgebäude zu betreten. Ich sitze bereits an meinem Platz, als er in die Klasse kommt. Er wirft mir einen abschätzenden Blick zu, als er an mir vorbeigeht.

»Ey du, kann i mol doi Mathe-Hausaufgaba seha? Die sin mir zu schwer gwesa«, fragt Johanna.

Ich nicke und ziehe mein Matheheft aus der Tasche.

»Danke«, sagt Johanna und legt ihren Kram so geschickt auf den Tisch, dass sie in der Englisch-Stunde meine Mathehausaufgaben abschreiben kann.

»Bisch wohl ä Mathe-Käpsele«, stellt sie fest.

Tatsächlich liebe ich Mathe. Das darf ich bloß nicht laut sagen, sonst ...

»Very good, Inga«, lobt mich Frau Heinrich in der folgenden Stunde, als ich den Text, den wir zu Hause lesen sollten, zusammenfasse. Englisch ist kein Problem, durch den Job meines Vaters haben wir zwei Jahre in England gelebt. Doch über das Lob kann ich mich auch deshalb nicht freuen, weil ich die Blicke des Jungen spüre.

»Magsch heut Briegl?«

Meine Hände zittern und ich kann kaum den Schlüssel ins Fahrradschloss stecken. Gestern, als ich heimfahren wollte, war es platt - jemand hatte die Luft rausgelassen. Heute habe ich eine Luftpumpe in der Tasche. Ich schüttle den Kopf und fliehe ins Schulgebäude.

Deniz folgt mir. Inzwischen kenne ich seinen Namen, weil er ja bei mir in der Klasse ist. Das ist wichtig, falls wir wie in Bremen die Polizei einschalten müssen. Dort fing es mit Arno auch so an. Er hat mich am Fahrrad abgepasst und gesagt: »Du wirst wahrscheinlich nicht so gern verprügelt ...« Ich habe von da an seine Hausaufgaben gemacht. Das war eigentlich nicht so schlimm. Doch gleichzeitig hat er mich nur noch *die Streberin* genannt. Und alle anderen haben gelacht und früher oder später den Namen übernommen. Und Arno fand immer neue Aufgaben für mich. Als meine Brüste wuchsen, meinte Arno, *die fette Streberin* passe jetzt besser. Und schließlich lauerte er mir auf und zischte anzüglich, so eine *fette Streberin* würde sowieso nie einen Typen finden, da könne ja er mal ...

Am nächsten Tag blieb ich im Bett und heulte. Als meine Mutter endlich von der Arbeit kam, war ich so fertig, dass ich ihr trotz Arnos Drohungen alles erzählte. Es folgte der ganze Kram mit Schuldirektor, Polizei, Psychologin. Und mein Vater entschloss sich kurzfristig, das Jobangebot in Schwäbisch Gmünd anzunehmen. Nach den Sommerferien würde ich so einen Neuanfang machen können.

Von wegen Neuanfang! Es dauerte genau drei Tage, bis dieser Deniz vor mir stand und von Prügeln sprach.

»Inga. Ingaaa?«

Ich zucke zusammen. Herr Häberle sieht mich auffordernd an.

»Äh, Entschuldigung, ich habe gerade nicht aufgepasst.«

Herr Häberle stutzt, nickt und sagt einfach: »Okay, dann – Deniz.«

Ich linse halb schräg nach hinten, wo Deniz sitzt. Er schaut unseren Mathelehrer hilflos an - eigentlich sieht das fast lustig aus, aber ich traue mich natürlich nicht zu lachen.

»Aha, Deniz hat also auch nicht aufgepasst«, stellt Herr Häberle fest.

Die Klasse lacht und Deniz wirft mir einen Blick zu.

»I glaub, der Deniz hedd's uf di abgeseha«, flüstert Johanna und grinst.

Mein Herz rast.

Ich halte mich den Schultag über eng an Johanna. Solange Deniz sie noch nicht auf seine Seite gezogen hat, müsste ich sicher sein. In der Pause auf dem Hof starrt er mich die ganze Zeit an, meist ein wenig verdeckt, aber ich merke es sofort. Doch es ist anders als damals mit Arno. Ich kenne die Mechanismen. Und – ich bin bewaffnet. Zufall oder Unterbewusstsein? Die Luftpumpe, die ich heute Morgen eingepackt habe, ist nicht die kleine Plastikpumpe für unterwegs, sondern die alte aus Metall, die mein Vater immer zu Hause benutzt. Wenn Deniz mich anfasst, werde ich zuschlagen! Der Gedanke gibt mir Sicherheit.

Mein Fahrrad ist wieder platt, immerhin dieses Mal nur vorne. Ich schließe es auf und schaue mich um. Deniz schlendert aus dem Schulgebäude. Mist. Kurz entschlossen packe ich das Rad und schiebe es im Eilschritt um die nächste Ecke. Dort ist gleich eine Einfahrt zu einem Hof, da kann ich mich verstecken und das Rad in Ruhe aufpumpen.

»Haschd du oi broblem?«

Mit verschränkten Armen steht Deniz in der Einfahrt und schneidet mir den Fluchtweg ab. Meine Hände zittern, doch ich habe die schwere Luftpumpe fest im Griff. Ich bin nicht wehrlos. Dieses Mal nicht.

»Soll i dir beim Bomba helfa?« Bomba – mein Gehirn kämpft wieder einmal mit dem Schwäbischen. Pumpen, meint er wohl, erkenne ich, denn ich habe kürzlich entdeckt, dass die *Bombafabrik* in Schwäbisch Gmünd keineswegs Bomben, sondern Pumpen herstellt.

Ich schüttle den Kopf. Sicher will er nur meine Waffe.

»Du bisch ...« Er überlegt.

Ich hebe die Pumpe.

Er sieht wohl die Drohung in meinen Augen und tritt einen Schritt zurück.

»Ey, was haschd du? I han dir do nix doa.« Er deutet mein Unverständnis falsch und wiederholt einigermaßen hochdeutsch: »Ich habe dir doch nichts getan!«

»Und warum folgst du mir dann? Und starrst mich dauernd an? Und drohst mit Prügeln? Und ...«

Deniz wird rot und tritt einen weiteren Schritt zurück. Erstmals in meinem Leben fühle ich mich stark. Ich überlege, ob ich ihm die Pumpe gleich auf den Schädel haue oder nur auf die Schulter.

»Wieso Prügel?«, fragt er und wirkt tatsächlich fassungslos.

»Hast du mir etwa nicht jeden Tag aufgelauert und gefragt, ob ich Prügel mag?«

Seine Stirn runzelt sich und er scheint scharf nachzudenken. Hat er Gedächtnislücken? Dann beginnt er zu lachen. »Magsch Briegl?«, stößt er hervor und lacht noch heftiger.

Ich hebe die Pumpe um zuzuschlagen.

Doch Deniz ist schneller und stärker. Er fängt sie nicht nur ab, sondern reißt sie mir aus der Hand. Jetzt hat er die Waffe. Ich weiche zurück, stoße an mein Fahrrad und stürze rücklings darüber. Nun ist alles aus. Hilflos sitze ich vor meinem Peiniger. Das linke Fußgelenk schmerzt fürchterlich.

»Haschd du dir weh g'tan?«, fragt er, legt die Pumpe auf den Boden und streckt seine Hand zu mir aus. Ich bin wie gelähmt.

»Weischd du überhaubd, was rechte Briegl sind?«, fragt er und beginnt, in seiner Schultasche zu kramen. Dann wirft er mir eine Bäckertüte auf den Schoß und sieht mich auffordernd an.

Vorsichtig öffne ich die Papiertüte und sehe hinein: ein längliches, brötchenartiges Gebäck mit Salz- und Kümmelkörnern darauf.

»Das ischd ein Briegel«, erklärt Deniz und bemüht sich um Hochdeutsch. »I han dacht, du magschd die vielleicht, weil du doch in der Paus nie ebbes zu esse dabei haschd. Und in der Bäckerei von meinem Vater gibd's die beschden in Gmünd.«

Ich schlucke.
Wir schweigen.
Ich beginne zu weinen.
Deniz setzt sich mit etwas Abstand zu mir.
Ich suche nach einem Taschentuch.

»I wollde dir koi Angschd macha«, sagt Deniz und reicht mir ein Päckchen Papiertaschentücher.

Ich wische mir die Augen und dann bricht es aus mir heraus – die ganze schreckliche Geschichte mit Arno. Deniz hört aufmerksam zu.

»Des bassierd dir dahana ned«, sagt er schließlich und so grimmig, wie er dabei aussieht, glaube ich ihm. Er steht auf und reicht mir die Hand, um mir aufzuhelfen. Der Fuß tut immer noch weh, aber weniger als vorhin. Deniz greift nach der Luftpumpe und pumpt meinen Vorderreifen auf. Dann schiebt er das Rad zurück zur Straße und ich humple hinterher, bis ich aufsteigen kann. Ich will ihm die Papiertüte zurückgeben, doch er schüttelt den Kopf.

»Brobier mol«, sagt er. »Vielleichd magsch jo Briegl. Dann bring i dir morge oin mid.«

Er grinst.
Und ich grinse zurück.

Überbackene Briegel

Briegel (Prügel, Stock, Stecken) sind eine schwäbische Brotspezialität, die wegen ihrer Form so bezeichnet werden. Eine andere Bezeichnung ist Seele, das Rezept hierfür findet sich bei der Geschichte »Die gute Seele«. Seelen heißen so, weil sie früher an die Armen am Feiertag »Allerseelen« verteilt wurden. Echt schwäbische Briegel oder Seelen werden aus Dinkelmehl gebacken.
Man kann die Briegel mit herzhaftem Belag kalt verzehren, man kann sie aber auch mit Schinken und Käse überbacken.

Zutaten für einen überbackenen Briegel:
50 g Schinken, gekocht oder roh
100 g mittelalten Gouda
etwas Joghurt und/oder Sahne
Zwiebel, Schnittlauch, Petersilie

Zubereitung:
Käse grob reiben, Schinken würfeln, Zwiebel würfeln, Schnittlauch und Petersilie fein hacken und nach Belieben mit Joghurt und/oder Sahne vermischen. Diese Masse auf die Briegelhälften verteilen und etwa 15 Minuten bei 180 bis 220 Grad überbacken, bis der Käse goldbraun und die Briegelhälften kross sind.

Petra Samani

Schretzheim sucht den Sahnestar

Schretzheim

»In diesem Jahr wird Martha nicht gewinnen, das sage ich dir!« Wütend knallte Edith das Sahnekännchen auf den Tisch. Ilse zuckte zusammen. Ausgerechnet ihr geliebtes Porzellan mit dem Moosröschendekor musste unter Ediths Temperament leiden.

Wie an jedem Freitag war Edith zum Kaffeetrinken nach nebenan zu Ilse gekommen. Jetzt saßen die beiden am Esstisch in Ilses Reihenhaus und blickten durch das ungeputzte Wohnzimmerfenster auf die gegenüberliegende Straßenseite, direkt auf Marthas Haus.

Heute regnete es, deshalb konnten die beiden Frauen nicht im Garten sitzen. Dort hätte Ilse das Alltagsgeschirr benutzen können und müsste jetzt keine Angst um ihre Moosröschen haben. An der frischen Luft würde der penetrant süßliche Duft von Ediths Lieblingsparfüm auch weniger stören als hier im Wohnzimmer.

»Das ist doch schon die ganzen Jahre über nicht mit rechten Dingen zugegangen«, schimpfte Edith und griff nach der Kuchenplatte. Mit geübtem Blick entdeckte sie das größte Stück und hob es auf ihren Teller. »Aber damit ist Schluss! Martha ist die längste Zeit der *Schretzheimer Sahnestar* gewesen!«

»Der Besamungsverein Nordschwaben kann wirklich froh sein, dass wir seit zwanzig Jahren für das üppige Tortenbuffet auf der alljährlichen Bullenparade sorgen. Unser Wettstreit erregt so viel Aufmerksamkeit, dass viel mehr Besucher kommen als früher. Wir sind der Höhepunkt der Veranstaltung!«

»Aber seit zehn Jahren gewinnt immer nur Martha, und für uns bleiben nur der zweite und der dritte Platz«, beschwerte sich Edith. »Der *Schretzheimer Anzeiger* berichtet immer so schön groß über den *Schretzheimer Sah-*

nestar, aber jedes Mal ist nur Martha auf dem Foto der Titelseite.« Sie strich energisch über ihr kurzgeschnittenes Haar, das nach einem missglückten Färbeversuch sonnenblumengelb leuchtete.

»Marthas Torten sind eben perfekt, die schmecken nicht nur, da hat auch jeder Sahnetupfer den exakt gleichen Abstand zum nächsten. Millimetergenau. Und jede Mokkabohne liegt genau im gleichen Winkel. Kein Wunder, dass sie ständig gewinnt«, wandte Ilse ein.

»Perfekt, perfekt!« Nun kam Edith so richtig in Fahrt. Diesmal musste die Moosröschen-Zuckerdose darunter leiden. »Die perfekte Martha, ich kann es nicht mehr hören! Die perfekte Schülerin, die perfekte Hausfrau, die perfekte Ehefrau.« Edith setzte die Kaffeetasse, die sie gerade zum Mund heben wollte, so schwungvoll auf die Untertasse zurück, dass es klirrte. »Für mich ist sie die perfekte Zicke, diese alte Beißzange!« Ediths Stimme überschlug sich fast.

Ilse schenkte sich Kaffee nach, nahm reichlich Milch und Zucker und nutzte diese Gelegenheit, um Sahnekännchen und Zuckerdose aus Ediths Reichweite zu bringen.

»Du musst zugeben, dass Martha ihren Mann aufopferungsvoll gepflegt hat«, sagte Ilse.

»Aber sie hat immer geklagt, dass er wegen seiner Krankheit so viel Schmutz verursacht.« Edith tupfte sich Tortencreme vom Mund und registrierte dabei, dass die Servietten aus Papier waren und wieder einmal nicht zum Tischtuch passten.

»Das stimmt, Martha hat einen Putzfimmel!«, meinte Ilse. »Bei ihr sieht alles wie geleckt aus. Und sie selbst auch. Jedes einzelne Haar am richtigen Platz, und die Kleidung frisch gebügelt, im praktischen Rentnerbeige.« Sie schnaubte verächtlich. Ilses Kleidung war farbenfroh wie immer. Heute trug sie eine Bluse in leuchtendem Türkis zu einer weißen Hose, und beides sah definitiv nicht wie frisch gebügelt aus. Bügeln und andere Haushaltsarbeiten gehörten nicht zu Ilses Lieblingsbeschäftigungen, das sah man ihr und ihrem Haus an.

Dir tät' ein wenig mehr Ordnungssinn ganz gut. Die Fußleisten sind schon ewig nicht mehr geputzt worden, immer schludre und hudle, dachte Edith, sprach es aber nicht aus.

Schon als Kind, als sie mit Edith und Martha in der gleichen Grundschulklasse saß, war Ilse unordentlich gewesen. Ihre Bleistifte waren nie angespitzt, sie vergaß immer ihren Turnbeutel, in ihrem Ranzen herrschte ein buntes Durcheinander, und ihre Kleidung schien den Schmutz magisch anzuziehen.

Edith dagegen war fast ebenso makellos wie Martha. Aber eben nicht ganz, und das wurmte sie. Sie war die ewige Zweite. Die begehrtesten Jungs hatte sich immer Martha geschnappt.

»Vielleicht hat Martha dafür gesorgt, dass sie ihre geliebte Ordnung wieder herstellen kann«, sagte Edith.

»Wie meinst du das? Du denkst doch nicht etwa, dass sie beim Tod ihres Mannes nachgeholfen hat? Jetzt gehst du zu weit, Edith!«

»Kam dir das denn nicht komisch vor? Die ganze Zeit über hat Martha sich akribisch an die Diätpläne ihres Mannes gehalten, ob er wollte oder nicht. Und ausgerechnet am Tag seines Todes macht sie ihm seine geliebten Sauren Kutteln, die so nach Essig schmecken, dass es nicht auffallen würde, wenn man eine weitere Zutat hinzufügt? Sie brauchte doch nur eines der vielen Medikamente, die sie im Haus hatten, zu hoch zu dosieren. Nein, ich traue dieser Schlange Martha nicht über den Weg. Auch nicht beim Wettbewerb. Oder was denkst du, warum nie eine von uns beiden gewonnen hat, obwohl wir mindestens genauso gut backen?« Edith zupfte an ihrer beigefarbenen Bluse herum.

»Ach, ich glaube, meine Torten sind der Jury zu exotisch«, seufzte Ilse und warf einen Blick auf ihre Karibik-Torte mit den ungleich verteilten Mangoscheiben, Ananasstücken und Physalis, die schon halb in der gelben Tortencreme versunken waren. »Die mögen eben lieber Eierlikör-Sahne-Torte statt Baileys-Baiser-Torte oder Seemannsgarn-Torte mit Meeresfrüchte-Pralinen.«

Seemannsgarn hat in Schwaben ja auch nichts zu suchen, dachte Edith, die Ilse noch nie als ernsthafte Konkurrenz angesehen hatte. Diese neumodischen Kreationen, die Ilse buk, seitdem sie ein Seminar bei einem Konditor gewonnen hatte, kamen nicht gegen Ediths traditionelle Schwarzwälder Kirschtorte an.

Edith hielt generell nicht viel von Ilse, die sich dauernd vor der Kehrwoche drückte. Angeblich hatte sie Hüftprobleme. Na und? Wozu gab es Schmerztabletten? Ähnlich nachlässig ging Ilse mit ihrem Garten um. Statt ordentlicher Blumenrabatte und einem exakt geschnittenen Rasen wie bei Martha und Edith bestand Ilses Garten überwiegend aus Kräuterbeeten. Im Mittelalter wäre sie mit ihren selbstgemischten Kräutertees und ihrer unordentlichen grauen Mähne als Hexe verbrannt worden, eigentlich schade, dass diese Zeiten vorbei waren.

Edith verbarg ihre Abneigung jedoch, denn Ilse konnte ihr nützlich sein bei dem Vorhaben, Martha von ihrem hohen Ross zu holen. In diesem Jahr würde die Siegerin Edith heißen, jawohl! Edith würde als diesjähriger *Sahnestar* auf der Titelseite des *Schretzheimer Anzeigers* abgebildet werden. Sie hatte extra schon eine neue Bluse gekauft, eine hellblaue Seidenbluse.

Edith nahm noch ein Stück Torte. Ilses Kreationen hatten zwar seltsame Namen und waren chaotisch dekoriert, aber sie schmeckten gut, das musste sie zugeben. Die Kalorien würde sie durch ein Stunde strammes Walking wieder loswerden, dachte sie.

»Glaubst du wirklich, dass Martha jedes Mal ehrlich gewonnen hat?«, fragte Edith. »Auch in den letzten paar Jahren, wo es immer so knapp war?«

»Sie kann ja nichts dazu, wenn einer anderen Teilnehmerin ein Missgeschick geschieht«, meinte Ilse.

»Findest du nicht, dass es einige Zufälle zu viel sind?«, hakte Edith nach. »Denk an letztes Jahr. Wie oft passiert es dir, dass du Zucker und Salz verwechselst? Und dann ausgerechnet bei deiner Wettbewerbstorte?«

Ilse dachte nur ungern an diesen Tag zurück. Die Jurymitglieder hatten ihre schöne CocoCabana-Torte sofort wieder ausgespuckt, so versalzen war sie. Dabei waren ihre Zucker- und Salzbehälter leicht zu unterscheiden, die Verwechslung hätte nicht passieren dürfen.

»Martha hatte dich an jenem Tag doch besucht, oder?«, fragte Edith. »Ich wette, sie hat Zucker und Salz vertauscht. Hast du sie allein gelassen?«

»Ich war nur kurz ...«

»Siehst du! Und vor zwei Jahren? Meinst du, die Katze wäre von allein in den Vereinssaal gekommen? Bestimmt hat Martha sie hereingelassen. Oder kam es dir nicht seltsam vor, dass sie damals ihre Torte verspätet abgegeben hatte, sodass ihre die Einzige ohne Abdrücke von Katzenpfoten war? Martha ist doch die Pünktlichkeit in Person!«

»Aber dass du vor drei Jahren wegen einer Magen-Darm-Grippe nicht am Wettbewerb teilnehmen konntest, kannst du Martha nicht anlasten!«, trumpfte Ilse auf.

»Ach ja? Dann war es reiner Zufall, dass sie mich so nett zu sich eingeladen hatte, um ihre frischgebackenen Schneckennudeln zu probieren? Ich wette, sie hat Rizinusöl hineingemischt. Die Schneckennudeln waren nämlich schon auf die Teller verteilt, als ich ankam. Erinnerst du dich an Helga, die damals zwei Tage vor dem Wettbewerb aus Versehen zu viele Schlaftabletten genommen haben soll? Ich wette, da hatte auch Martha ihre Hände im Spiel!«

»Du traust Martha wirklich alles Schlechte zu!«, sagte Ilse. Aber wenn sie genauer nachdachte und ihren Glauben an das Gute im Menschen für einen Moment außer Acht ließ, musste sie zugeben, dass Martha kein netter Mensch war.

»Es stimmt schon«, gab sie zu, »Martha kann garstig sein. Wenn ich daran denke, wie sie ihre Nachbarn aus dem Haus geekelt hat, diese nette Familie.«

Das waren Zugezogene! Die Großeltern sind aus Pommern ausgerechnet hierher geflüchtet! Außerdem hatten die drei furchtbare Kinder! Und einen Köter!, dachte Edith, die mit Martha einer Meinung war, was diese Familie betraf. Das behielt sie gegenüber der hoffnungslos kinderlieben Ilse jedoch für sich. Denn Ilse fing endlich auch an, sich über Martha aufzuregen.

»Wenn die Tochter nur eine Minute nach zweiundzwanzig Uhr Musik hörte, hat Martha gleich die Polizei gerufen. Und die Bälle des Jungen, die über die Hecke geflogen sind, hat sie einfach behalten. Die muss ein ganzes Lager im Keller haben. Den niedlichen Hund mochte sie auch nicht. Einmal hat sie ihn sogar getreten, weil er auf sie zugerannt ist!«, schimpfte Ilse. »Wenigstens lässt sie ihre neuen Nachbarn bisher in Ruhe.«

Die Familie hatte das Haus an zwei Lehrer aus Berlin vermietet, die vor der dortigen Bildungsmisere geflüchtet waren, weil sie die Nase voll davon hatten, in Bauruinen zu unterrichten.

Edith fand die Neuankömmlinge zwar sympathisch, aber ein wenig seltsam. Männer, die ohne Frauen zusammenlebten? Das war in diesem Sündenpfuhl Berlin wahrscheinlich gang und gäbe, hier dagegen war das nicht üblich. Immerhin verhielten die beiden sich ruhig, waren ordentlich gekleidet, hatten keine Haustiere, hielten den Garten halbwegs in Ordnung und feierten keine Partys.

Anscheinend hatte nicht einmal Martha etwas an den neuen Nachbarn auszusetzen, nachdem sie ihnen gleich in der ersten Woche gezeigt hatte, wie man den Gehsteig ordnungsgemäß reinigt. Seitdem hielten die beiden die Kehrwoche zuverlässig ein, aber es sah schon komisch aus, wenn ein Mann nachts mit einer Grubenlampe auf dem Kopf vor dem Haus die Straße fegte.

Die weitherzige Ilse hatte die beiden Neuen schon beinahe adoptiert. Heiner und Mark, so hießen die beiden Lehrer, hatten Ilse die Kehrwoche abgenommen, als sie Hüftprobleme hatte, und sie hatte die beiden dafür zum Kaffee eingeladen.

Ilse gab den beiden Männern Tipps, wie sie sich in die Dorfgemeinschaft eingliedern konnten. Heiner und Mark waren daraufhin in einige örtliche Vereine eingetreten und saßen regelmäßig gemeinsam mit dem Pfarrer, dem Landarzt und dem Ortsvorsteher am Stammtisch der Dorfkneipe.

»Wie auch immer, Martha hat es nicht verdient, erneut zu gewinnen«, stellte Edith fest und weihte Ilse in ihr Vorhaben, Martha mit ihren eigenen Waffen zu schlagen, ein.

* * *

Auch Martha führte etwas im Schilde. In der Nacht schlich sie aus dem Haus. Statt der gewohnten Kleidung im praktischen Beige, hatte sie die schwarze Kleidung, die sie sonst nur auf Beerdigungen trug, angezogen, damit sie sich ungesehen durch die Dunkelheit bewegen konnte. Die große Tasche, die sie dabei hatte, war ebenfalls schwarz.

Auf der Rückseite ihres Hauses verband ein unbeleuchteter Trampelpfad die Reihenhausgärten miteinander. Danach musste Martha nur noch eine um diese Zeit wie ausgestorben wirkende Straße überqueren, um den Hintereingang des Vereinsheims zu erreichen. Als langjährige Vorsitzende der Frauenhilfe besaß sie einen Generalschlüssel.

Martha öffnete die Hintertür und drückte sich vorsichtig hindurch. Obwohl sie jeden Winkel des Vereinsheims kannte, schaltete sie die Taschenlampe ein, deren Batterien sie vorhin ausgewechselt hatte. Langsam schlich sie durch den Saal. Die Gummisohlen ihrer Sneaker machten kein Geräusch auf dem Parkettboden.

Martha betrat die geräumige Küche am Ende des Vereinssaals, in der sie schon so viele Stunden verbracht hatte. Die gut ausgestattete Küche hatte sogar zwei große Kühlschränke. Hier konnte auch bei Großveranstaltungen des Besamungsvereins für das leibliche Wohl gesorgt werden.

Die Torten waren wie immer im linken Kühlschrank untergebracht. Die Aufteilung war jedes Mal gleich. Im obersten Fach rechts stand Marthas Eierlikör-Sahne-Torte, links daneben die neueste Kreation von Ilse, diesmal eine Erdbeer-Yoghurette-Torte, und ganz links Ediths Schwarzwälder Kirschtorte.

In diesem Jahr hatte Ilse extra für ihre Torte Bananenminze im Garten angepflanzt. »*Grünzeug als Tortendekoration, diese Frau schreckt vor nichts zurück! Aber sie wird morgen schon sehen, was ihr das einbringt*«, dachte Martha. Sie hatte heute einen langen Spaziergang gemacht und dabei Brennnesselblätter gesammelt. Die sahen auf den ersten Blick ähnlich wie die Bananenminze aus, schmeckten jedoch fürchterlich bitter. Martha musste die Blättchen nur mit einer Pinzette austauschen.

Ediths Torte zu sabotieren, war eine größere Herausforderung. Martha hatte Ediths Schwarzwälder Kirschtorte komplett nachbacken müssen. Die Schlagsahne hatte sie durch Sojasahne ersetzt, diesem neumodischen Zeug, das es wegen der vielen Veganer inzwischen in jedem Supermarkt gab. Das sah täuschend echt aus, allerdings war der Geschmack für jemanden, der richtige Sahne erwartete, fürchterlich. Martha tauschte Ediths Torte gegen die Nachgebackene aus, die sie in der schwarzen Tasche mitgebracht hatte. Um die anderen Torten scherte Martha sich nicht, die waren zwar zum Verzehr für die Besucher der Bullenparade ausreichend, jedoch nicht preiswürdig. Nachdem sie ihr Werk verrichtet hatte, verließ Martha die Küche und schlich zurück zur Tür. Den Inhalt des zweiten Kühlschranks hatte sie keines Blickes gewürdigt. Das sollte sie noch bereuen.

***

Auch die beiden Gestalten, die eine Stunde später das Vereinsheim betraten, konzentrierten sich auf den linken Kühlschrank. Edith hatte als Kassenwartin des Besamungsvereins ebenfalls einen Schlüssel.

Ilse hatte sich zwar überreden lassen, mitzukommen, sie fühlte sich jedoch nicht wohl bei der Sache.

»Bist du sicher, dass der Geruch nicht auf unsere Torten übergeht?«, fragte sie ängstlich.

Edith riss die mitgebrachte Tüte Hirschhornsalz auf.

»Ja. Ich nehme nur ein bisschen, das wird man erst riechen, wenn man die Tortenhaube abhebt.«

Edith öffnete den Kühlschrank, holte vorsichtig Marthas Eierlikör-Sahne-Torte heraus und bestreute sie mit Hirschhornsalz. Ein leichter Geruch nach Ammoniak breitete sich aus, aber nachdem die Haube über die Torte gestülpt und verschlossen geworden war, nahm man ihn nicht mehr wahr.

»Beeil dich!«, drängte Ilse, die Angst hatte, entdeckt zu werden, obwohl nachts um zwei niemand auf der Straße war.

Edith stellte die Torte zurück, und die beiden Verschwörerinnen gingen ungesehen nach Hause.

* * *

Am nächsten Tag warfen Martha, Edith und Ilse sich für den großen Tag in Schale. Martha trug eine hellbeige Hose, eine weiße Spitzenbluse und ihre Lieblingsstrickjacke, deren zartes Grün das Blau ihrer Augen unterstrich. Edith hatte ihr dunkelblaues Kostüm und ihre neu gekaufte hellblaue Seidenbluse angezogen, und Ilse hatte eine dunkelgelbe Hose mit einer Bluse kombiniert, die mit knallbunten Blumen bedruckt war.

Zum zweiten Mal innerhalb eines Tages machten die drei Frauen sich auf den Weg zum Vereinssaal. Martha und Edith dachten jeweils nur an den bevorstehenden Sieg, Ilse dagegen hatte immer noch Angst, dass der nächtliche Ausflug bemerkt worden war.

Diesmal stand die Tür zum Vereinsheim weit offen. Die meisten Tische waren bereits besetzt. Die Veranstaltung fing zwar erst in einer Stunde an, aber jeder kam so früh wie möglich, um einen guten Platz zu bekommen. Gut bedeutete in diesem Fall, ganz nah am Tortenbuffet zu sitzen, um etwas von der Siegertorte abzubekommen.

Martha setzte sich neben Edith und Ilse. Sie wollte deren Gesichter sehen, wenn die Jurymitglieder ihre Torten probierten.

Langsam füllte sich der Saal, fast das gesamte Dorf nahm teil, wenn der »*Sahnestar*« gekürt wurde. Selbst die Neulinge aus Berlin waren gekommen.

Endlich ging es los. Der linke Kühlschrank wurde geöffnet und die Torten wurden auf die lange Tafel gestellt, Marthas Eierlikör-Sahne-Torte direkt neben Ilses Erdbeer-Yoghurette-Torte und Ediths Schwarzwälder Kirschtorte.

Die Jury bestand aus dem Vorsitzenden des Besamungsvereins, dem man an seinem beträchtlichen Bauch auf den ersten Blick ansah, dass er gern Süßes aß, dem Dorfbäcker und der Leiterin der Hauswirtschaftsschule.

In diesem Jahr wurde zunächst Ilses Kreation probiert. Hübsch sah sie aus, mit den Erdbeeren und den grünen Blättern. Die Jurymitglieder schnitten sich jeweils ein ordentliches Stück ab – und spuckten die Bissen sofort wieder aus. Die bitteren Blätter hatten ihre Wirkung getan, Ilses Torte war durchgefallen – wieder einmal. Innerlich triumphierend fand Martha tröstende Worte für Ilse.

Nun war Ediths Torte an der Reihe. Äußerlich war sie fast so perfekt wie Marthas, beim Probieren allerdings verzogen sich die Gesichter der Jurymitglieder, die statt des erwarteten Sahnegeschmacks den andersartigen Geschmack der Sojasahne vorfanden.

Edith war wütend. Trotz aller Mühe hatte sie wieder verloren! Sie ließ sich jedoch nichts anmerken, schließlich wusste sie, dass auch Martha nicht triumphieren würde.

Martha lächelte. Die Konkurrenz war ausgeschaltet. Jetzt näherte sich die Jury ihrer Torte. Marthas Lächeln wurde breiter.

»Entschuldigung«, tönte es plötzlich vom Nebentisch. »Es stehen noch nicht alle Torten auf dem Tisch!«

Heiner war aufgestanden und zeigte auf den rechten Kühlschrank.

Die Jurymitglieder blickten sich irritiert an.

Heiner durchquerte den Raum, öffnete den Kühlschrank und holte eine weitere Torte heraus.

Ein Raunen ging durch den Vereinssaal.

Die Torte war atemberaubend. Es war eine vierstöckige Hochzeitstorte, jedoch wesentlich aufwendiger dekoriert, als es der Dorfbäcker für die Hochzeiten im Ort zustande brachte. Die ganz in Weiß gehaltene Kreation wurde von einer Kaskade täuschend echt nachgebildeter Rosen und anderer aus Marzipan geformten Blüten bedeckt. Hier war eindeutig künstlerisches Geschick im Spiel.

Die Jurymitglieder trauten sich kaum, die Torte anzuschneiden, und damit deren Perfektion zu zerstören, aber sie mussten sie ja kosten. Schon nach dem ersten Bissen war die Entscheidung gefallen und wurde vom Vorsitzenden des Besamungsvereins verkündet.

»Der diesjährige *Sahnestar* ist – Heiner!«

»...«

Für einen Moment herrschte Stille im Saal.

Martha brauchte eine Weile, bis sie realisierte, dass ein Mann gewonnen hatte. Ein Mann hatte diese wunderbare Torte gebacken? Ein Mann wurde »*Sahnestar*«? Das konnte doch nicht sein! Ein Mann auf dem Titelfoto des *Schretzheimer Anzeigers*?

Das Publikum brach nach einer Schrecksekunde in tosenden Beifall aus, an dem sich auch Ilse beteiligte.

Edith saß wie versteinert auf ihrem Platz und fragte sich, wie die Torte in den Kühlschrank gekommen war. Sie ahnte nicht, dass Mark und Heiner gestern Abend den Landarzt besucht hatten, der als Schriftführer des Besamungsvereins ebenfalls einen Schlüssel zum Vereinsheim besaß ...

Martha hatte ihre Schrecksekunde überwunden. Ihr Kampfgeist war neu erwacht. Sie winkte Edith und Ilse zu sich heran.

»Wir lassen uns doch nicht von einem Mann ausbooten, oder, Mädels? Dem zeigen wir es! Nächstes Jahr backen wir drei gemeinsam und holen uns den Titel zurück!«

Schwäbische Schneckennudeln

Zutaten:
Für den Hefeteig
500 g Mehl
20 g Hefe
250 ml Milch
100 g Butter
80 g Zucker
1 Ei
1 Prise Salz
Zum Bestreichen nach dem Ausrollen
70 g Butter
50 g Zucker
25 g Sultaninen
Zum Bestreichen nach dem Backen:
50 g Puderzucker
Etwas Wasser, Mehl für die Arbeitsfläche, Fett für das Backblech

Zubereitung:
Für den Hefeteig Mehl in eine Schüssel geben. Die Butter schmelzen, das Ei verquirlen. Die flüssige Butter, Zucker, das Ei und eine Prise Salz zum Mehl geben und alles mit dem Knethaken des Handrührgeräts durchkneten. In der Zwischenzeit die Milch lauwarm erhitzen, (sie darf nicht zu heiß werden). Die Hefe in die Milch bröckeln und so lange umrühren, bis die Hefe sich aufgelöst hat. Dann die Hefe-Milch zum restlichen Teig geben und alles so lange durchkneten und schlagen, bis der Teig schön glatt ist. Den Teig abgedeckt an einem warmen Ort bis zur doppelten Größe gehen lassen.
Den Teig auf einer bemehlten Fläche fingerdick ausrollen, möglichst zu einem Rechteck. Den ausgerollten Teig mit 70 g flüssiger Butter bestreichen, mit der Zucker-Zimtmischung bestreuen und die Sultaninen drauf verteilen. Mit einem Teigrädchen ca. 2 cm breite Streifen abteilen und jeden Streifen aufrollen. Auf ein gut gefettetes

oder mit Backpapier ausgelegtes Backblech setzen. Etwas Platz zwischen den einzelnen Schneckennudeln lassen. Noch einmal gehen lassen (verdoppeln). Im Backofen bei ca. 210 Grad (Heißluft ca. 190 Grad) ca. 25 Minuten lang backen.

Den Puderzucker mit ein wenig Wasser verrühren, bis eine zähflüssige Masse entsteht. Wenn die Schneckennudeln fertig sind, sofort aus dem Backofen nehmen und gleich mit der Puderzuckermasse bestreichen. Je zähflüssiger der Puderzuckerguss ist, desto schöner sehen die Schneckennudeln nachher aus.

Susanne Kraft

Wie das Leben

Aichelberg

Sie schoss zuerst. Schon seit einiger Zeit war sie schneller als er. Daran hatte er sich gewöhnen müssen, obwohl er bis jetzt nicht verstanden hatte, wie das sein konnte. So vieles konnte sie mit ihren alten, krummen Händen nicht mehr und doch ging der erste Treffer fast immer auf ihr Konto, nicht auf seins. Es war Felix ein Rätsel, aber das änderte nichts an den Tatsachen. Seine Oma war besser.

Seine Klassenkameraden würden lachen, wenn sie das wüssten. Aber sie würden sowieso brüllen vor Lachen, wenn sie die Szene sehen könnten, ihn und seine Oma. Felix fühlte vom Magen aus heiße Wut in sich aufsteigen, wie immer, wenn er an das Lachen dachte. Zuerst Aron und dann – eine Sekunde danach – auch die anderen. Das war ihr Gesetz: Wenn Aron lachte, lachten alle. Bis auf einen. Felix hasste dieses Lachen. Denn er war der, der nicht lachte.

Felix schoss nun ebenfalls, als neue Gegner auftauchten, und ließ seine Wut frei. Bald würden sie aufhören zu lachen, Aron und alle anderen. Dann würde es keine Lacher mehr geben, keine Weggucker, keine Opfer. Nur noch Tote und Betroffene. Felix tauchte in die Vorstellung ein. Gleich würde es aufhören zu schmerzen.

Er schoss, aber seine Oma war diesmal wieder schneller gewesen. Felix grinste, hatte aber keine Zeit zu ihr zu sehen. Die Wut pulsierte jetzt aktiv durch seine Adern. Sie war nicht mehr die hilflose Wut von Infelix, dem Unglücklichen. Sie begann, sich gut anzufühlen, nach Stärke, nach der Wut von Infelix, dem Unheilbringer.

Infelix. Er bekam eine Gänsehaut, als er den Namen in seinem Kopf klingen ließ. Er mochte seinen virtuellen Namen. Felix – der Glückliche. Er schnaubte verächtlich. Das waren seine Eltern gewesen.

Er traf wieder und jetzt holte er richtig auf, als sie sich den Weg zum Ausgang bahnten. Diese Stelle war immer die schwierigste. Alleine hatte er es damals einfach nicht geschafft. Aber zu zweit waren sie ein unschlagbares Team. Er und seine Oma.

Nach dreizehn Minuten und siebenundzwanzig Sekunden hatten sie den Level erledigt. Eine gute Zeit. Keine neue Bestzeit, aber in Ordnung.

Felix blickte zu seiner Großmutter hinüber, um den Gesichtsausdruck zu sehen, den sie immer hatte, wenn der letzte Gegner erledigt war. Genauso sah sie aus, wenn die Brombeermarmelade beim Löffeltest fest wurde und man beginnen konnte, sie in Gläser zu füllen. Felix mochte den Augenblick. Er liebte seine Oma.

Felix kannte sonst keinen Menschen, der sich das Recht nahm, auf eine so eigenwillige Weise mit gesellschaftlichen Regeln umzugehen. An fast alle Regeln hielt sich seine Oma pflichtbewusst und detailgenau. Einige wenige Regeln aber brach sie, und das genauso konsequent und absolut, wie sie die anderen hielt.

Der Samstag gehörte der guten Ordnung. Da fegte seine Oma die Treppe, den Keller und die Straße vor dem Haus. Wenn alles sauber war, schüttelte sie den Kopf über weniger ordentliche Nachbarn. Aber davon gab es nicht viele. Aichelberg war ein kleines Dorf und die Treppen waren sauber.

Der Sonntag gehörte der Familie. Am Vormittag ging Felix' Oma auf den Friedhof. Felix Opa lag dort begraben genauso wie die Männer vieler alter Frauen aus dem Dorf. Felix' Oma aber goss die Blumen auf zwei Gräbern. Das zweite war das ihres älteren Sohnes. Felix hatte seinen Onkel nicht mehr kennengelernt, sein Tod war lange her. Die Blumen aber brauchten frisches Wasser. Felix' Oma goss sie jeden Sonntag. Die Gräber lagen am Südrand des Dorfes. Es fiel Felix' Oma inzwischen schwer, sie zu erreichen. Aber sie ging jeden Sonntag und sie ging immer zu Fuß.

Am Sonntagnachmittag kam dann der noch lebende Sohn, Felix' Vater, mit Felix und seiner Mutter zu Besuch aus Esslingen: Kuchen, manchmal ein Spaziergang, manchmal etwas Männerarbeit für Felix und seinen Vater im Haus oder im Garten. Ein Omasonntag.

Der Sonntagabend aber gehorchte nicht den Regeln. Am Sonntagabend erschoss Felix' Oma alles, was sich in dem neuesten Computerspiel ihres Enkels bewegte.

»Warum nicht?«, hatte sie Felix vor knapp zwei Jahren gefragt, als er dagegen gewesen war, mit ihr zusammen Computer zu spielen. Natürlich war er dagegen gewesen, es war ein lächerlicher Vorschlag, unpassend, peinlich, undenkbar. Aber Felix hatte auf ihre simple Warum-Frage keine Antwort gewusst und seitdem spielten er und seine Oma zusammen das, was er Ego-Shooter nannte und seine Eltern Ballerspiele.

Felix liebte die Tage, wenn er zu seiner Oma ging. Er liebte den geregelten Ablauf und die absolute Freiheit dahinter. Mittagessen, Hausaufgaben, dann der aktuelle Shooter und dann, während er die ersten Lücken in den Träubleskuchen schlug, die Arbeit an ihrem großen Plan.

Der Träubleskuchen gehörte schon zu seiner allerersten Erinnerung an seine Oma, lange bevor sie zusammen gespielt und mit ihrem Plan begonnen hatten. Vor Jahren, als er klein gewesen und sie noch nicht nach Schwaben zurückgezogen waren, da hatte er Angst vor seiner Oma gehabt. Aber er hatte trotzdem mitgemusst zu ihrem Geburtstag.

Felix hatte den Kuchen nicht gemocht, die Beeren waren so ekelhaft sauer gewesen. Felix' Mutter hatte seufzend sein angebissenes Stück genommen und selbst gegessen. Seine Oma aber hatte die Mundwinkel verzogen, ihn angesehen und gefragt, ob er ihn nicht möge, den Träubleskuchen. Sie hatte ihn angestarrt und auf eine Antwort gewartet. Felix hatte gesagt: »Doch, ich mag ihn«.

Dann hatte er sich das größere der beiden Stücke genommen, die noch da waren.

»Es gehört zusammen«, hatte seine Oma zu ihm gesagt, während er den Kuchen hinunterwürgte, »das Süße und das Saure. Der Träubleskuchen ist wie das Leben. Das ist auch nicht nur süß.«

Seine Oma hatte über ihre Gäste geblickt, dann wieder zu ihm und seinem Kuchen.

»Dein Vater«, hatte sie dann gesagt und ihre Mundwinkel hatten wieder gezuckt, »hat ihn nie gemocht«.

Es war Felix damals ganz furchtbar wichtig gewesen, das ganze Stück zu essen, und er hatte es geschafft.

Dann, später, waren sie zurückgezogen zu Papas neuem Job und zu Mamas neuem Job, und Felix war oft bei seiner Oma gewesen, weil die ja Zeit hatte und so viel alleine war. Es war nicht weit von Esslingen, sie wohnten genau zwischen den Jobs in Stuttgart und der Oma auf dem Dorf. Alles passte perfekt, fanden seine Eltern, und Felix fand das auch.

Seine Oma hatte zugehört, noch später, als er von Aron und den anderen erzählte. Er hatte geheult, obwohl er da längst nicht mehr klein war. Vor Wut, vor Angst und vor Demütigung. Er hatte oft geheult. Einmal war er so wütend und so verzweifelt gewesen, dass er gar nicht erzählen konnte, was passiert war. Er hatte nur noch hilflos geschluchzt. Da hatte plötzlich seine Oma angefangen zu sprechen. Sie hatte von Felix' totem Onkel erzählt. Wie er krank geworden war, mit jedem Monat ein wenig mehr, bis er schließlich nur noch den Lebensjahren nach jung gewesen war und seine Frau fand, dass sie ihn so nicht mehr lieben konnte.

Felix hatte aufgehört zu heulen, während seine Oma erzählte, wie die Krankheit das Leben ihres Sohnes zerfressen hatte, so lange, bis er sich umbrachte. So hatte seine Oma es gesagt: »Dann hat er sich umgebracht«, und danach hatte sie geschwiegen. Sie hatte nicht geheult, aber Felix dachte, dass sie das vielleicht getan hatte, nachdem er gegangen war. Denn das war eine der Regeln, die seine Oma einhielt, dass man sich immer beherrschte, wenn andere da waren.

Ihre Stimme aber hatte nicht geklungen wie sonst. Felix hatte unbeholfen den Arm um sie gelegt. Dann hatten sie den Kuchen gegessen, der süß und sauer war wie das Leben. Als sie ihn aufgegessen hatten, hatten sie Computer gespielt und Felix hatte zum ersten Mal gewusst, woran seine Oma dachte, wenn sie schoss. Als alle Gegner tot waren, hatten sie angefangen, den großen Plan zu entwickeln.

»Ein Amoklauf ist etwas anderes«, sagte seine Oma jetzt, als sie mühsam von ihrem Stuhl aufstand. Den Begriff hatte Felix ins Spiel gebracht. Er mochte ihn, aber seine Oma hatte Einwände: »Wir wollen bestimmte Leute treffen. Bei einem Amoklauf schießt der Täter ungeplant los und es ist ihm egal, wen er trifft.«

»Das stimmt nicht«, antwortete Felix, »ein Amoklauf wird auch geplant, die meisten Amokläufer sind ja nicht einfach auf die Straße gerannt und haben losgeballert. Die haben zum Teil monatelang geplant. Darum geht es gerade.«

»Es passt trotzdem nicht. Ein Amoklauf ist aus einem Guss. So jemand fängt an und läuft ohne Stopp durch. Hast du schon mal von einem Amokläufer gehört, der seinen Amoklauf auf mehrere Tage verteilt und mit verschiedenen Waffen durchführt, um die Aufklärungsgefahr zu verringern? Ein Amokläufer will, dass man weiß, wer die Tat begangen hat. Wir nicht.« Sie ging in die Küche, um Kaffee aufzusetzen.

Hatte es schon mal einen Amoklauf gegeben, bei dem der Täter nicht gefasst wurde oder sogar unbekannt geblieben war? Felix wusste es nicht. Aber er wusste, dass er recht hatte, zumindest, was ihn selbst anging. Die Einwände seiner Oma waren allerdings auch irgendwie richtig. Felix klickte das Spiel weg, tippte auf seinem Laptop und brüllte zu seiner Oma in die Küche:

»Also, hier steht zu Amoklauf: ›*Heute bezeichnet der Begriff meist eine plötzliche, willkürliche, nicht provozierte Gewaltattacke mit erheblich fremdzerstörerischem Verhalten mit darauffolgender Erinnerungslosigkeit und Erschöpfung und teilweisen Umschlag in selbstzerstörerische Reaktionen.*‹ Häh, was ist das denn für ein Satz? Das ganze kommt aus dem Malayischen und bedeutet ›in blinder Wut angreifen und töten‹.«

Seine Oma kam wieder und sah ihn missbilligend an. Er bemerkte es und sprach leiser weiter: »Hier oben steht, dass ein Amoklauf durch eine psychische Extremsituation gekennzeichnet ist. Das ist es doch wohl, wenn man jemanden tötet, weil man endlich alle Wut herauslässt. Für mich ist Amoklaufen das Einssein mit der Wut.«

»Wut«, sagte seine Oma, »natürlich. Aber es gibt ja nicht nur eine Art von Wut. Ich bin seit über zwanzig Jahren wütend. Aber nicht blind. Amoklauf ist mir zu chaotisch. Wut kann man im Griff haben, und in meinem Alter sollte man das auch. Alles andere ist verachtenswert.«

Die alte Frau setzte sich an den Tisch und verzog das Gesicht.

»Außerdem kann ich nicht mehr laufen, ich habe ja schon mit dem Hinsetzen Schwierigkeiten. Schon von daher wäre ›Amoklauf‹ bei mir ja wohl lächerlich.«

»Gut«, entgegnete Felix, legte sich auf dem Sofa flach, verschränkte die Arme unter dem Kopf und grinste seine Oma an, »dann halt Amokgang. Gehen kannst du ja noch und ›Amok‹ muss sein. Wenn du mit dem ›lauf‹ Probleme hast, dann machen wir eben den ersten Amokgang der Geschichte.«

Felix grinste, das missgeborene Wort gefiel ihm. Es war eine genauso absurde Kombination wie er und seine Oma. Schade, dachte er, während er an die Decke sah, dass sie nie ins Fernsehen kommen würden. Die würden sonst viel darüber berichten, wie normal sie gewesen waren, Oma und Enkel. Bis sie Amok gingen. Er musste wieder grinsen.

»Nun gut«, nickte Felix' Oma bedächtig und nachdenklich. Woran sie während des Schweigens gedacht hatte, wusste Felix nicht. Er wusste in letzter Zeit manchmal nicht, was sie dachte. Das beunruhigte ihn etwas, aber jetzt schien er sie ja überzeugt zu haben.

Sie fuhr fort: »Vielleicht ist es so. Vielleicht hat es einen Teil Amok. Vielleicht haben die meisten Vergeltungen das.

Also gut, lassen wir es so stehen, wenn es dir gefällt. Hol du mal den Kuchen und den Kaffee, ich möchte nicht noch einmal aufstehen. Und bring die Tortenschaufel mit, die mit der Schneide.«

Das Mittagessen war aus der Kategorie gewesen, die Felix »Schwäbisches Geschwabbel« nannte, in diesem Fall hatte es aus Maultauschen in einer Suppe bestanden. »Resteverwertung« nannte es seine Oma und behauptete, Maultaschen schmeckten am zweiten Tag besser als am ersten. Sie wusste, dass er das Zeug zum Mittag nicht mochte, aber das war ihr egal, manchmal gab es das trotzdem. Dafür bekam er jetzt den Kuchen. Felix freute sich, denn sie buk nicht mehr so oft in letzter Zeit. Und der Träubleskuchen war diesmal besonders lecker, mit viel gemahlenen Mandeln, so wie er ihn am liebsten hatte. Meistens nahm seine Oma Haselnüsse, aber er mochte ihn lieber mit Mandeln. Jetzt, beim dritten Stück, wanderten Felix Gedanken durch den großen Plan, so wie meistens während der letzten Phase seines Oma-Mittwochs. Er machte ihn zufrieden, der große Plan.

Acht Tote insgesamt, sechs für ihn. Es hatte viel Überzeugungsarbeit gekostet, so viele mehr zugeteilt zu bekommen als Oma. Sie hatte immer nur zwei gewollt und zuerst darauf bestanden, dass das auch für ihn reichen müsse. Er hatte dagegengehalten, dass sein Fall anders läge. Seine Opfer waren keine Personen, sondern eine Masse. Außer Aron natürlich, der war einzeln, aber die anderen, die, die lachten, weil Aron lachte, das waren keine Individuen, die man einzeln zählte. Außerdem würden sie alle auf einmal erledigt werden. Für seine ganzen sechs war viel weniger Aufwand nötig als für ihre zwei. Man müsse, hatte er gesagt, ja nicht immer alles gleich verteilen, er aß schließlich auch mehr Kuchen.

Seine Oma hatte nachgegeben und so hatten sie ihren Plan für acht Tote ausgearbeitet.

»Lass uns noch einmal alles durchgehen«, schlug er vor. »Ich habe noch eine halbe Stunde, bis ich zum Bus muss.«

»Gut«, sagte Felix Oma, »hol den Ordner, dann kannst du dich an die Übersicht halten. Und bring mir bitte noch ein leeres Blatt mit.«

Felix ging alles holen.

»Nimm dir bitte auch noch ein Stück Kuchen«, fügte sie hinzu, als er mit dem Ordner und dem Blatt wiederkam. »Ich will den nicht aufheben. Aber bleib hier am Tisch, nicht auf dem Sofa. Du hast letztes Mal schon alles vollgekrümelt. Es ist mir ein absolutes Rätsel, wie du es schaffst, mit Träubleskuchen zu krümeln, der krümelt überhaupt nicht, jedenfalls bei sonst niemand. Also, fang an.«

Felix begann, den Ablauf durchzugehen und trug die wichtigsten Aspekte der Abläufe und der Opfer vor, während seine Oma aufmerksam zuhörte. Er liebte das, es war, wie ein Kunstwerk zu betrachten. Es war alles genau vorbereitet, sie kannten die Tagesabläufe der Opfer, die Fahrpläne der öffentlichen Verkehrsmittel, die Längen der Fußwege, die Wahrscheinlichkeit, jemandem zu begegnen. Sie hatten zwei Paar Nummernschilder. Seine Oma fuhr nicht mehr viel, aber sie konnte noch immer fahren, selbst jetzt. An die Beschaffung der Nummernschilder erinnerte Felix sich besonders gern, das war das absurdeste gewesen, was er je getan hatte. Für die Taten hatten sie drei verschiedene Tatwaffen, zwei noch von Opa und eine ganz alte, das war natürlich ein Glücksfall. Sie funktionierten. Im Haus seiner Oma funktionierte immer alles. Die drei Ablaufpläne waren fast fertig. Der schwierigste, Nummer zwei in ihrer Zählung, musste noch optimiert werden. Die Grundideen waren einfach. Das Einfache, hatte seine Oma gesagt, funktioniere immer am besten. Ein Schuss im Wald, der einen pensionierten Arzt auf seiner wöchentlichen Spazierrunde traf. Ein Schuss bei einem fehlgeschlagenen Einbruch in einem noblen Einfamilienhaus. Und zuletzt eine Salve aus einem dichten Gebüsch in einem Park, in dem Jugendliche herumhingen, von denen man schon wusste, wie sie einmal enden würden.

Die eigentliche Stärke des Plans waren die fehlenden Verbindungslinien. Von jedem der Opfer lief zwar auch ein

Faden zu einem von ihnen beiden, aber es war entweder ein sehr dünner Faden oder es liefen viele Fäden in viele Richtungen. Und keiner würde von einem der Opfer zum anderen führen. Felix begann jetzt mit den Opfern.

Nummer eins: Vor über vierzig Jahren hatte ein junger Arzt ein kleines Kind untersucht. Felix' Oma war jung gewesen und hatte sich Sorgen um ihr erstes Kind gemacht. Sie hatte vor den Vorboten einer heimtückischen Krankheit Angst. Der Arzt war nicht besorgt gewesen, er hatte viele Mütter mit ihren ersten Kindern da, sie hatten immer vor irgendetwas Angst. Felix' Oma war wiedergekommen und hatte um eine teure Untersuchung gebeten. Um sicherzugehen. Der Arzt hatte sagte, sie solle nicht aus jeder Mücke einen Elefanten machen. Seine Oma war nicht noch einmal wiedergekommen. Der Herr Doktor, hatte sie gedacht, musste es ja wissen.

Der Arzt hatte niemals erfahren, dass das Kind Jahrzehnte später erkrankte. Es war eine Krankheit, die bei früher Erkennung gut heilbar gewesen wäre, gegen die jetzt aber nichts mehr half. Es war eine Krankheit, die von dem, was ein junger Mann für »Leben« hielt, nicht viel übrig ließ. Es war lange her. Der Arzt würde sich nicht an Mutter und Kind erinnern. Nicht er hatte das Grab am Rand des Dorfes gegossen.

Nummer zwei: Vor über zwanzig Jahren hatte sich eine junge Ehefrau von ihrem erkrankten Mann getrennt. Sie hatte seine Krankheit nicht ertragen, hatte sich das Leben mit ihm anders vorgestellt. Sie hatte schnell einen Neuen gefunden, einen Gesunden. Gepflegt hatte den Kranken seine Mutter. Aber ihr Sohn wollte nicht gepflegt werden, während seine Frau einen anderen hatte. Er setzte seinem Leben ein Ende. Seine Mutter begrub ihn, pfelgte die Blumen auf dem Grab und wartete, dass die Wut irgendwann nachlassen würde. Aber das tat sie nicht.

Für die Frau und ihren neuen Mann war das längst vergessen. Das war ja ewig her, sagte Felix, und das war ein Vorteil für sie: Wer würde schon an einen verstorbenen, ersten Mann denken, wenn in einem Bungalow in einem

Vorort von Stuttgart eingebrochen wurde? Ein Einbruch – ein Schuss, so etwas passierte.

Nummer drei: Bei Aron und den anderen gab es die engste Beziehung zu ihnen, denn das war nicht lange her. Felix' Wut galt nicht der Vergangenheit. Natürlich hatte er ein Motiv, Aron zu beseitigen, das hatte er zugeben müssen. Aber das hatten andere auch. Aron war ja nicht sein persönliches Arschloch. Und, hatte Felix angeführt, neuerdings hatte Aron mit Leuten zu tun, die Arschlöcher von einem ganz anderen Kaliber waren. Viele Wege würden ergiebiger aussehen als der, der zu einem Kinobesuch eines Jugendlichen mit seiner Oma führte, ein Geschenk des Enkels. Die Oma hatte so gern den schönen Film mit den alten Damen, die ihren eigenen Weg gingen, sehen wollen. Wer würde Zweifel an solch einem Alibi haben?

Felix war nach knapp 20 Minuten zum Ende seines Vortrags gekommen. Sie brauchten jedes Mal länger, um alles durchzugehen. Seine Oma hatte die Stellen notiert, bei denen noch Details zu prüfen waren. Sie schrieb das Datum oben rechts auf das Blatt und heftete es in den aktuellen Ordner.

»Gut«, sagte sie und sah auf die Uhr, »du musst los. Sonst muss ich wieder das Gejammer über die Busverbindungen anhören. Am Sonntag sollten wir dann entscheiden, ob wir wirklich auf die Tarnung mit dem Einbruch setzen wollen. Wir kennen uns mit so etwas nicht aus, das ist risikoreich.«

»Alles klar«, antwortete Felix, während er aufstand. »Ich gucke mich mal bei Bing Maps um, welche Nachbarhäuser in Frage kommen, eine Einbruchserie wäre noch besser. Die Schrägbilder von dem Viertel sind echt richtig gut. Schicke Häuser da.« Felix brachte den Ordner ins Regal und legte den Laptop in die Schublade.

»Koch aber was Schönes am Sonntag«, sagte Felix, während er seine restlichen Sachen einsammelte, »nicht wieder so einen Matsch mit 250-jähriger Tradition. Ich komme schon am Mittag, dann haben wir noch Zeit, bevor Papa und Mama kommen. Und drück mir die Daumen morgen für Mathe! Ich maile mal, wie es war. Du könntest wirklich nochmal darüber nachdenken, ob du nicht doch mein altes Smartphone willst, WhatsApp wäre viel praktischer als diese Mailerei.«

»Wenn du frech wirst, kriegst du saure Kutteln«, sagte seine Oma und brachte ihn zur Tür, »und nein, ich will es nicht. Irgendwann reicht es einem, wenn man alt ist.«

Sie sah ihm von der Haustür aus nach, als er die Straße hinunterging und sich, bevor er abbog, noch einmal umdrehte und die Hand hob.

Felix' Oma schaute noch lange die Straße hinunter, obwohl Felix schon nicht mehr zu sehen war. Ihr Ausdruck war voller Schmerz als sie zurück ins Haus ging und die Tür schloss. Sie würde Felix nicht noch einmal sehen. Sie hatte den Nachmittag durchgehalten. Er hatte nichts gemerkt und würde einen schönen Nachmittag in Erinnerung behalten, einen wie die vielen, die sie gemeinsam gehabt hatten. So war es am besten. Alles andere konnte sie ihm nicht ersparen. Das Leben war nicht nur süß.

***

Als Felix am übernächsten Tag beim Haus seiner Oma ankam, brach seine Selbstbeherrschung zusammen. Die Tür hatte er noch öffnen können, aber bei dem Geruch, dem von vorgestern, dem von immer, da waren die Tränen nicht mehr aufzuhalten gewesen. Wie konnte es riechen wie immer, wenn seine Oma nicht mehr da war? Er lief fast ins Wohnzimmer. Die Ordner waren weg, kein Zettel, nichts. Er holte seinen Laptop aus der Schublade und startete ihn. Der Rechner fragte nach dem Passwort, halb blind tippte er es ein.

Seine Eltern hatten ihm den Tod der Oma ganz behutsam mitgeteilt, hatten drumherum geredet. Hatten gesagt, er sei ja gerade noch bei ihr gewesen und wie sehr sie sich darüber immer gefreut habe. Er hatte erst gar nicht verstanden, worauf sie hinauswollten. Dann hatte ihn das Entsetzen erstickt. Erstarrt hatte er zugehört.

»Herzstillstand«, hatten sie gesagt und erklärt, der sei zwar plötzlich, aber auch nicht ganz unerwartet gewesen, nach allem, was der Arzt in der letzten Zeit gesagt hatte. Aber friedlich sei sie gestorben und ohne Schmerzen. Wahrscheinlich habe sie gar nichts gespürt, es sei im Schlaf passiert.

»Nichts gespürt«, dachte Felix bei der Erinnerung und wollte verächtlich schnaufen. Zusammen mit den Tränen wurde es aber nur ein Röcheln. Er glaubte das nicht. So kurz vor ihrem großen Plan, das konnte nicht sein, das passte einfach nicht zu seiner Oma. Er war losgerannt, hatte es kaum abwarten können, bis der Bus kam, hatte die Fahrt kaum ertragen. Er wollte nicht glauben, dass es stimmte.

Dann war der Verdacht gekommen. Sie hatte so lange hinter ihm hergesehen vorgestern, bis er sogar noch einmal gewinkt hatte, kurz vor der Kurve. Das hatte sie noch nie getan, lange Abschiede hielt sie für Zeitverschwendung. Aber er hatte sich nicht wirklich etwas dabei gedacht. Er war manchmal misstrauisch geworden in letzter Zeit, sie war so undurchschaubar gewesen. Aber seine Oma war eben jemand, bei dem man nicht immer alles wusste. Dass es ihr in letzter Zeit nicht gut ging, das hatte er natürlich gemerkt. Aber gefragt hatte er nicht. Manche Fragen stellte man nicht. So wie er auch nie gefragt hatte, was er nun wirklich war, ihr großer Plan.

Aber jetzt wollte er eine Erklärung. Er wurde plötzlich rasend wütend. Auf seine Oma, auf seine Eltern, auf alles eigentlich. Der Zorn machte den Schmerz besser ertragbar.

Endlich öffnete sich sein Account, ein Pop-Up störte. Dann öffnete sich seine Mailbox. Er sah sie in der Menge von Spam und automatischen Mitteilungen sofort, die Nachricht von BlackMarple@t-online.de. Kein subject, 23:12 Uhr. Er fühlte jetzt gar nichts mehr. Nicht einmal, als er daran dachte, wie er damals den Namen für die Adresse vorgeschlagen hatte und seine Oma gestöhnt hatte. Nichts zu fühlen war die einzige Möglichkeit, den Augenblick zu ertragen. Er öffnete die E-Mail.

Lieber Felix,

es gibt Rechnungen, die man erst am Ende eines langen Lebens begleichen sollte. Denn es gibt Dinge, die man tun muss und die trotzdem Unrecht sind. So etwas ist nichts für dein Alter.

Ich hätte nicht mehr viel Zeit gehabt, auch nicht mehr genug für unseren großen Plan. Nun werde ich das Nachspiel nicht mehr erleben und vielleicht ist das auch richtig so.

Der erste Teil war für uns gemeinsam, der mittlere für mich und der letzte für dich.

Danke für die letzten Jahre!

In Liebe

Oma

PS: In der Küche steht ein Kuchen für dich. Und das Rezept. Gib nicht auf, irgendwann schaffst du auch den Eischnee! So wie du alles im Leben schaffen wirst.

Felix weinte. Sie hatte getan, was sie hatte tun wollen, da war er sicher, und niemand würde es jemals aufdecken. Nicht, wenn seine Oma geplant hatte. In der Zeitung würden die Nachrichten von zwei gewaltsamen Todesfällen stehen, ein Arzt und ein Frau mittleren Alters. Man würde rätseln. Vielleicht würde nicht einmal er alles herausfinden. Sie musste es ganz anders gemacht haben. Der Tag passte nicht zu ihrem großen Plan und auch sonst nichts. Ihr Plan war auf zwei Täter ausgelegt gewesen. Sie musste die ganze Zeit ihren eigenen Plan gehabt haben und sie hatte ihn um seine Vergeltung betrogen. Sie musste es alles gewusst haben, als er das letzte Mal bei ihr gewesen war und er hatte nichts gemerkt. Verdammt, sie hatte sogar etwas gekocht, das er nicht mochte, wie hätte er da etwas ahnen sollen? Nur der Kuchen, der war genauso gewesen, wie er ihn am liebsten hatte.

Der Schmerz wühlte in seiner Seele. Sie hatte immer gesagt, man müsse nicht über alles reden. Es gebe Dinge, die man teilen könne und Dinge, die man alleine tun müsse. Da hatte er zugestimmt. Und nun hatte sie es alleine getan und es hatte nur drei Tote gegeben, zwei Opfer und den Täter. Er selbst dagegen würde niemals wissen, ob er es wirklich getan hätte oder ob seine Vergeltung immer nur ein Plan gewesen war.

Er startete den Spielstand, denselben wie immer. Kurz darauf hatte er die Waffe in der Hand. Der Kampfgefährte neben ihm rührte sich nicht. Mit den Tränen fing auch Felix Nase an zu laufen, als er alleine in die Bildschirmlandschaft voller Feinde ging. Bald war der reglose zweite Kämpfer aus seinem Blickfeld verschwunden. Er schoss, als die ersten Gegner auftauchten. Er hatte das Gefühl, durch den eisernen Griff der Trauer kaum atmen zu können. Sie saß in der Kehle, nicht im Magen wie die Wut. Aber sie war genauso lebendig. Er schoss. Diesmal hatte er alle Gegner alleine, er musste schneller sein als sonst. Und es würde trotzdem länger dauern, keine neue Bestzeit. Während seine Tränen auf die Tastatur tropften, schoss er wieder, lief weiter und schoss. Erledigte Gegner um Gegner. Vielleicht würde er es alleine schaffen, vielleicht nicht. Es war egal.

Dann würde er in die Küche gehen und den Kuchen holen.

Er musste Eier kaufen, dachte er, während er schoss, er brauchte viele. Dieser Kack-Eischnee wurde bei ihm nie fest. Und er musste es bis zur Beerdigung können. Es war keine Frage, wie seine Oma die Beerdigung gewollt hätte: So, wie es sich gehörte.

Das wäre eine der Regeln gewesen, an die seine Oma sich gehalten hätte. Das halbe Dorf würde da sein. Sie würden seinen Kuchen fressen und über die letzte Beerdigung reden und über die nächste. Sie würden über seinen Opa reden und darüber, wie früh sein Onkel gestorben war. Sie würden reden, als hätten sie seine Oma gekannt. Er würde sich beherrschen, so wie man das tat, wenn andere Leute da waren.

Er würde später noch einen Träubleskuchen backen, nur für sich und seine Oma, einen mit Haselnüssen. Den würde er essen, wenn er die Zeitungsartikel über die zwei rätselhaften Todesfälle las. Er würde an seine Oma denken, Kuchen essen, Computer spielen und sich nicht beherrschen.

Aron, dachte er, war scheißegal.

Träubleskuchen

Zutaten für den Teig:
200 g Mehl
50 g Zucker
100 g Butter
1 Ei
1 Prise Salz

Zubereitung:
Aus Mehl, Salz, Zucker, Butter und dem Ei einen Mürbeteig kneten. Wenn der Teig glatt und geschmeidig ist, Teig in eine Folie schlagen und für 30 Minuten in den Kühlschrank stellen.
Eine Springform (24 cm Durchmesser) fetten und mit Semmelbröseln ausstreuen. Die Form mit dem Teig auskleiden und einen ca. 3 cm hohen Rand formen. Bei 190 Grad ca. 10 Minuten ohne Belag vorbacken.

Zutaten für den Belag:
500 g geputzte Träuble (frisch oder gefroren)
3 Eier
125 g Zucker
1 Päckchen Vanillezucker
150 g gemahlene Mandeln

Zubereitung:
Die Eier trennen, Eigelb mit Zucker und Vanillezucker schaumig schlagen. Die gemahlenen Mandeln und die Träuble unterheben. Das Eiweiß steif schlagen und vorsichtig unterheben. Die gesamte Masse auf dem vorgebackenen Boden verteilen und zu einer glatten Oberfläche verstreichen.

Backen und servieren:
Den Träubleskuchen bei 190 Grad ca. 50 Minuten lang fertig backen. Vollständig auskühlen lassen. Vor dem Servieren, wenn gewünscht, mit Puderzucker bestäuben.

Variationen:
Statt Mandeln können auch gemahlene Haselnüsse verwendet werden. Auf den vorgebackenen Teig kann eine Schicht gemahlener Mandeln bzw. Nüsse gestreut werden, bevor man den Belag darauf gibt. Die Menge an Zucker im Belag kann je nach dem gewünschten Verhältnis von süß und sauer variiert werden.

Barbara Saladin

Schwabenkopf

Schwarzwald

Ich wollte nicht, dass es so weit kommt, und trotzdem ist es jetzt geschehen. Nun unternehme ich eine letzte Aktivität in unserer Sache: Ich grabe ein Loch. Danach lasse ich es ruhen. Dich. Mich. Und hoffentlich lässt die Polizei mich auch.

Es war nicht ungefährlich, zur Absturzstelle runterzuklettern. Beinahe wäre ich selbst ausgerutscht und gefallen, aber ich konnte mich an einer jungen Tanne festhalten. Jetzt bin ich bei dir. Deine Augen sehen mich nicht an, sondern sind in den Himmel gerichtet. In deinem Gesicht ist nichts Verzerrtes, nichts Erschrecktes, nichts Grimmiges. So entspannt habe ich dich schon lange nicht mehr gesehen. Wahrscheinlich hast du kaum etwas gemerkt. Noch nicht mal, dass ein Stoß von mir verantwortlich dafür war, dass du das Gleichgewicht verloren hast.
 Ich grabe ein Loch. Dort bist du vor neugierigen Blicken in Sicherheit – zumindest vor menschlichen. Es wäre mir lieber, man würde dich nicht finden. Nie.
 Wenn ich Glück habe, leisten die Wildtiere über den Winter ganze Arbeit. Füchse, Raben, Luchse. Gibt es hier überhaupt Luchse? Wohl schon, immerhin sind wir hier im Nationalpark. Aber Bären, die gibt es wohl nicht, da wären wohl weder die Badener noch die Schwaben links und rechts der Berge dafür, dass die hier rumspazieren und den Langläufern zuwinken. Obwohl: Ein Bär wäre nicht schlecht. Der könnte dann schuld sein an allem.

Der Anfang vom Ende liegt sehr weit zurück. Ungefähr bei unserer Hochzeit, nach der du dich so verändert hast. Früher dachte ich immer, das käme nur in billigen Filmen vor und bei Paaren, die heiratet, bevor sie sich wirklich kennen. Ich aber glaubte, dich gekannt zu haben, ich vertraute deiner Zärtlichkeit und nahm deine Liebesschwüre für bare Münze.

Doch bald schon verfolgte ich mit zunehmender Verzweiflung, wie du dich verändertest, verschlossener wurdest, immer mehr fortbliebst von zu Hause, auch abends, und wenn ich dich fragte, wo du gewesen warst, hast du mich angeschrien. Ich schwieg dann und zog mich zurück, wollte das Baby schützen, dessen Weinen parallel zu deinem Gebrüll lauter wurde. Ich wiegte es sanft in den Schlaf und blieb bei ihm. Meinen eigenen Bedürfnissen verbot ich den Eintritt in unsere Wohnung lange. Zu lange.

Es wurde schlimmer und schlimmer. Nicht einmal der Zwiebelrostbraten, mit dem ich dir sonst immer eine Freude bereiten konnte, hat dir noch geschmeckt. Ja, ich weiß: Es gibt viele Menschen auf der Welt, die besser kochen können als ich. Aber mein Zwiebelrostbraten war stets lecker und in unserem Freundeskreis beliebt. Das Rezept von meiner Oma. Eine echte Schwäbin – aber die Badener mögen den Braten auch, das weiß ich. Du hast mir das auch bestätigt. Zumindest zu Beginn unserer Liebesbeziehung, welcher das Wort »Liebes« irgendwann abhanden gekommen war – ebenso wie unser Freundeskreis, der allmählich keine Lust mehr hatte, uns beim Austragen unserer Spannungen Gesellschaft zu leisten.

Wieso hast du über die Schwaben eigentlich immer nur gelacht? Wieso hast du Witze gerissen über uns, wenn du dich in deinem Bekanntenkreis sicher fühltest, bist über die sprichwörtliche Sparsamkeit und den Dialekt hergezogen? Du kamst halt nicht aus Schwaben. Ich schon. Aber ich wohnte mit dir auf der anderen Seite der Berge. Immerhin habe ich mit meiner Sparsamkeit dazu beigetragen, dass unser Familienbudget länger gehalten hat als erwartet.

Ich schweife ab. Wir waren ja bei deinen Gewalttätigkeiten und den anderen Dingen, die ich nicht mehr aushalten konnte, und die mich schließlich zu dem Schritt zwangen, den ich gegangen bin.

So oft habe ich versucht, mit dir zu reden, doch Früchte trugen diese Anstrengungen nie. Außer, man würde Ohrfeigen auch zu den Früchten zählen. Sorry, das war sarkastisch. Aber versucht habe ich es, mit dir zu reden. Unzählige Male. Und versucht, in dir diese Person zu sehen, die mich doch einmal geliebt hat. Ich liebte dich noch immer, irgendwie. Trotz allem.

Dann kam der Urlaub, den du zu Hause verbringen wolltest. Ausspannen und sonst nix. Fernsehen vielleicht noch. Meine Bedürfnisse zählten nichts. Das Meer hätte mir zugesagt, da war ich doch als Kind schon immer, das wollte ich auch unserer Kleinen weitergeben. Lag aber nicht drin. Außer dieser eine Ausflug, zu dem wir heute früh aufbrachen, um im Nationalpark spazieren zu gehen.

Wir parkten bei der Klosterruine Allerheiligen und liefen dann weitgehend schweigend kreuz und quer über die Wanderwege, du mit dem Rucksack, ich mit der Kleinen auf dem Rücken. Zum Glück schlief sie bald.

Erst als wir hintereinander an dieser Felskante in der Nähe des Schwabenkopfs vorbeiwanderten, kam mir die Idee. Ein Geistesblitz. Dieser Flurname: etwas Schwäbisches auf der Badener Seite des Schwarzwalds... Genau wie ich. Nicht der berühmte Namensvetter, der Dreitausender in den Alpen, sondern ein unscheinbarer bewaldeter Schwarzwaldhügel in direkter Nachbarschaft zum Hundskopf und zum Schliffkopf.

Ich habe mir schon lange meinen Schwabenkopf zermartert, wie ich aus meiner verzweifelten Lage rauskomme, aber ich fand keine Lösung. Du hast an mir geschliffen und mich behandelt wie ein Hund.

Zu lange.

Wohin hätte ich mich denn auch wenden können? Einen eigenen Freundeskreis habe ich nicht. Die Arbeitskollegen? Ich fürchtete, als Weichei zu gelten. Ja, als Weichei. Schlappschwanz. Versager. Schwächling. Lachnummer vom Dienst. Welcher Kerl lässt sich denn schon von seiner Frau prügeln, ohne sich zu wehren, und das erst noch regelmäßig? Umgekehrt geht es, ja, das hat die Welt auf dem Schirm, dagegen gibt es sogar Kampagnen. Aber ein Mann, der den Kopf einzieht und die Schläge über sich ergehen lässt? Wo gab's denn so was, außer bei uns zu Hause?

Und bei einer großen Dunkelziffer, ich weiß, aber das nützt mir nichts. Hättest du auch nur einmal innegehalten und zugelassen, dass du dein Verhalten selbst reflektierst, hättest du dich vielleicht selber über diese kleine wilde Felswand am Schwabenkopf bugsiert, die sich vor uns plötzlich präsentierte. Die mich anlächelte und einlud.

Aber du tatest es nicht. Darum musste ich es tun. Ich habe es mir vorher nicht überlegt, aber es war eine gute Idee. Ein Reflex quasi, eine Überlebensstrategie. Es tut mir leid, meine Liebste. Aber frei fühle ich mich trotzdem. So frei, als könnte ich fliegen. Auch wenn du diejenige warst, die geflogen ist. Dreißig Meter. Das reichte.

Ich atme jetzt nur noch einige Minuten durch, um meinen Puls wieder zu beruhigen, danach grabe ich weiter. Die Kleine habe ich in ihrem Rückengestell hinter einen Baumstrunk gelegt, oben am Weg. Gut versteckt. Dort schläft sie friedlich weiter und kriegt nichts mit.

Falls dich bald irgendwer vermissen wird – was ich kaum glaube, außer an deiner Arbeitsstelle – werde ich sagen, dass du mich verlassen hast, ohne eine Mitteilung. In etwa drei Tagen vielleicht gehe ich zur Polizei und melde dich als vermisst. Auch unserem Kind werde ich diese Version erzählen, denn die Kleine soll die Wahrheit nicht erfahren, sondern nur das erhalten, was ich schon lange nicht mehr erlebt habe und wofür ich – ja, das kann ich mir vorwerfen – viel zu wenig gekämpft habe. Liebe.

Zwiebelrostbraten

Zutaten:
4 Scheiben Rostbraten à ca. 200 g
7-8 Zwiebeln
3 Knoblauchzehen
5 EL Öl
3 EL Butter
4 EL Senf (scharf)
3 EL Tomatenmark
1,5 EL Mehl
3,5 dl Wasser
1,7 dl Rotwein
Salz, Pfeffer, Paprikapulver, Majoran

Zubereitung:
Zwiebeln in feine Ringe schneiden, Knoblauch zerhacken.
Butter in Pfanne erhitzen, Zwiebeln und Knoblauch hineingeben und goldbraun rösten.
Rostbraten andrücken oder falls nötig leicht klopfen. Mit Senf bestreichen.
Öl in Pfanne erhitzen und das Fleisch von allen Seiten scharf anbraten. Danach Hitze reduzieren und fertig braten. Danach mit Salz und Pfeffer würzen.
Mehl im verbliebenen Bratenansatz anrösten und Tomatenmark zugeben, gut verrühren. Mit Rotwein ablösen, mit Wasser aufgießen. Kurz aufkochen und ca. eine Viertelstunde köcheln lassen. Würzen.
Den Rostbraten nochmals kurz in der Sauce ziehen lassen.
Braten zusammen mit den Zwiebeln, Spätzle oder Kartoffelsalat servieren.

Autoren

Dorothea Böhme, *geboren 1980 in Hamm, zog es für ihr Studium weit in die Welt hinaus. Nach Aufenthalten unter anderem in Tübingen, Quito (Ecuador) und Triest (Italien) kam sie schließlich nach Klagenfurt. Im schönen Kärnten siedelte sie ihre Kriminalromane um Chefinspektor Reichel an, ihre Reiselust inspiriert sie aber auch beim Schreiben ihrer Unterhaltungsromane. Nach einigen Jahren als Lektorin in Szeged (Ungarn) lebt sie inzwischen in Stuttgart. Sie ist Mitglied bei den Krimi-Autorenvereinigungen »Mörderische Schwestern« und »Syndikat«.*

Heidi Doll, *geboren 1970 in Landau/Pfalz, arbeitet bei der Kreisverwaltung Germersheim. Die ersten Kurzgeschichten hat sie bereits in der Schule geschrieben, später hat sie sich für ihren Sohn Lukas Geschichten ausgedacht. Durch Toni Feller hat sie Spaß am Schreiben von Krimigeschichten gefunden.*

Gitta Edelmann: *Spannung mit und ohne Augenzwinkern findet man nicht nur in Gitta Edelmanns zahlreichen Kurzkrimis und Kinderbüchern, sondern auch in ihrer England-Krimi-Reihe aus Canterbury. Die Autorin lebt in Bonn, ist aber ihrer badischen Heimat immer noch eng verbunden und macht auch gerne einmal einen Ausflug ins Schwobeländle – immerhin war ihre Schwiegermutter aus Schwäbisch Gmünd. Den Kümmel auf den Briegl entfernt sie allerdings vor dem Essen. Gitta Edelmann gibt auch Kurse für Kreatives Schreiben für Kinder und Erwachsene. Sie ist Mitglied bei den Krimi-Autorenvereinigungen »Mörderische Schwestern« und »Syndikat«. www.gitta-edelmann.de*

Toni Feller, *Jahrgang 1951, wohnhaft in Germersheim/Rheinland-Pfalz, aufgewachsen im Raum Bruchsal, Maschinenbaustudium, danach Polizeilaufbahn, Kriminalhauptkommissar und 26 Jahre Mitglied der Mordkommission sowie über zehn Jahre Mitglied der Verhandlungsgruppe beim Polizeipräsidium Karlsruhe, seit September 2011 in Pension. Bis heute insgesamt zwölf Bücher verschiedener Genre, zwölf Bühnenstücke (Komödien), Drehbuchvorlagen für drei Dokumentarfilme. Er ist Mitglied* beim »Syndikat«. Aktuelle Bücher: »Das Gesicht des Todes« (authentische Kriminalfälle) erschienen im April 2011 beim Heyne Verlag, »Tödliches Spiel«, Stuttgart-Krimi erschienen Oktober 2010 beim ars vivendi Verlag, »Die Sünde«, erschienen im September 2013 beim Wellhöfer Verlag.

Mareike Fröhlich lebt und schreibt in einem kleinen Vorort von Stuttgart. Vor zehn Jahren klopfte das Schreiben an ihre Tür und ist mit Sack und Pack bei ihr, den Töchtern, Mann und Katze eingezogen. Seither hat sie mehrere Geschichten in Zeitschriften und Anthologien veröffentlicht. Ihre Spezialität ist der Mord. Skurril bis lustig, schaurig bis schonungslos.

Sabrina Hellmann, Jahrgang 1982, lebt und arbeitet in Germersheim. Schon früh entwickelte sich die Leidenschaft, ihrer Fantasie mit Stift und Papier Ausdruck zu verleihen. Bis jetzt konnten allerdings nur die Kinder des Kindergartens, den sie leitet, in den Genuss ihrer Geschichten kommen. Im fantastischen Bereich heimisch, ist der Kurzkrimi »Hengste morden nicht«, der in Zusammenarbeit mit Toni Feller entstand, ihr erster Ausflug in dieses Genre.

Bettina Hellwig, Jahrgang 1963, ist promovierte Fachapothekerin für Arzneimittelinformation. Sie lebt und arbeitet als Autorin in Konstanz und in Stuttgart. Neben medizinischen Fachtexten schreibt sie kriminelle Geschichten, wobei sie immer wieder gerne auf ihre – nicht ganz so kriminelle – langjährige Erfahrung in der Offizin zurückgreift. 2013 wurde sie für einen Kurzkrimi beim Freiburger Krimipreis prämiert, 2014 veröffentlichte sie »Julmonds Grab« bei Oertel + Spörer, einen Kriminalroman im Reitermilieu. Sie ist Mitglied bei den mörderischen Schwestern und im Syndikat.

Heidemarie Köhler war von jeher in der fiktiven Wirklichkeit ebenso zuhause wie im Alltag. Sie schreibt hauptsächlich Kurzgeschichten, ab und zu Gedichte, und arbeitet an Romanen. Ihre jahrelange Erfahrung als Bühnenschauspielerin fließt heute in Lesungen ein, die sie gern und häufig veranstaltet, oft zusammen mit *anderen.* Sie ist Mitglied der Tübinger Autorengruppe LiteRatten und hat das monatliche »Schreiben im Café« in Reutlingen mitbegründet. Einige ihrer Texte sind in Anthologien erschienen, zuletzt im Juli 2015 Auszüge aus ihrem Episodenroman »ZwischenAbstand«, für den sie vom Förderkreis deutscher Schriftsteller in Baden-Württemberg ein Arbeitsstipendium bekam.

Anita Konstandin *lebt mit Mann und Hund in Stuttgart-Bad Cannstatt. Die freiberufliche Werbetexterin schreibt seit 2005 Kurzgeschichten, am liebsten Krimis, die sie mit Spannung würzt und mit Humor verfeinert.*

Susanne Kraft *wurde 1975 in der Nähe von Bonn geboren und studierte in Nordrhein-Westfalen Mathematik, Chemie und Geschichte auf Lehramt. Danach war sie drei Jahre lang an der Universität Oldenburg als wissenschaftliche Mitarbeiterin im Fachbereich Chemie tätig und begann anschließend in Heidelberg mit dem Referendariat. Seit 2006 lebt sie in Südbaden und unterrichtet an einem Gymnasium im Markgräflerland.*

Petra Naundorf, *Jahrgang 1967, studierte Germanistik, Politikwissenschaften, BWL an der Universität Stuttgart und arbeitete für verschiede Verlagshäuser in Stuttgart und Hamburg. Sie ist verheiratet und hat einen erwachsenen Sohn.*

Tanja Roth, *geboren 1976 in Stuttgart, lernte den Beruf der Hotelfachfrau und studierte danach Kommunikationsdesign. Stationen ihres Arbeitslebens sind Orléans, München und Rom. Seit 2008 lebt sie mit ihrer Familie auf den Fildern und ist als selbständige Grafik-Designerin und Autorin tätig. Bisher hat sie drei Krimikurzgeschichten veröffentlicht. Aktuell feilt sie an ihrem ersten Roman, einem Krimi im Stuttgarter Hotelmilieu. Sie ist Mitglied bei der Autorenvereinigung »Mörderische Schwestern«.*

Barbara Saladin, *geboren an einem Freitag, den 13. im Jahr 1976, lebt im Kanton Basselland/Schweiz und arbeitet als freiberufliche Krimiautorin, Journalistin und Texterin. Sie hat mehrere Kriminalromane, Kurzgeschichtensammlungen, ein Drehbuch* *für einen Kinofilm, ein Hörspiel, ein Sachbuch sowie zahlreiche Kurzkrimis geschrieben. Während eines Krimi-Stipendiums lernte sie die Ostfriesischen Inseln kennen. Seither liebt sie sowohl Wellen, Watt und Weite der Nordseeküste als auch die Wälder und Weiden der Schweizer Jurahügel und ist literarisch gesehen an beiden Orten zuhause. Sie ist Mitglied bei den Autorenvereinigungen »Mörderische Schwestern« und »Syndikat«. www.barbarasaladin.ch*

Petra Samani *wurde 1961 in Göttingen geboren, ist 1987 zum Studium nach Berlin gegangen und lebt bis heute dort. Während des Studiums war sie Redakteurin eines Zeitungsprojektes und verbrachte drei Monate in Ghana. Sie ist Diplom-Politologin, Journalistin und Übersetzerin, hat zwei Kinder und war lange als Elternvertreterin aktiv. Seit 2010 schreibt sie auf www.buchblinzler.blogspot.de über Bücher.*

Regina Schleheck *hat sich in der Fantastik wie im Krimi einen Namen gemacht. Unter anderem wurden ihr mit dem Friedrich-Glauser-Preis der deutschsprachigen Krimautoren und dem Deutschen Phantastikpreis die begehrtesten Auszeichnungen beider Genres zugesprochen – neben vielen anderen Preisen.*

Die 1959 geborene hauptberufliche Oberstudienrätin, nebenberufliche Referentin, Herausgeberin, Lektorin und fünffache Mutter veröffentlicht seit 2002, darunter Hunderte Kurzgeschichten, Hörspiele, Erzählungen, Lyrik, Theaterstücke, Drehbücher und Essayistisches. Die Autorin ist in Köln aufgewachsen, hat nach ihrem Studium in Aachen zehn Jahre mit ihrer Familie in Ostwestfalen gelebt und wohnt seit 1996 in Leverkusen Sie ist Mitglied bei den Autorenvereinigungen »Mörderische Schwestern« und »Syndikat«. www.regina-schleheck.de

Ursula Schmid-Spreer *ist Lehrerin im Gesundheitsbereich, etliche Veröffentlichungen in Anthologien, Fernseh- und Rundfunkzeitschriften. Bertaluise Nürnberger ermittelt in ihrem dritten Krimi, der im Spätherbst erscheint. »Die Nürnbergerin« und »Der Tote vom Silbersee« (Aavaa Verlag, Verlag Detlef Knut edition oberkassel). (Mit)Herausgeberin von zehn Krimi-Anthologi-*

en (Wellhöfer Verlag, Mannheim). Mitarbeiterin »The Tempest«, zuständig für Verlagsporträts, Interviews und Wettbewerbe, Organisatorin von Seminaren, Schreibreisen und dem Nürnberger Autorentreffen. Sie ist Mitglied bei den »Mörderischen Schwestern« und im »Syndikat«. www.schmid-spreer.de

Jutta Schönberg ist promovierte Germanistin und lebt in Tübingen. Weiterbildung als PR-Referentin. Anschließend verschiedene Tätigkeiten, u. a. Redakteurin für das Presseamt der Universität Tübingen, Projektkoordinatorin für die kommunale Frauenbeauftragte und PR-Beraterin. Wissenschaftliche und journalistische Publikationen. Derzeit freie Autorin und Redakteurin. Seit 2009 Veröffentlichung mehrerer Kurzgeschichten, vor allem im fantastischen Bereich, aber auch in anderen Gebieten. Zweiter Platz beim Frederic-Brown-Award 2009 mit »Zwei Spaziergänger«. Mitglied der Tübinger Autorengruppe ›LiteRatten‹. www.jutta-schoenberg.de

Christian Sußner, ein fränkischer Drilling, wurde in Erlangen geboren. Über Hessen, England und Bayerisch-Württembergisches Grenzgebiet ist er nach Stuttgart gekommen, wo er heute lebt und arbeitet.
Er hat vor Kurzem gemeinsam mit seinem Bruder Florian das Fantasy-Spielbuch »Das Feuer des Mondes« veröffentlicht, in dem der Leser in die Rolle eines jungen Abenteurers schlüpft. Von der Geschicklichkeit, der Findigkeit und nicht zuletzt den richtigen Entscheidungen des Lesers hängt es ab, ob die Geschichte ein gutes Ende nimmt.

Friederike Stein, Jahrgang 1965, Diplom-Biologin, war Gründungsmitglied der Tübinger Autorengruppe »LiteRatten«. Derzeit unterstützt sie ihr Alter Ego bei der Verlagssuche für einen Phantastik-Roman. Ihre Kurzgeschichten finden sich in vielen Anthologien, etwa der des »Würth-Literaturpreises« 2007 und des »Nordhessischen Autorenpreises« 2012, sowie Magazinen wie »c't«, »Asphaltspuren« und »Driesch«. Ofenschlupfer kommt bei ihr zur Apfelerntezeit häufig auf den Tisch. www.friederike-stein.de

Bernd Storz *lebt als Schriftsteller und Universitätsdozent für Szenisches Erzählen und Drehbuch in Reutlingen. Bisher sind von ihm sechs Kriminalromane erschienen, zuletzt bei Oertel+Spörer: Der Ritter Sport-Krimi QUADRATISCH KÄUFLICH TOT und der Thriller DIE WESPE. Darüber hinaus veröffentlichte er TV-Drehbücher, Hörspiele, Bücher und Essays zur zeitgenössischen Kunst, Lyrik und Bücher zur Geschichte. Sein Theaterstück »Ein Deal á la Hitchcock« wurde 2014 uraufgeführt. Er ist Mitglied im »Syndikat«.*

Michael Wanner *studierte in Tübingen Germanistik, Pädagogik und Rechtswissenschaft. Er vertritt Gewerkschaftsmitglieder vor Arbeits- und Sozialgerichten. Mit seiner Frau, die wie er Kriminalromane, Drehbücher und Theaterstücke schreibt, wohnt er nach Aufenthalten im befreundeten Ausland (Baden) wieder in Tübingen.*

Ulrike Wanner *studierte Sprachwissenschaft und Altorientalistik in Tübingen und London, bereiste den Vorderen Orient und arbeitete an einem Forschungsprojekt im Irak mit. Seit ihrem Studium der Informationswissenschaft in Konstanz ist sie als Programmiererin und im IT-Support tätig. Sie ist Mitglied bei den Autorenvereinigungen »Mörderische Schwestern« und »Syndikat«.*

Peter Wark *wurde auf der Schwäbischen Alb geboren, was seiner geistigen und sozialen Entwicklung nicht geschadet hat. Behauptet zumindest er. Der Journalist hat bisher neun Kriminalromane veröffentlicht. Zuletzt hat er sich auf Kurzgeschichten konzentriert und ist in vielen Krimi-Anthologien vertreten. Bei der jüngsten Ausschreibung des renommierten Freiburger Krimi-Preises gehörte er zu den Preisträgern. Er ist Mitglied bei der Autorenvereinigung »Syndikat«.*

Gudrun Weitbrecht *schreibt seit 2001. Bereits ihr erster Kurzkrimi wurde verfilmt. Seitdem hat sie zahlreiche Kurzkrimis veröffentlicht, ist Herausgeberin und Co-Autorin von vier Schwabenanthologien, darunter beim Wellhöfer Verlag: Henker,*

Huren, Mordgesellen.« Ihr dritter Kriminalroman »Leere Augen« erschien im September 2014. Zur Zeit schreibt sie an einer Kurzgeschichtensammlung. Sie ist Mitglied bei den Autorenvereinigungen »Mörderische Schwestern« und »Syndikat«. www.weitbrecht.info

Ingrid Werner, *in München geboren, liebt die berufliche Abwechslung: Bankkauffrau, Juristin, Mutter von drei Kindern, Heilpraktikerin, Entspannungspädagogin, freischaffende Malerin und Autorin. Sie lebt mit ihrer Familie in Bad Griesbach. Im Emons Verlag erschienen die Rottal-Krimis »Niederbayerische Affären«, »Unguad« und »Karpfhamer Katz«. 2013 wurde sie mit der Kurzgeschichte »Ein wasserdichtes Alibi« für den Agatha-Christie-Krimipreis nominiert. Sie ist Mitglied bei den Autorenvereinigungen »Mörderische Schwestern« und »Syndikat«. www.werner-ingrid.de*

220 Seiten, Euro 12,95

280 Seiten, Euro 11,90

270 Seiten, Euro 12,95

250 Seiten, Euro 11,90